AF450518

# ARMES DE CHASSE
### DE TOUS SYSTÈMES
### MAISON BÉRINGER, 26, rue de la Monnaie.

Fusils se chargeant par la culasse, ou à la baguette à volonté, avec cartouches en cuivre à inflammation circulaire, ou avec cartouches ordinaires à broches.

**Médailles**            **RÉVOLVERS**

AUX EXPOSITIONS        EXPÉDITION

de 1839-44-49-51-55.       *en province.*

---

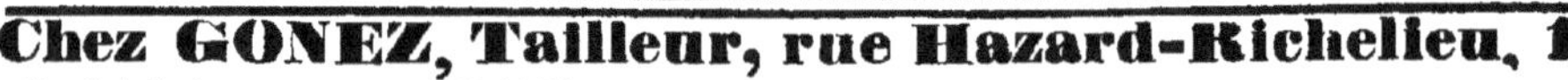

8, rue de la Chaussée-d'Antin, à Paris (près du boulevard des Italiens).

# A LA VILLE DE LYON
## RANSONS ET YVES,
Fournisseurs brevetés de S. M. l'Impératrice

### POUR LES RUBANS, PASSEMENTERIES, MERCERIES.
MAISON SPÉCIALE OÙ SONT EN VENTE

*Tous les Rubans et Passementeries des fabriques de Paris, Lyon et Saint-Étienne.*

**PARIS. — SEUL DÉPOT DU GANT JOSÉPHINE. — PARIS.**

---

# Chez GONEZ, Tailleur, rue Hazard-Richelieu, 1.

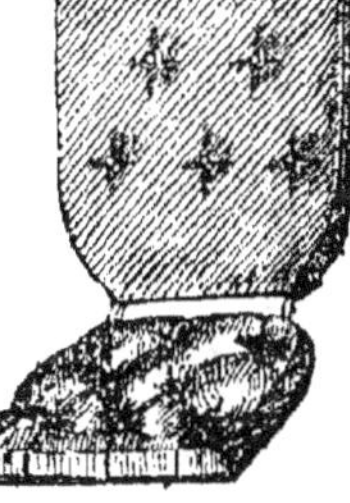

Un SAC de nuit déplié devient un FAU-TEUIL confortable, dans lequel, en *troisième classe*, on est, ASSIS, aussi bien qu'en *première classe*

# DORMEUSE EN CHEMIN DE FER
### BREVETÉ S. G. D. G.

An open night-bag becomes a comfortable arm-chair, in which being in the *third class*, one is quite as well as in the *first*.

Chez GONEZ, 1, rue du Hazard-Richelieu, à Paris.     At GONEZ'S, 1, Hazard-Richelieu street, at Paris.

Et dans tous les Bazars de voyage.        And in every Bazar.

---

## PARIS. — 67, rue Sainte-Anne, 67. — PARIS
(ANCIENNEMENT, 8, RUE NEUVE-SAINT-AUGUSTIN.)

# SONNETTES ÉLECTRIQUES
## Cordons acoustiques. — Paratonnerres

# ANDRÉ HERMAN
### Paris. — 67, rue Sainte-Anne, 67. — Paris

---

PARIS      **29, Rue du Faubourg-Poissonnière, 29**      PARIS

À L'ANGLE DE LA RUE SAINTE-CÉCILE

# ARTICLES DE VOYAGE

Maison fondée    # CENSIER FILS    FRANCE

en 1833                          EXPORTATION

**FABRIQUE GÉNÉRALE ET ATELIERS : RUE ST-QUENTIN, 26**

ARTICLES DE CHASSE. — SPÉCIALITÉ DE TOILES CIRÉES POUR MEUBLES ET PARQUETS

**Gros et détail**

NOUVEAU

# GUIDE DES VOYAGEURS

## PROMENEURS, BAIGNEURS, TOURISTES

### EN FRANCE ET A L'ÉTRANGER

NOUVELLEMENT REFONDU ET CONSIDÉRABLEMENT AUGMENTÉ

**DONNANT**

OUTRE MILLE RENSEIGNEMENTS UTILES ANGLAIS ET FRANÇAIS

Les Stations, Corresp. et Localités des Chemins de fer. — Prix et départs de Paris, — Monuments et Curiosités.

LES COMMUNICATIONS, EXCURSIONS ET DURÉE DES VOYAGES, ARRIVÉE, VOITURES, OMNIBUS, BATEAUX A VAPEUR, HOTELS, ETC.

**Paris—Londres — Suisse — Hollande et Belgique — Allemagne et bords du Rhin — Villes de Bains — l'Italie — l'Algérie — l'Espagne — l'Europe à vol d'oiseau**

# CALENDRIER DU 2ᵉ TRIMESTRE 1864

| AVRIL | MAI | JUIN. |
|---|---|---|
| Les jours croiss. de 1 h. 42 m. | Les jours croiss. de 1 h. 18 m | Les jours croissent de 20 m. |
| 1 vendredi. — s. Hugues. | 1 DIMANCHE. — s. Philippe. | 1 mercredi. — s. Augustin. |
| 2 samedi. — s. Fr. de P. | 2 lundi. — s. Athan. *Rog.* | 2 jeudi. — s. Thierri. |
| 3 DIMANCHE. — s. Ric. *Quas.* | 3 mardi. — Inv de la sᵉ Cr. | 3 vendredi. — s. Potin |
| 4 lundi. — s. Rupert. | 4 mercredi. — sᵉ Monique. | 4 samedi. — sᵉ Clotilde. |
| 5 mardi. — s. Elphage. | 5 jeudi. — ASCENSION. | 5 DIMANCHE. — s. Boniface. |
| 6 mercredi. — s. Célestin. | 6 vendredi. — s. Jean P. L. | 6 lundi. — s. Claude. |
| 7 jeudi. — s. Egésippe. | 7 samedi. — s. Stanislas. | 7 mardi. — s. Prime. |
| 8 vendredi. — s. Edèze. | 8 DIMANCHE. — s. Désiré. | 8 mercredi — s. Paul. |
| 9 samedi. — sᵉ Marie Egy. | 9 lundi. — s. Grégoire. | 9 jeudi. — s. Médard. |
| 10 DIMANCHE. — sᵉ Azelie. | 10 mardi. — s. Gordien. | 10 vendredi. — s. Landri. |
| 11 lundi. — s. Jules. | 11 mercredi. — s. Mamert. | 11 samedi. — s. Barnabé. |
| 12 mardi. — sᵉ Godebert. | 12 jeudi. — s. Porphyr. | 12 DIMANCHE. — s. Basilide |
| 13 mercredi. — s. Marcellin. | 13 vendredi. — s. Servais. | 13 lundi. — s. Ant. de P. |
| 14 jeudi. — s. Justin. | 14 samedi. — sᵉ Delph. *v j.* | 14 mardi. — s. Ruffin. |
| 15 vendredi. — s. Paterne. | 15 DIMANCHE. — PENTECÔTE. | 15 mercredi. — s. Modeste. |
| 16 samedi. — s. Fructueux | 16 lundi. — s. Honoré. | 16 jeudi. — s. Fargeau. |
| 17 DIMANCHE. — s. Anicet. | 17 mardi. — s. Pascal. | 17 vendredi. — s. Avit. |
| 18 lundi. — s. Parfait. | 18 mercredi. — s. Eric. Q. T. | 18 samedi. — s. Marine. |
| 19 mardi. — s. Léon. | 19 jeudi. — s. Yves. | 19 DIMANCHE. — s. Gervais. |
| 20 mercredi. — s. Anselme. | 20 vendredi. — s. Bernard. | 20 lundi. — s. Silvère. |
| 21 jeudi. — sᵉ Ildegonde. | 21 samedi. — sᵉ Virginie. | 21 mardi. — s. Leufroi. |
| 22 vendredi. — sᵉ Opportun. | 22 DIMANCHE. — *Trinité.* | 22 mercredi. — s. Paulin. |
| 23 samedi. — s. Georges. | 23 lundi. — sᵉ Julie. | 23 jeudi. — s. Félix. |
| 24 DIMANCHE. — s. Robert. | 24 mardi. — s. Didier. | 24 vendredi. — s. *Jean-Bapt.* |
| 25 lundi. — s. Marc. | 25 mercredi. — s. Urbain. | 25 samedi. — s. Prosper. |
| 26 mardi. — s. Clet. | 26 jeudi. — FÊTE DIEU. | 26 DIMANCHE. — s. Babolein. |
| 27 mercredi. — s. Anthime. | 27 vendredi. — s. Adolphe. | 27 lundi. — s. Crescent. |
| 28 jeudi. — s. Polycarpe. | 28 samedi. — s. Hild. | 28 mardi. — s. Irénée, *v. j.* |
| 29 vendredi. — s. Vital. | 29 DIMANCHE. — s. Germain. | 29 mercredi. — s. Pierre, s. P. |
| 30 samedi. — s. Eutrope. | 30 lundi. — s. Maximilen. | 30 jeudi. — Com. s. P. |
| | 31 mardi. — sᵉ Emilie. | |

| AVRIL | MAI | JUIN |
|---|---|---|
| N. L. le 6 à 1 h. 58 m. du soir. | N. L. le 6 à 0 h. 23 m. du mat. | N. L. le 4, à 11 h. 49 m. du mat. |
| P. Q le 14 à 0 h. 18 m. du m. | P. Q. le 13, à 6 h 30 m du s. | P. Q. le 12, à 2 h. 24 m. du mat. |
| P. L. le 22 à 1 h. 28 m. du m. | P. L. le 21. à 1 h. 33 m. du soir. | P. L. le 19, à 11 h. 57 m. du soir. |
| D. Q. le 29 à 4 h. 44 m. du m. | D. Q. le 28 à 9 h. 30 m. du m. | D. Q. le 26, à 11 h. 3 m. du soir. |

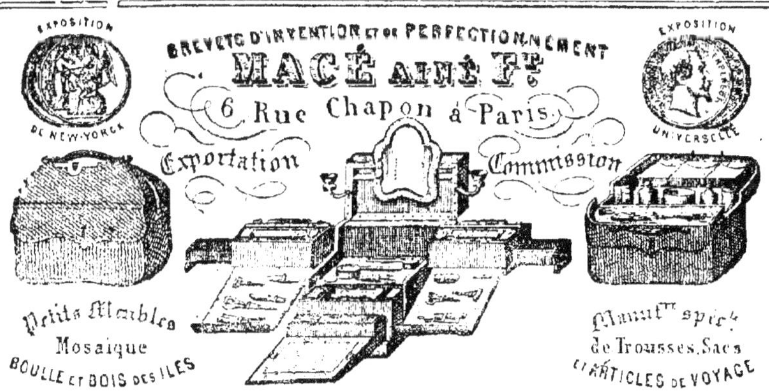


**Nécessaires et Toilettes garnis en argent plaqué; Boîtes à Thé, à Châles, à Gants, à Ouvrage, à Cigares, à Filets, à Tabac, à Éventails; Caves à Liqueurs, à Odeurs; Pupitres; Papeterie; Boîtes à Jeux, à Surprises; Classeurs.**

## CORBEILLES DE MARIAGE

# TABLE DES MATIÈRES



---





---

# CHEMINS DE FER FRANÇAIS

**Renseignements sur toutes les lignes.**

*Bagages :* Il est alloué en franchise de port 30 kil. de marchandise à chaque voyageur; l'excédant est taxé suivant les tarifs de chaque ligne. On ne répond jamais des objets non enregistrés. — *Billets :* La distribution cesse 5 minutes avant le départ. Un billet non timbré, ou d'un autre jour, est nul ; on n'en rend la valeur dans aucun cas. — *Enfants :* Au-dessous de 3 ans ils sont seuls exonérés de leur place, en restant sur les genoux des personnes qui sont avec eux. Deux enfants peuvent occuper une seule place en la payant intégralement.

**Chemin de fer du Nord**, *place Roubaix.*

Paris à Douai, Bruxelles et Cologne.
— à Lille, Calais et Londres.
— à Cologne et Coblentz, par Saint-Quentin, Erquelines, Namur et Liége.

Paris à Beauvais.
— à Laon.
— à Saint-Valery et Boulogne.
— à Dunkerque.
— à Mouscron.
— à Bussigny, Cambrai, Somain.

**Chemin de fer d'Orléans**, *boulev. de l'Hôpital.*

Paris à Orléans.
— à Tours et Tours au Mans.
— à Tours et Bordeaux.
— à Tours, Nantes et Saint-Nazaire.
— à Limoges, par Vierzon, Châteauroux, Argentan.
— à Périgueux, par Tours, Angoulême, Coutras.
— à la Rochelle et Rochefort.
— au Guétin, par Orléans, Vierzon et Bourges

**Embarcadère de la barrière d'Enfer.**

Paris à Sceaux.
— à Orsay, pour aller à Robinson.

**Chemin de fer de l'Ouest**, *rue St-Lazare*.

Paris à Saint-Germain.
— à Argenteuil.
— au bois de Boulogne et Auteuil.
— à Versailles (rive droite).

### Ligne de Normandie.

Paris    Rouen et au Havre.
—    Dieppe.
— à Fécamp.
— à Caen et Cherbourg.
— à Pont-l'Évêque.
— à Saint Lô.

**Ligne de Bretagne**, *boulev. Montparnasse*.

Paris au Mans et à Rennes.
— à Alençon et Argentan.
— à Versailles (rive gauche).

**Chemin de fer de l'Est**, *place de Strasbourg*.

Paris à Nancy et Strasbourg.
— à Metz et Forbach.
— à Reims.
— à Langres, par Besmes.
— à Metz et Thionville.

Paris à Wissembourg.
— à Mulhouse.
— à Thann et à Bâle.
— à Nancy et Epinal.

**Chemin de fer de Lyon**, *boulev. Mazas*.

Paris à Lyon, par Montereau, Tonnerre, Dijon
    Châlon-sur-Saône.
— à Belfort, par Dijon.
— à Gray, par Auxonne.
— à Auxerre, par Laroche.
— à Salins, par Dijon et Dôle.

### Banlieue de Paris.

Paris à Charenton, Maisons-Alfort, Villeneuve-Saint-
    Georges, Montgeron, Brunoy.

**Lignes du Bourbonnais**, *boulev. de l'Hôpital*.

Paris à Lyon, par le Guétin, Roanne et St-Étienne.
— à Brioude, par Saint-Germain-des-Fossés et
    Clermont-Ferrand.
— à Nevers, par le Guétin.

**Chemin de fer du Dauphiné**, *boulev. Mazas*.

Paris à Bourgoin, par Lyon.
— à Grenoble, par Lyon et Saint-Rambert.

### Chemin de fer des Ardennes.

Paris à Mézières.
— à Charleville et Donchery.
— à Sedan, par Reims.

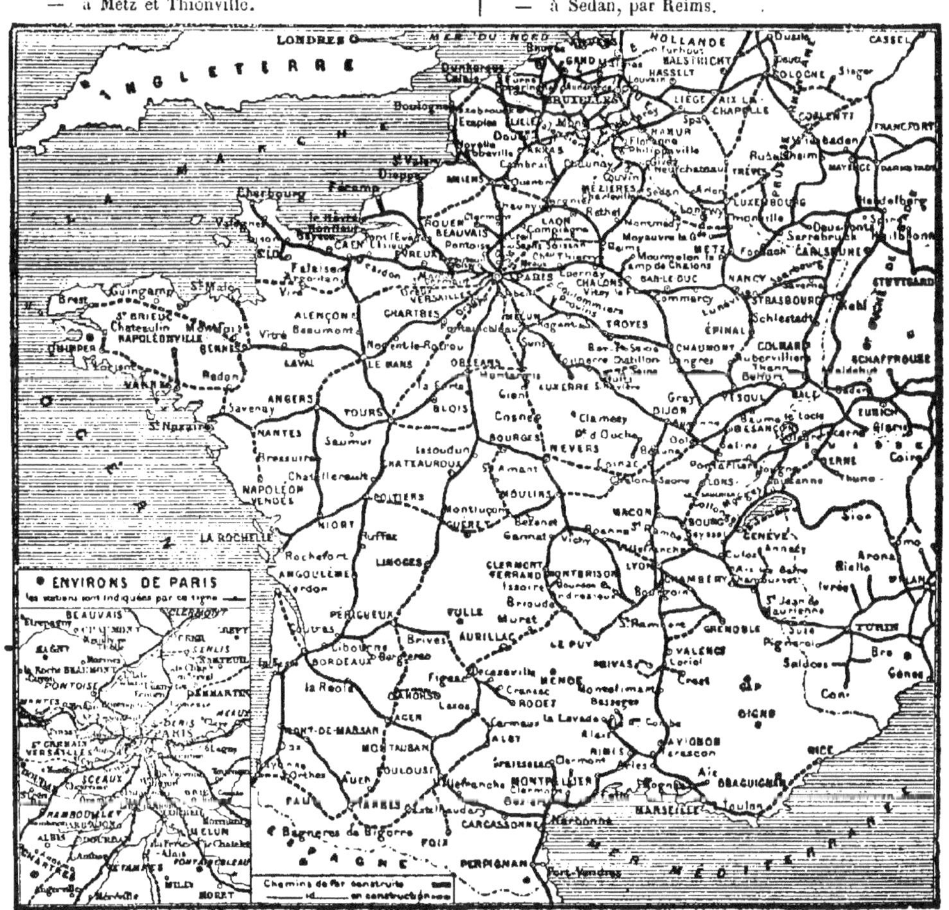

# LISTE ALPHABÉTIQUE

## DES STATIONS, CORRESPONDANCES ET LOCALITÉS

## DESSERVIES PAR LES CHEMINS DE FER FRANÇAIS

### A

**CHEMIN DE FER DU NORD. — STATIONS.** Abbeville, Ailly-sur-Somme, Ailly-sur-Noye, Ansauvillers, Apilly, Ardres, Armentières, Amiens, Achiet, Arras, Attichy, Aubenton, Audruicq, Aulnoye, Aumale, Auvers, Auxi-le-Château.

**CORRESPONDANCES.** Ailly-Haut-Clocher, Aire, Airaines, Aunet, Anzin, Arvillers, Auvillers, Avesnes·

**CHEMIN DE FER DE L'EST. — STATIONS.** Aï, Aillevillers-Plombier, Altkirch, Andrezelle, Aunet, Arcis-sur-Aube, Arlon, Arnaville, Ars-sur-Mos, Amnetz, Avenay, Avize, Avraincourt, Avricourt.

**CORRESPONDANCES.** Acy, Amance.

**CHEMIN DE FER DE LYON. — STATIONS.** Aigueperse, Aigue-Rives, Aisy, Aix, Ambérieu, Ancy-le-Franc, Andancette, Andelot, Andrézieux, Anse, Antibes, Arbois, Arc-Senans, Arcs (les), Arfeuilles, Arles, Artemarre, Arvant, Aubagne, Aubenas, Auxerre, Auxonne, Avignon, Ambronay.

**CORRESPOND.** Ambert, Appoigny, Arces, Ardes, Arinthod, Arlanc, Arnay-le-Duc, Ars, Aubigny-le-M., Aubusson, Aurillac, Auriol, Autun, Avallon, Aygalades (les).

**CHEMIN DE FER DU MIDI. — STATIONS.** Adge, Agen, Aiguillon, Aire, Albi, Alzonne, Andrest, Abanats, Arcachon, Argagnon, Arjuzaux, Arrengosse, Artix, Auterive, Avignonnet.

**CORRESPONDANCES.** Alan, Amélie-les-Bains, Ares, Arles, Aspect, Auch, Andenge, Aulus, Auriac, Aurignac, Ax.

**CHEMIN DE FER D'ORLÉANS. — STATIONS.** Ablon, Agen, Aigrefeuille, Aigurande, Ainay-le-Vieil, Ambazac, Amboise, Ancenis, Anetz, Angers, Augerville, Antony, Arcueil-Cachan, Argenton, Arnage, Arnouville, Arveyres, Assier, Arthis-Mons, Aubigné, Aubin, Aubrais (les), Avor.

**CORRESPONDANCES.** Abilly, Abloux, Ahun, Aigres, Ainay-le-Château, Alby, Allaines, Allainville, Allonnes, Alzon, Ambarès, Argent, Argentré, Armeville, Arpajon, Artannes, Artenay, Asserac, Aubigny, Aubusson, Auché, Aunau, Auray, Aurillac, Aussac, Authon, Autrèche, Auzance, Ayron.

**CHEMIN DE FER DE L'OUEST. — STATIONS.** Airel, Alençon, Almenèches, Alvimare, Argentan, Argenteuil, Auteuil, Avoise, Asnières, Auffray.

**CORRESPOND.** Abbaretz, Abbeville, Ablis, Airan, Aincourt, Andelys (les P.), Andelys (les G.), Andresy, Anet, Anglesqueville, Autrain, Argences, Argentré, Arthies, Aube, Auneau, Auray, Authon, Autretot, Avernes, Avranches, Augerville, l'Arch, Avoise.

**CHEMIN DE FER DES ARDENNES. — STATIONS** Amagne, Audun-le-R.

**CORRESPONDANCES.** Asfeld, Attigny, Auvilliers-les-Forges, Avesnes.

### B

**CHEMIN DE FER DU NORD. — STATIONS.** Bailleul, Barisis, Beaumont, Beauvais, Bergues, Bernaville, Bertry, Bersy, Bohain, Bollezeelle, Boran, Bouchain, Boulogne, Braisne, Bully-Gren.

**CORRESPOND.** Bapaume, Beaurieu, Bessancorut, Béthune, Betz, Blanzy, Bl-francourt, Boisieux, Bonsecours, Bourbourg, Bourget-Drancy (le), Boussu, Boves, Breteuil, Bruhamel, Bucy-les-Pierres, Busigny.

**CHEMIN DE FER DE L'EST. — STATIONS.** Baccarat, Bâle, Barberey, Bar-le-Duc, Bar-sur-Aube, Bar-sur-Seine, Bartenheim, Bas-Evette, Bayonville, Bayon, Belfort, Benfeld, Berm, Bern, Besançon, Bettingen, Betz, Bienne, Bischwiller, Blainville-le-Grand, Blaise, Blamont, Blesme, Belleviller, Bologne, Bondy, Brumath.

**CORRESPONDANCES.** Bazeille, Baziach, Battembourg, Boulay, Bourbonne-les-Bains, Bourennes, Bourmont, Bouxviller, Bray-sur-Seine, Bricon, Brie-Comte-Robert, Brienne Napoléon, Brulange.

**CHEMIN DE FER DE LYON. — STATIONS.** Baillargues, Balbigny, Bandol, Barbentane, Baume-les-Dames, Beaucaire, Beaune, Bédarrides, Belfort, Bellegarde, Belleville, Bellevue, Belly, Berne, Bernis, Berre, Besançon, Bessay, Bessèges, Baynost, Béziers, Blesle, Bois-le-Roi, Bonnard, Boucoiran, Boujeailles, Bourg, Bourron, Brassac, Breuil (le), Brunoy.

**CORRESPONDANCES.** Bagnols, Barbison, Bar-sur-Seine, Beaufour, Beaujeu, Beaumont, Begude (la), Belleherbe, Bellenave, Billoun, Blacé, Blacenet, Bai-y-Bas, Blamont, Blansy, Bleneau, Bletterans, Bigny-sur-Ouche, Boissy-St-Léger, Bonny, Bourbon-Lancy, Bourganeuf, Bourg-St-Androl, Briare, Brignoles, Brioude, Buis-d'Aps, Byans.

**CHEMIN DE FER DU MIDI. — STATIONS.** Bagnères-de-Bigorre, Baigts, Barsac, Baumont (de), Bayonne, Bazuges, Beautiron, Bègres, Bessan, Béziers, Bordeaux, Boucau (le).

**CORRESPONDANCES.** Bagnères-de-Luchon, Barcelone, Bassan, **Bazas**, **Bédarieux**, **Biarritz**, **Bordes** (les), Bouglon, Boulou (le), Bourret, Boussens.

CHEMIN DE FER D'ORLÉANS. — STATIONS. Basse Indre, Beaufort, Beaugency, Beaupouyet, Belvès, Bénévent, Bengy, Bersac, Beynac, Bézenet, Bigny, Blois, Bohalle (la), Bordeaux, Bouray, Bourg-la-Reine, Bourgueil, Bourges, Brest, Brouage, Bruniquel, Bugue (le), Buisson (le), Busançais.

CORRESPOND. Bach, Barbézieux, Barres (les), Bazoches-les-G., Beaudeville, Beangé, Beaulieu, Beaune-la-R., Beaupréau, Beauvais, Belabre, Bellac, Bergerac, Beurlay, Blain, Blanc (le), Blaye Blouzac, Bléré, Boigneville, Boissy-St-Yon, Bordes (les), Bourg, Bourg-de-Batz, Bourganeuf, Bournans, Boutervillier, Bracieux, Brannes, Brantôme, Bresuire, Bretenon, Brétigny, Breuil (le), Briis, Brinon, Brioux, Brives, Bugue, Bussières-Galand.

CHEMIN DE FER DE L'OUEST. — STATIONS. Barentin, Batignolles, Bayeux, Beaumont-le-Roger, Bolbec, Bellevue, Bernay, Beslé, Bois de Colombes, Bonneville (la), Boynières, Bourg-le-Roi, Breteuil, Bretteville-Norry, Bretteville, Breuil (le), Bueil.

CORRESPOND. Bicconnière (la), Bacqueville, Baignon, Bailleau, Bailly, Bain, Balleroy, Ballon, Banalec, Barneville, Barre (la), Basingstoke, Baud, Bazoches (la), Bazoches, Bazoche-s.-H., Bazougues, Beaumesnil, Beaumont-sur-Sar. Beauvain, Bécherel, Bedée, Behoust, Belhomert, Belle-Isle, Bellème, Berd'huis, Berfay, Bernesq, Bernières, Beuzeville, Beynes, Bezous, Billé, Boisset, Bonnétable, Bonneval, Bosc-le-Hardi, Bougival, Boulogne, Bourdinière (la), Bourdonné, Bourg-des-Comptes, Bourg-Dun (le), Bray, Bréhal, Brest, Bretèche (la), Breval, Brezolles, Brionne, Briouze, Briquebec, Broglie, Bro..us Brou, Bruz.

CHEMIN DE FER DES ARDENNES. — STATIONS. Bazancourt, Boulzicourt, Braisne, Braux.

CORRESPOND. Bastogne, Beaurieux, Berry-au-Bac, Boismont, Bouillon, Brusmhamel.

## C

CHEMIN DE FER DU NORD. — STATIONS. Cambrai, Carlepont, Corvin, Cassel, Cateau (le), Cattenières, Caudry, Chocques, Cirès-les-Mello, Claye, Clermont, Corbie, Creil.

CORRESPONDANCES. Calais, Capelle (la), Catelet (le), Chambly, Champlin, Chantilly, Chapelle-en-Serval, Charleville, Chars, Chaulmes, Chaumont, Chimay, Circy-Sermoise, Couchy-les-P., Condé, Consobre, Conty, Coucy-le-Château, Crécy-Serres, Crépy, Crépy-en-Valois, Crèvecœur.

CHEMIN DE FER DE L'EST. — STATIONS. Chalindrey, Chalmaison, Châlons, Champagney, Changis, Charmes, Charmoy, Château-Salins, Chatenay, Chaumont, Chelles, Chevillon, Cintray, Cirey, Clairvaux, Claudon, Clefmont, Clercy, Clermont, Coire, Colmar, Colombey, Colombier, Commercy, Conflans, Contrexeville, Courtenot, Creveney.

CORRESPONDANCES. Carignan, Cernay, Chalifert,

Champeaux, Champlitte, Champs, Charly, Charny, Château-Vilain, Châtillon, Chaumes, Chauvirez, Chenoise, Chessy, Chevremont, Chilly, Claye, Combeau-Font, Condé, Corre, Coubron, Coubert, Couilly, Coulommiers, Courtry, Crécy, Cruchten.

CHEMIN DE FER DE LYON. — STATIONS. Champ-Major, Canet (le), Cannes, Carnoules, Carpentras, Cassis, Cendre (le) Cette, Cézy, Chagny, Chalindrey, Châlon, Chambon (le), Champvans, Chancy, Chasse, Châteauneuf, Cheilly, Chemilly, Ciotat (la), Collonges, Corbeil, Corgoloin, Coteau, Cesson (le).

CORRESPONDANCES. Camps, Chablis, Chailley, Chalamont, Champagne, Champagnolles, Champeix, Chantelle, Chaources, Charny, Charolles, Chartrelles, Chasselary, Château-Chinon, Château-Landon, Château-Renard, Châtelet (le), Châtillon-en-B, Châtillon-les-Dombes, Châtillon-s.-Chalar, Châtillon-sur-Loing, Châtillon-s.-Loire, Chaussin, Chaux-de-Fonds, Chazay-d'Azergue, Chazelles, Cheroy, Citeaux, Clairvaux, Clamecy, Clermont-Ferrand, Clerval, Cluny, Cogny, Cogolin, Conliége, Connaux, Corbigny, Cosne, Coucourde (la), Conches, Coudes, Courpière, Courtenay, Crest, Creuzot (le), Croq, Cublize, Cuiseaux, Curson, Cusset.

CHEMIN DE FER DU MIDI. — STATIONS. Canauley, Capendu, Carcassonne, Carmaux, Castelmoron, Castelnaudary, Castel Sarrazin, Caudos, Cautrot, Caussade, Cérons, Cette, Cintegabelle, Clermont-l'Her, Colayrac.

CORRESPONDANCES. Cadillac, Cahors, Carbonne, Casteljaloux, Castelnau, Castillonès, Castres, Caudiès, Cazères, Céret, Clairac, Condom, Croix-Blanche (la).

CHEMIN DE FER D'ORLÉANS. — STATIONS. Calm (la), Capdenac, Capelle (la), Celle, Bruère (la), Célon, Chabenet, Chalais, Chamarande, Champtocé, Chantenay, Charmant, Chasseneuil, Châteauroux, Chatellerault, Chatenay, Chavenon, Chenerailles, Chery, Chevilly, Choisy-le-Roy, Chollet, Chouzy, Cinq-Mars, Civray, Clan, Cognac, Commentry, Conore, Cordemais, Cordes, Conéron, Coulombiers, Couronne (la), Crèche (la), Cubzac, Couzorn.

CORRESPONDANCES. Cahors, Condé, Castillon, Cavalerie (la), Caylat, Caylus, Cayrols, Cellettes, Cellefrouin, Cercottes, Cerilly, Civray, Chabannais, Chaillé, Chalus, Chamblay, Chambon, Champagne-Mouton, Champdeniers, Chançay, Channay, Charenton, Charmont, Charroux, Charost, Chartres, Châteaubriant, Château-du-Loir, Château-Gaillard, Château-Gonthier, Château-la-Vallière, Château-l'Evêque, Châteaumeillan, Châteaulin, Châteaudun, Châteauneuf, Château-Ponsac, Châteaurenaud, Châtelet (le), Châtillon, Châtre (la), Chaudesaigues, Chauvigny, Chefboutonne, Chemillé, Chenonceaux, Chevreuse, Chiché, Chichi, Chilleurs, Chinon, Chissay, Ciré, Clairvaux, Clemonte, Cléré, Clermont, Cléry, Combrée, Combreux, Condat, Confolens, Conores Coquille (la), Coudray (le), Couché-Vérac, Courcheverny, Courcoué, Courdimanche, Courson,

Coussay-les-Bois, Contras, Cransac, Cravant, Croisie (le), Croix-de-Bléré (la), Crouzille, Cursay, Cussac.

**CHEMIN DE FER DE L'OUEST. — Stations.**
Caen, Carentan, Châteaubourg, Châteaubriant, Châteaudun, Château-Gonthier, Châteauneuf, Chateaudren, Chatou, Chaville, Chef-du-Pont, Chemiré-le-Grand, Cherbourg, Clamart, Clères, Conflens, Conlier, Courbevoie, Courcelles, Courville, Couville.

**Correspond.** Cabourg-Dives, Cadehol, Cail'y, Cailleville, Campeaux, Campénéac, Cany, Carrières, Carrouges, Caudebec, Ceton, Champaissant, Charleval, Chaudon, Chesnay (le), Chevreuse, Cloyes, Combourg, Combourtillé, Condé, Coudé-sur-Loir, Conerré, Cormeilles, Cosse-le-Vivien, Condrezieux, Condres, Coulibœuf, Couptrain, Courseulles, Coutances, Couterne, Craon, Criquetot, Croissenville, Croissy-B., Croth, Crouy-sur-Ourcq, Quillé, Carqueou.

**CHEMIN DE FER DES ARDENNES. — Stations.** Charleville, Ciry-Sermoise, Coucy-les-Eppes.

**Correspondances.** Capelle (la), Château-Porcien, Chatelet (le), Chatillon, Chaumont-Porcien, Corbeny, Craonne.

## D

**CHEMIN DE FER DU NORD. — Stations.**
Douai, Dunkerque.

**Correspondances.** Dammartin, Deux-Tracy, Domont, Doullens, Duguy.

**CHEMIN DE FER DE L'EST. — Stations.** Dimery, Destrick, Dettwiller, Devant-les-Ponts, Diekirck, Dieulouard, Doujeux, Dormans, Dornach.

**Correspondances.** Damvilliers, Darney, Delle, Demange-aux-Eaux, Dieuville, Dieuzé, Dijon, Dounneldange, Donnemarie, Doulevent, Dun.

**CHEMIN DE FER DE LYON. — Stations.** Dannemarie, Dijon, Dôle, Domblaus, Donzère.

**Correspond.** Dampierre-s.-S., Darcey, Décize, Delle, Dénizé, Die, Dieulefit, Digoin, Dompierre, Draguignan, Dravell.

**CHEMIN DE FER DU MIDI. — Station.** Dax.
**Correspondance.** Duravel.

**CHEMIN DE FER D'ORLÉANS. — Stations.**
Dangé, Decazeville, Dissais, Dissay-s.-Courcill, Douges.

**Correspondances.** Dampierre, Darvey, Dorat (le), Donnery, Doué, Dourdan, Dreffeac, Dunle-Palleteau, Dun-le-Roi.

**CHEMIN DE FER DE L'OUEST. — Station.**
Dieppe.

**Correspondances.** Damigny, Dampierre, Danville, Dangers, Dangu, Délivrande (la), Dinan, Dol, Domfront, Doudeville, Dourdan, Drocourt, Duclair.

**CHEMIN DE FER DES ARDENNES. — Stations.** Deville, Donchéry-Sédan.

**Correspondances.** Damvillers, Douzy.

## E

**CHEMIN DE FER DU NORD. — Stations.**
Ebblinghe, Enghien, Epinay, Ermont, Esquelbecq, Estigny-le-Petit.

**Correspondances.** Ecouen, Eges, Engmen, Ermenonville, Estaires, Estrées (St-D.), Etreux, Eu.

**CHEMIN DE FER DE L'EST. — Stations.**
Ebersheim, Eguisheim, Emberménil, Emerainville-Pontault, Epernay, Epinal, Erstein, Esbly, Ettelbruck.

**Correspondances.** Einvaux, Ensisheim, Esch, Essois, Esternay, Etain.

**CHEMIN DE FER DE LYON. — Stations.** Entraigues, Entressen, Estressin, Etoile, Evry.

**Correspond.** Entrain, Epinac, Epoisses, Ervy, Estaque (l'), Etang-Vergy (l').

**CHEMIN DE FER DU MIDI. — Stations.** Escalquens, Espondeühan, Estrechoux.

**Correspondances.** Eauze, Eymet.

**CHEMIN DE FER D'ORLÉANS. — Stations.**
Ecommoy, Eglisottes (les), Eguzon, Epanes, Epavillers, Epinay, Etrechy, Eysiès (les).

**Correspond.** Echoisy, Egleton, Elven, Entraygues, Espalion, Etable, Etampes, Evaux, Encideuil, Eymoutiers.

**CHEMIN DE FER DE L'OUEST. — Stations.**
Epernon, Epone, Ernée, Evreux, Evron.

**Correspond.** Ecardenville, Ecouché, Ecruzelles, Ecraunneville, Elbœuf, Elven, Entraines, Envermeux, Equeurdreville, Etang-la-Ville, Etival, Etrepagny, Evran, Ezy.

**CHEMIN DE FER DES ARDENNES. — Correspondances.** Etain, Etalle, Ethe.

## F

**CHEMIN DE FER DU NORD. — Stations.** Faignies, La Fère, Fismes, Flémalle, Franconville, Fresnoy-le-Grand.

**Correspondances.** Farbus, Ferté-Milon (la), Fourcamont, Fourmier, Fressenviller, Frouville.

**CHEMIN DE FER DE L'EST. — Stations.** Favernay, Fegersheim, Feutange, Ferrières, Ferté-Bernard, Forbach, Ferté-Bourbonne (la), Ferté-sous-Jouarre (la), Ferté-Milon (la), Flamboin, Fontenay-sous-Bois, Fontenay-sous-Mos.

**Correspondances.** Farmoutiers, Fay-Billot, Fère-en-Tardenois, Férolles, Ferté-Gaucher (la), Fontenay, Fontoy, Foug, Fresnes.

**CHEMIN DE FER DE LYON. — Stations.** Ferrières, Feurs, Feysin, Firminy, Fleurville, Fontaine, Fontainebleau, Fouillouse (la), Franois, Frasne, Fréjus, Frontignan.

**Correspondances.** Fauries (les), Fixin, Flavigny, Fleurye, Flogny, Fons, Forcalqueiret, Fourchambault.

**CHEMIN DE FER DU MIDI. — Stations.** Faugères, Fauguerolles, Ferrals, Floure, Fourtic.

**Correspondances.** Fleurance, Foix, Fumel.

**CHEMIN DE FER D'ORLÉANS. — Stations.**
Figeac, Fontenay, Forges (les), Forgeville, Fromental.

**Correspondances.** Fay-aux-Loges, Felletin, Ferté (la), Ferté-Aleps (la), Flèche (la), Fleuré, Foëcy, Fougombault, Fontevrault, Fouqueure, Francourville, Frontenoy.

**CHEMIN DE FER DE L'OUEST. — Stations.**
Fécamp, Ferté-Bernard (la), Ferté-Macé (la), Fontoy, Fresney-la-Mère.

**Correspondances.** Falaise, Faou (le), Fauville, Fercé, Fermincourt, Ferté-Vidame, Flèche (la), Flers, Fleury-sur-And, Fontaine, Fougères, Fouilletourte, Franconville, Fresnay, Fresney.

### G

**CHEMIN DE FER DU NORD. — Stations.** Givet, Goussainville.

**Correspondances.** Gamache, Gisors, Gonesse, Gournay-sur-A., Gournay-en-B., Gouvieux, Granvilliers, Graveline, Guines, Guise.

**CHEMIN DE FER DE L'EST. — Stations.** Gagny, Crispolsheim, Genève, Genevreuille, Givet, Grandpuits, Guebwiller, Guérard.

**Correspondances.** Gandelu, Gondrecourt, Gorse, Gournay-sur-M., Grostenquin, Guignes.

**CHEMIN DE FER DE LYON. — Stations.** Gallargues, Gardes (la), Gray, Grigne, Gendrey, Genève, Genlis, Garzat, Givors, Gonfaron, Grand'Combe, Grand-Contour, Grand-Croix, Groson.

**Correspondances.** Gannat, Gap, Gueugnon, Guy, Gerhan, Gevrey, Gien, Gissey-s.-Ouche, Grandis, Graveson, Grisy.

**CHEMIN DE FER DU MIDI. — Stations.** Garlin, Gazinet, Gérone, Gironde, Graissesac, Grisolle, Gujan.

**Correspondances.** Gondrin, Gontaut, Grange, Grenade.

**CHEMIN DE FER D'ORLÉANS. — Stations.** Gélie (la), Got (le), Graçay, Grammat, Guétin (le).

**Correspond.** Gaillac, Gallerande, Gennes, Genouillat, Gien, Gignac, Gironville, Gouillon, Gouzou, Grand-Bour-s.-Grave d'Ambarès (la), Gua (le), Guéret, Guitres.

**CHEMIN DE FER DE L'OUEST. — Stations.** Gaillon, Garennes, Genest (le), Guerche.

**Correspond.** Gacé, Gallardon, Galluis, Garancières Garches, Gennes, Gennest, Gennevilliers, Garponville, Gisors, Goderville, Gonneville, Gournay, Grainville, Grand-Camp, Grandville, Grandvillers, Guichen, Guingamp, Guipavaz, Guitry, Gruchet.

### H

**CHEMIN DE FER DU NORD. — Stations.** Harbourg, Hautmont, Hazebrouck, Heilles, Herblay, Hermès, Hesdin.

**Correspondances.** Hal, Hallencourt, Halluin, Hangest, Harbonnières, Hoodschoote.

**CHEMIN DE FER DE L'EST. — Stations.**
Habsheim, Hagondange, Hagueneau, Hening, Hauné, Herrlisheim, Hertange, Hoert, Hoffen, Hunspach, Hortes.

**Correspondances.** Hall, Hameau (le), Hautefeuille, Hagange, Hellimer, Houdelaincourt.

**CHEMIN DE FER DE LYON. — Stations.** Hauterive, Hyères.

**Correspondance.** Héry.

**CHEMIN DE FER DU MIDI — Stations.** Habas, Hume (la).

**Correspondances.** Hautefort, Hay (l'), Haye (la), Hedan, Hennebout, Henrichemont, Herbault, Herbignac, Hérisson, Hiersac, Huriel.

**CHEMIN DE FER DE L'OUEST. — Stations.** Havre (le), Harfleur, Hutte (la).

**Correspondances.** Hanouard, Harcourt-Thury, Haye-du-Puits, Hédé, Hennebout, Herblay, Hermitières, Honfleur, Houdan, Houilles.

### I

**CHEMIN DE FER DU NORD. — Stations.** Isles-Adam, Iwuy.

**Correspondance.** Ischl.

**CHEMIN DE FER DE L'EST. — Station.** Itfurth.

**Correspondances.** Ingwiller, Innsbruck, Is-en-Bassigny.

**CHEMIN DE FER DE LYON. — Stations.** l'Ile-Barbe, Irigny, Isssoire.

**Correspondances.** Isle-sur-le-Doubs, Isle-sur-le-Sercin, Istres.

**CHEMIN DE FER DU MIDI. — Correspondance.** Isle-J'Alby.

**CHEMIN DE FER DE L'OUEST. — Stations.** Ifs-Etretats, Isigny.

**Correspondances.** Illiers, Ivry-la-Bataille.

**CHEMIN DE FER D'ORLÉANS. — Stations.** Ingrande, Issoudun.

**Correspondances.** Ile-Bouchard, Ile d'Oléron, Ile de Ré, Ile Jourdain, Intville, Isseure.

**CHEMIN DE FER DU NORD. — Stations.** Jeumont, Jonchéry.

**Correspondance.** Juilly.

**CHEMIN DE FER DE L'EST. — Stations.** Jalons-les-Vignes, Jessains, Joinville, Jossigny.

**Correspondances.** Jouy-le-Châtel, Jussey.

**CHEMIN DE FER DE LYON. — Stations.** Joigny, Juvisy.

**Correspondance.** Jujurieux.

**CHEMIN DE FER DE L'OUEST. — Stations.** Jony, Juigne, Jurques.

**Correspondances.** Javené, Juvezé, Josselin, Jouy-en-Sosas, Jugon, Javigny, Jouc-Dubois.

**CHEMIN DE FER D'ORLEANS. — STATIONS.** Jarrié, la Jonchère, Juvisy.

CORRESPONDANCES. Janville, Jargeau, Jarnac, Jansac, Jazeneuil, Jones, Jouhé.

## K

**CHEMIN DE FER DE L'EST. — STATION.** Kogenheim.

CORRESPONDANCE. Kaysersberg.

## L

**CHEMIN DE FER DU NORD. — STATIONS.** Landrecies, Lâon, Leforest, Lens, Liancourt, Lille, Livry, Longpont, Longpré, Longuau, Longuyon, Louvres, Luzarches.

CORRESPONDANCES. Lannoy, Lassigny, Laventie, Leschelles, Liesse, Lillers, Lourches.

**CHEMIN DE FER DE L'EST. — STATIONS.** Langres, Lemesnil, Lesigny, Ligny, Limersheim, Leverdun, Langeville, Longueville, Longuyon, Lorentz-Weiler, Loxeville, Lunéville, Lure, Lusigny, Lutterbach, Lutzelbourg.

CORRESPONDANCES. Lérouville, Lintgen, Liverdy, Loisy, Longwy, Lucerne, Ludes, Luxeuil.

**CHEMIN DE FER DE LYON. — STATIONS.** La Joux, Laissey, Lamarche, Laroche, La Rivière, Les Laumes, Lauzanne, Leinpdes, Leyment, Lézinnes, Livron, Lons-le-Saulnier, Loriol, le Luc, Lunel, Lyon.

CORRESPONDANCES. Labatie-Roland, Laguieu, Lalleyrat, Laqueille, Lavoncourt, Ligny, Lorgues, Lormes, Lorrez-le-Boc, Lucerne, Lunel-Viel, Luzy.

**CHEMIN DE FER DU MIDI. — STATIONS.** Labenne, Labouhere, Lacourtensond, Lacq, La mpie, Lamothe, Lamotte-Landerron, Lavilledieu, Leucatte, Lézignan, Lodive.

CORRESPONDANCES. Lannemezan, Lanton, Larrazet, Lauzerte, Lectoure, Lescar, Limoux, Longages.

**CHEMIN DE FER DE L'OUEST. — STATIONS.** Lartoire, Laverrière, Lisieux, Lison, Longueville, Louviers, Luneroy, Lyons-la-Forest.

CORRESPOND. Ferrière (la), Lahoussaye, Lamballe, Lamnay, Landelle, Landerneau, Lanlevant, Landivisiau, Landivy, Langouedre, Lingouet, Languedié, Laqueue, Laval, Lessoy, Lhuisserie, Lillebonne, Limoy, Lion-sur-Mer, Livaie, Livarot, Loges en Josas, Lhoéac, Loigné, Longchamps, Longuy, Lorient, Loudéac, Louveciemes, Louverné, Luc, Le Lude, Laigle, Laize la-Ville.

**CHEMIN DE FER D'ORLÉANS. — STATIONS.** Ladignsc, Lafarge, Laguépie, Laigne, Lamothe-Beuvron, Langeois, Larche, Lardy, Laroche-Clalais, Laroque, Laurière, Lezoy, Lebos, Libourne, Liguge, Limeray, Limoges, Lormont, Lothier, Luant, Lunéry, Lussac, Luac, Lyon.

CORRESPONDANCES. La Bastide, La Calm, Laferrière, Laguiole, Laissac, Lallingue, Lamarque, Lamothe, Lamothe Sainte-Hervoye, Landevant, Langogne, Lapommeraye, Lathus, Lavagnac, Lavalette, Le Grand, Lencloître, Lesparre, Leudeville, Levroux, Lexos, Lhommaizé, l'Hospitalet, Lignière, Ligueil, Limogne, Linas, Lion-d'Angers, Loche, Locminé, Lodève, Loigny, Lombreuil, Longjumeau, Longue, Longuet, Lorient, Lorris, Louans, Loudun, Louestault, Louroux, Luché, Le Lude, Lumeau, Lusignan.

## M

**CHEMIN DE FER DU NORD. — STATIONS.** Mitry, Montreuil, Mouy, Muison.

CORRESPONDANCES. Maffliers, Magny, Mailly, Marchiennes, Marines, Marly-la-Ville, Marseille, Maubeuge, Meru, Merville, Mesnil-Amelot, Messy, Mézières, Milly Mory, Moiselles, Montcornet, Montdidier, Monoiscourt, Montgé, Montlignon, Montmorency, Morcuil, Mortefontaine, Moy, Maubert-Fontaine.

**CHEMIN DE FER DE L'EST. — STATIONS.** Metz, Mailly, Maison-Rouge, Maizières, Mamer, Martinvilliers, Maranville, Marbache, Marienthal, Meaux, Melz, Mersch, Mertert, Mesgrigny, Metz, Mezy, Moménilsan, Montereau, Monthureux, Monthieramey, Mourmelon.

CORRESPONDANCES. Mandres, Margat, Marmoutiers, Maizenheim, May, Melov, Merxheim, Mirecours, Molsheim, Montevrin, Montfermeil, Monurender, Montmirail, Montmort, Montreuil, Morey, Morhange, Munster, Massy, Mutzeg.

**CHEMIN DE FER DE LYON. — STATIONS.** Macon, Magny, Maison Alfort, Monduel, Montoche, Margueritttes, Mars, Marseilles, Mas-de-Ponge, Mazes (les), Melun, Mesnay-Arbois, Meursault.

CORRESPONDANCES. Maiche, Maloin, Mande, Mardres, Margelie (la), Martigues, Martres (les), Massiac, Maurice.

**CHEMIN DE FER DE LYON. — STATIONS.** Meximieux, Meyrin, Mezériot, Milhaud, Milies (les), Mironnas, Mireuel, Molières, Mondragon, Monéteau, Montain, Montargis, Montbord, Montbarrey, Montbrisson, Montecau, Montchanin, Monteignet, Montélimar, Monteux, Montgeron, Montigny, Montluel, Montpellier, Montroud, Mouchard.

CORRESPONDANCES. Millau, Monistrol, Montaigut, Montbeliard, Montbenoit, Montereau, Montmilas, Montmerle, Montmeyron, Mont-s.-Voudray, Moret, Morteau, Monthe.

**CHEMIN DE FER DU MIDI. — STATIONS.** Malauze, Manciet, Marcorignan, Marmande, Mas-Saint-Puelle, Maubourget, Mestras, Minbaste, Mios, Moissac, Montauban, Montlaur, Mont-de-Marsan, Moreens, Moux.

CORRESPONDANCES. La Magistère, Mane, Marseillou, Martres, Mas-d'Agens, Mas Grend, Mazuet, Mazères, Mèze, Miremont, Mirepoix, Mohtg, Molig, Monségur, Monteux, Montech, Montesquieu, Montguilard, Montlouis, Muret.

**CHEMIN DE FER DE L'OUEST. — STATIONS.** Magny, Maintenon, Maisons, Malaunoy, Mans (le), Mantes, Marommes, Martinoust, Mesnil-Auzouf,

Meulan, Molay, Montabort, Montbizot, Montibourg, Mortsurs, Montville, Moult-Argences, Muneville.

CORRESPONDANCES. Madelaine, Maillebois, Malansac, Malmaison, Mamers, Manou, Marcilly, Mareschal, Marigny, Marly-le-Roi, Marnes, Maule, Maure, Mayenne, Merdrignac, Merlerault, Mery-Corbon, Mesle, Mesnil, Messac, Meudon, Mondoubleau, Monnoi, Montaudin, Montauban, Montfort, Montivilliers, Montmirail, Montreuil-l'Arch, Mordelles, Morgny, Mouffaines, Moulins-la-M.

CHEMIN DE FER D'ORLÉANS. — STATIONS. Magnettes, Mans (le), Marmagne, Martel, Marcillac, Massy, Mauves, Mauzé, Mayet, Mehum, Menetréole, Ménitré, Mer, Mettroy, Meung, Millac, Miremont, Monnerville, Montauban, Monteils, Montlouis, Montluçon, Montpont, Montricoux, Monts, Montvalent, Moulins, Moulins-s.-Yères, Moussac, Mouthiers.

CORRESPOND. Macon, Magnac-Lunel, Maissac, Maisse, Malansac, Malesherbes, Malestroit, Mans, Monthelons, Marans, Marcil, Marcillac, Marcoussis, Marceaux-aux-P., Mareil le-Guyon, Marennes, Mareuil, Margam, Marolles, Marvejols. Mussidam, Massiac, Matha, Maurillac, Maur, Mazières, Meillant, Molle, Ménors, Mende, Mennecy, Mennetou, Méréville, Meyssac, Milhau, Milly, Mirebeau, Moëze, Montargis, Montbazon, Mondoubleau, Montendre, Mommarault, Montguyon, Montjean, Montignac, Monthery, Montlieu, Montmoreau, Montoir, Montrichard, Montsalvy, Mont-sur Guesne, Mortagne, Mothe-Achard, Mur-de Barrez, Mure, Muzillac.

## N

CHEMIN DE FER DU NORD. — STATIONS. Neuilly Saint-Front, Nœux, Noyelle, Noyon.

CORRESPONDANCES. Nanteuil, Nantouillet, Nesle, Neufchatel, Neuilly-en-Thelles, Neuville-Roy, Noailles, Nogentel, Nouvion.

CHEMIN DE FER DE L'EST. — STATIONS. Nançois-le Petit, Nancis, Nangis, Nanteuil, Nogent-Liartaud, Nogent sur Marne, Nogent-sur Seine, Noisy-le-Sec, Novions.

CORRESPONDANCES. Neufbrisach, Neufchâteau, Neufchatel, Neuilly, Neuville, Neuwiller, Niederbronn, Nogent-le-Roi, Noisy-le Grand, Nully.

CHEMIN DE FER DE LYON. — STATIONS. Nemours, Neuville, Nevers, Nîmes, Nozières, Nuits-s.-Bavière.

CORRESPONDANCES. Nantua, Narbonne, Neuvy s.-Loire, Nogent-s.-Verneson, Noloy, Nyons.

CHEMIN DE FER DU MIDI. — STATIONS. Nezignon-Led, Nicolle, Nisson, Nogaro, Nouville.

CORRESPONDANCE. Noé.

CHEMIN DE FER DE L'OUEST. — STATIONS. Neau, Neufchatel, Neuilly, Neuve-Lyre, Neuvelle, Nogent-le-Rotrou, Nointol, Bolbec.

CORRESPOND. Nantes, Napoléonville, Neauphle-le-Chât., Neauphle-le-Vieux, Neubourg, Nezel-la-Falaize, Nogent-le-Roi.

CHEMIN DE FER DE L'OUEST. — STATIONS. Noyal, Noyen, Nuillé.

CORRESPONDANCES. Noisy-le-Roi, Nonancourt, Normanville, Nort.

CHEMIN DE FER D'ORLÉANS. — STATIONS. Nazac, Nantes, Naussac, Negrepelisse, Négrondes, Neuillé, Neuvic, Neuvy-Pailloux, Nexon, Niort, Noisoy, Nontron, Nouan, Noyant, Nuces.

CORRESPOND. Nanclars, Nant, Napoléon-Vendée, Napoléonville, Neuillé-la-Lierre, Neuville-aux-Bois, Neuvy-en-S., Neuvy-le-Roi, Nicorbin, Niversac.

## O

CHEMIN DE FER DU NORD. — STATIONS. Ormoy, Orry-la-Ville, Ourscamps.

CORRESPONDANCES. Oisemont, Origny, Orvillers.

CHEMIN DE FER DE L'EST. — STATIONS. Otrange, Ocry, Ormes, Ostheim, Ottange, Ogrières, Ozouer-la-Fer, Ozouer-le-Voulgis.

CORRESPONDANCES. — Obernoy, Onville.

CHEMIN DE FER DE LYON. — STATIONS. Olliculles-Saint-Naz, Oronge, Orchamps, Ougney, Oullins-Paccaudières.

CORRESPONDANCES. Olliergues, Orgelet, Oyonnax.

CHEMIN DE FER DU MIDI. — STATION. Orthez. CORRESPONDANCES. Olette.

CHEMIN DE FER DE L'OUEST. — STATION. Oissel.

CORRESPONDANCES. Offranville, Orbec, Orgerus, Orsanville, Orvillers, Oulins, Ourville, Ouville.

CHEMIN DE FER D'ORLÉANS. — STATIONS. Onzain, Orléans, Ormes, Orsay.

CORRESPONDANCES. Oradour, Orgères, Ouarville, Ouzouer, Ouzouer-sur-Loire.

## P

CHEMIN DE FER DU NORD. — STATIONS. Pont-de-Brique, Pontoise, Pont-Remy, Précy.

CORRESPONDANCES. Poissy, Poix, Presle.

CHEMIN DE FER DE L'EST. — STATIONS. Pont-à-Mousson, Pont-sur-Seine, Pont-d'Atelier, Pont-sur-Saône.

CORRESPONDANCES. Pontant, Porte-d'Austerlitz, Poulangy, Pregney, Presle, Provins, Puisieux.

CHEMIN DE FER DE LYON. — STATIONS. Pacaudière, Poligny, Polliat, Pomme, Pontet, Pontailler, Pontanevaux, Pont-d'Ain, Pontmort, Porrentruy, Pouzin, Puget-de-Guers, Pyrimont.

CORRESPOND. Poncin, Pont-Charra, Pont-de-Pany, Pont-de-Roide, Pont-de-Vaux, Pont-de-Veyle, Pont-d'Héry, Pont-Nizy, Pont-Saint-Esprit, Pont-sur-Yonne, Pougues-les-Eaux, Pouilly, Pouilly-sur-Loire, Pouilly-en-Mont, Priay, Privas, Pugieu, Puy.

CHEMIN DE FER DU MIDI. — STATIONS. Portets, Portet-Saint-Simon, Porte-Sainte-Marie, Puyoo.

CORRESPONDANCES. Pontenx, Port-Vendres.

---

**CHEMIN DE FER DE L'OUEST.** — STATIONS.
Poissy, Pont-de-Gennes, Pont-de-l'Arche, Pontgouin, Pont-Hébert, Pont-l'Evêque, Pont-Brillet, Pont-Marly.

CORRESPONDANCES. Pacé, Pacy-sur-Eure, Pont-Audemer, Pont-Chartrain, Pont d'Ouilly, Pontel, Pont-Farcy, Ponthou, Pontorson, Pont-Saint-Pierre, Pouancé, Prez-en-Pail, Puteaux.

CHEMIN DE FER D'ORLÉANS. — STATIONS.
Point, Poissonnière, Poitiers, Pont-du-Casse, Port-de-Penne, Pournel, Presle, Pressigny, Purvet.

CORRESPOND. Poilly, Pons, Pont-aux-Moines, Pont-Château, Pont-de-Salars, Pontlevoy, Pont-Vall, Pornic, Pornichet, Port Boulet, Port de-Pilles, Pouancé, Pouliguen, Pourpy, Pouzoy, Pradelles, Prahec, Prasville, Preuilly, Puisoy, Puy.

### Q

CHEMIN DE FER DU NORD. — STATIONS.
Quevy, Quievrain.

CORRESPONDANCE. Quesnoy.

CHEMIN DE FER DE L'OUEST. — STATION.
Quélaines.

CORRESPONDANCES. Quetiéville, Quettehou, Quettreville, Quimper, Quimperlé.

CHEMIN DE FER D'ORLÉANS. — STATIONS.
Quatre-Chemins-de-l'Oye, Quatre Routes, Questemberg.

CORRESPONDANCE. Quimper.

### R

CHEMIN DE FER DU NORD. — STATIONS.
Raismes, Rheims, Rethel, Ribecourt, Ribemont, Rochy-Condé, Rocroy, Rœux, Roubaix, Rue.

CORRESPOND. Ressons, Roissy, Rollot, Rosières, Rosoy, Roye, Rumigny.

CHEMIN DE FER DE L'EST. — STATIONS.
Rebois, Rechicourt, Reims, Rethel, Revigny, Ribauville, Rilly-la-Montagne, Rixheim, Roche, Rolampont, Rosny.

CORRESPONDANCES. Raon-l'Etape, Remiremont, Riceys, Romanshorn, Rosoy, Rouffach.

CHEMIN DE FER DE LYON. — STATIONS.
Ronchot, Raphèle, Renardière, Riom, Ris-Orongis, Rive de-Gier, Roanne, Robiac, Roches, Roche-de-G., Rochefort, Rognac, Romonche.

CORRESPONDANCES. Randons, Remusat, Ricamarle, Roches, Rodez, Romenay, Romans, Roquevaire, Rougemont, Rouvroy, Ruffieu, Rully, Russey.

CHEMIN DE FER DU MIDI. — STATIONS.
Réole, Rivières, Rivesaltes.

CORRESPONDANCES. Rabastens, Revel, Rion.

CHEMIN DE FER DE L'OUEST. — STATIONS.
Radepont, Rambouillet, Romilly, Rosny, Rouen, Rouessé-Vassé, Rueil.

CORRESPONDANCES. Rânes, Redon, Ramelard, Rennes, Richebourg, Roquencourt, Romasis, Rosporden, Roupperroux, Rugles.

CHEMIN DE FER D'ORLÉANS. — STATIONS.
Razac, Reuilly, Ronne, Rochefort, Rouillé, Ruffec.

CORRESPONDANCES. Ranzon, Redon, Reffanes, Reugny, Ribérac, Richelieu, Rillé, Rilly, Rivière-de-M., Rocamodour, Roche-Beaucourt, Rochefort, Rochefoucau'd, Rochelle, Rocheposay, Roche Servière, Romorantin, Rouilhac, Rouvroy-Saint Cyr.

### S

CHEMIN DE FER DU NORD. — STATIONS.
St-Denis, St-Firmin, St-Gislain, St-Just, St-Leu, St-Omer. St-Ouen-l'Aum, St-Pierre-Calais, St-Quentin, St-Valery, St-Venant, Sarcelles, Séclin, Sedan, Sevron, Sivry, Sinceny, Soissons, Somain, Stunbecq, Strazelle.

CORRESPONDANCES. St-Amand-les-Eaux, St-Brice, Ste-Geneviève, St-Gobain, St-Martin-du-Tertre, St-Souplet, Sannois, Senlis, Solesme, Songeons, Stenwerk, Stenworde, Stenoy.

CHEMIN DE FER DE L'EST. — STATIONS.
Saarbruck, St-Avold, St-Blin, Semaize, Sierentz, Soleure, Sorcy, Spire, Steenbourg, Saverne, Schaffouse.

CORRESPONDANCES. St-Amarin, St-Dié, St-Dizier, Sézanne, Sierck, Souoines, Soulzmott, Stenay, St-Souplet, Sarrebourg, Sarreguemines, Scey-sur-Saône.

CHEMIN DE FER DE LYON. — STATIONS.
Saincaise, St-Ambroise, St-André, St-Aunis, St-Barthélemy, St-Césaire, St-Thomas, St-Cyr, St-Etienne, Segonnaux, Sennecey-le-Grand, Senozan, Sens, Serezin, Seyne, Seyssel, Sienutz.

CORRESPONDANCES. Saillians, St-Amand, St-Amour, St-Bérain, St-Bonnet, St-Bris, St-Chamond, St-Thily, St-Claude, St-Diez, St-Emiliond, St-Ennemond, Seigneuley, Sene-Port, Sellières, Semur, Sergenis, Serres, Serrière, Serves, Servon, Seurre.

CHEMIN DE FER DU MIDI. — STATIONS.
Ste-Bazaille, Segala, Solferino.

CORRESPONDANCES. St-Chinian, Sijean, Sorrèze, Soturac.

CHEMIN DE FER DE L'OUEST. — STATIONS.
Sablé, St-Cloud, Sesquigny, Servon, Sèvres, Sottevast, Surennes, Suze, St-Romain.

CORRESPONDANCES. St-André, Ste-Anne-d'A, Ste-Aquilin, St-Arnoul, St-Aubin, St Brieue, St-Calais, Ste-Clair, Ste-Colombe, St-Cosme, St-Cyr, St-Denis-d'Her. Sées, Senonches, Septeuil, Scraincourt, Sonchamp, Souday, St-Luens, St-Sauveur, Ste-Colosalle, St-Servon, St-Sylvain, St-Wast.

CHEMIN DE FER D'ORLÉANS. — STATIONS.
Saincaize, St-Ay, St-Benoît, Ste-Catherine, St-Denis, St-Etienne-de-Montluc, Soubie, Souterraine, St-Sébastien, St-Urun, Salbriz, Saujon, Savenoy, Savigny.

CORRESPONDANCES. Sables-d'Olonne, St-Afrique, St-Aignan, St-Amand-de-Loire, St-André-de-Cubsac, St-Anzeou, Ste-Arne, St-Benoit-du-Sault, St-Calais, St-Céré, St-Thiron, St-Christophe,

St-Claude, St-Cybordeau, St-Denis-de-H, St-Dié, St-Epain, Segré, Selles-Cher, Selles-St-Denis, Se.omes, Semaises, Severac, Sonzay, Soubise, Sougy, Souillac, Souesme, Sours, Souvigny, Sully, Surgères, St-Savin, St Rome, St Savinien, Ste-Sevère, Ste-Terre, St-Vaury, St-Vincent, St-Yriez, Saintes, Salles-Courant, Sanscoins, Sandillon, Santeuil, Sanyai, Sarlat, Sarzion, Sauchères, Saulzais-le-Pont, Savigné, Secondigny.

CHEMIN DE FER DU NORD. — STATION. St-Ouen-s.-Aum.

CORRESPONDANCES. Ste-Geneviève, St-Gobain.

CHEMIN DE FER DE L'EST. — STATIONS. St-Gall, St-Louis, St-Mandé, St-Mesmin.

CORRESPOND. St-Hippolyte, St-Loup, Ste-Menehould, St-Nicolas.

CHEMIN DE FER DE LYON. — STATIONS. St-Florentin, St-Fons, St-Genies, St-Georges, St-Gerond-le-Puy, St-Germain-des Fossés, St-Germain-du-B., St-Henry, St-Hilaire, St-Jodard, St-Joseph, St-Julien.

CORRESPONDANCES. St-Fargeau, St-Galmier, St-Germain, St-Germain-s.-Espin, St-Imbert, St Jean-de-Bournoy, St-Jean-de-Losne, St Jean-le-Vieux.

CHEMIN DE FER D'ORLÉANS. — STATIONS. Ste Etienne-de-Tulin, St Loubes, St-Luce, St-Maurent, Ste-Maure, St-Médard.

CORRESPONDANCES. Ste-Foix, St-Georges, St-Gildas, St-Gondon, St-Hilaire-sur-M., St-Hippolyte, St-Jean-d'Angely, St-Lezaigne, St-Loup, St-Martin, St-Ouen.

CHEMIN DE FER DE L'OUEST. — STATION. St-Jacut.

CORRESPONDANCES. Ste-Gauburge, St-Germain-de-la-Coudre, St-Germain la-Campagne, St-Hilaire-du-H., St-Hilaire-s.-R., St-James.

## T

CHEMIN DE FER DU NORD. — STATIONS. Taverny, Tergnier-La-Fère, Thiennes, Thourotte, Thalin, Tuin.

CORRESPONDANCES. Thilliers, Trélon, Tréport, Try-le-Ch.

CHEMIN DE FER DE L'EST. — STATIONS. Thionville, Toul, Tournon, Troyes.

CORRESPONDANCES. Torcy, Touquin, Trembloy, Tréveroy, Trilport.

CHEMIN DE FER DE LYON. — STATIONS. Tain, Talmoy, Tamoris, Tamoy, Tarare, Tarascon, Teil, Terry, Terre-Noire, Thann, Thizé, Thiers, Thomery, Tonnerre, Toncy, Thoulon, Tours, Tournus, Trèves-Buret, Troyes.

CORRESPONDANCES. Thisy, Thoissey, Toulon-sur-Arroux, Tour-de-Millery, Trévous, Tulle.

CHEMIN DE FER DU MIDI. — STATIONS. Tarbes, Tausatville, Teich, Temple, Tesse, Toanceins, Toulouse, Trèbes.

CORRESPONDANCES. Tarascon, Tartas, Tourney, Trentel.

CHEMIN DE FER DE L'OUEST. — STATIONS. Tannière, Tessy, Theil, Theberville, Thorigné, Tourville, Troppes, Triel.

CORRESPONDANCES. Taillis, Thimert, Thoiry, Thillières-sur-Avre, Torigny, Totes, Toucques, Tourny, Tourouvre, Tremblay, Tréport, Trevières, Trouville.

CHEMIN DE FER D'ORLÉANS. — STATIONS. Talmont, Theillay, Theviers, Thouvre, Tours, Trélazé, Tricherie, Trillis, Trenoy, Tronget, Turenne.

CORRESPONDANCES. Tavout, Terrasson, Theneuil, Thénon, Thelouse, Thimory, Thouvré, Tigy, Tonnoy-Cher, Tourier, Tournoise, Tournon, Toury, Trembode, Trogue.

## U

CHEMIN DE FER DE L'EST. — STATION. Uckange.

CHEMIN DE FER DE LYON. — STATIONS. Uchaud, Uchisy.

CORRESPONDANCE. Uzès.

CHEMIN DE FER DU MIDI. — CORRESP. Ussat.

CHEMIN DE FER D'ORLÉANS. — STATION. Urcay.

CORRESPONDANCE. Ussel.

## V

CHEMIN DE FER DU NORD. — STATIONS. Valenciennes, Vaumoise, Verberie, Vireux, Vitry.

CORRESPONDANCES. Valines, Vaujours, Vervins, Viarmes, Ville-Parrisis, Villiers-le-Bel, Vimy, Vouziers.

CHEMIN DE FER DE L'EST. — STATIONS. Varennes, Vandeuvre, Verneuil, Veuve, Vignory, Villiers, Vinapilles, Vitry, Vitry-le-Français, Vitry-la-Ville.

CORRESPOND. Vassy, Vaucouleurs, Vaujours, Vauvilliers, Vendenh-im, Verdun, Vernois, Vert-Galant, Vertus, Verzenoy, Verzy, Vesoul, Vic, Vielsmaisons, Vienne-le-Château, Villecomble, Villenouxe, Villeneuve, Villepartout, Villeroye, Villersexel, Villiers-la-Mont, Ville-sous-Terre, Vincennes, Viad, Voirey, Vricourt.

CHEMIN DE FER DE LYON. — STATIONS. Valence, Valergues, Varennes, Varennes-sur-Allier, Vaugris, Vavrette, Velars, Velaux, Vence-Gugnes, Vendranges-Saint-Priest, Vergèze, Verrey, Vic-le-Comte, Vic-Mireval, Vichy, Vidauban, Vienne, Villars, Villeneuve, Villeneuve-de-Berg, Villeneuve-sur-Yonne.

CORRESPONDANCES. Vaisseaux, Valence-en-Brie, Valenton, Vallorbes, Vaux, Veynes, Vezenobres, Vic-le-Comte, Villedieu, Villefranche, Villeneuve-l'A., Villeneuve-la-G., Villeneuve sur-Marne, Villersexel, Villié, Villy.

CHEMIN DE FER DU MIDI. — STATIONS. Valence-d'Agen, Varilhes, Venerque, Vias, Vernet-d'Ariage.

CORRESPONDANCES. Verdun, Vic Bigorre, Villandrault, Vernet-les-Bains, Villeneuve, Villenouvelle.

CHEMIN DE FER DE L'OUEST. — STATIONS. Vannes, Vernon, Versailles, Vésinet, Vingthanaps, Voivre, Voutre.

CORRESPONDANCES. Vatimesnil, Vaux, Vendeuvre, Vendôme, Vésinet, Verneuil, Veules, Vezillon, Vibraye. Vieux, Ville-d'Avray, Ville-Dieu, Villars, Vimoutiers.

## W

CHEMIN DE FER DU NORD. — STATION. Watten.

CORRESPONDANCES. Waincourt, Wormhoudt.

CHEMIN DE FER DE L'EST. — STATIONS. Walferdange, Wasselonne, Wasserbillig, Wissembourg, Wittelsheim.

CORRESPONDANCE. Wesserling.

## Y

CHEMIN DE FER DU MIDI. — STATIONS. Ychoux, Ygos.

CHEMIN DE FER DE LYON. — CORRESPONDANCE. Yères.

CHEMIN DE FER DE L'OUEST. — STATIONS. Yerville, Yvetot, Yvré-l'Évêque.

CHEMIN DE FER D'ORLÉANS. — CORRESPONDANCES. Ygurande, Ymonville.

# DIFFÉRENCE D'HEURES ENTRE PARIS
## ET LES PRINCIPALES VILLES DE FRANCE ET L'ÉTRANGER

(D'après M. HOUDIN, horloger du Palais-Royal)

L'heure des Chemins de fer étant prise sur le temps moyen de Paris, j'ai pensé qu'il serait agréable d'avoir la différence qui existe entre Paris et les principales Villes de France ; j'espère que ce petit travail rendra le double service de constater la marche de sa montre et d'arriver plus exactement à l'heure du départ des trains.

*Avances ou retards des villes de France sur Paris.*

Agen retarde de 7 m.—Ajaccio avance de 26 m. — Alençon retarde de 9 m. — Amiens retarde de 0 m. — Angers retarde de 12 m. — Angoulême retarde de 9 m. — Arles avance de 9 m. — Arras avance de 2 m. — Auxerre avance de 5 m. — Avignon avance de 10 m.—Bagnères-de-Bigorre retarde de 9 m.—Bar-le-Duc avance de 11 m. — Bayonne retarde de 15 m. — Beaune avance de 10 m. — Beauvais retarde de 1 m. — Besançon avance de 15 minutes.— Biaritz retarde de 16 m. — Blois retarde de 4 m. — Bordeaux retarde de 12 m. — Boulogne retarde de 3 m. — Bourges avance 0 m.— Brest retarde de 27 m.— Caen retarde de 11 m — Calais retarde de 2 m. — Carcassonne avance de 0 m. — Cette avance de 5 m. — Châlons-sur-Marne avance de 8 m. — Châlons-sur-Saône avance de 10 m. — Chartres retarde de 3 m.— Cherbourg retarde de 16 m. — Colmar avance de 20 m.— Chambéry avance de 14 m. — Dijon avance de 11 m. — Douai avance de 5 m. — Draguignan avance de 17 m. — Dunkerque avance de 0 m.— Dieppe retarde de 5 m. — Elbeuf retarde de 5 m. — Évreux retarde de 5 m. — Fontainebleau avance de 1 m. — Grenoble avance de 14 m. — Lille avance de 3m. — Limoges retarde de 4 m. — Lorient retarde de 23 m. — Lyon avance de 10 m. — Mâcon avance de 10 m.— Mans (le) retarde de 9 m. — Marseille avance de 12 m. — Mext avance de 15 m. — Montauban retarde de 4 m. — Montpellier avance de 6 m. — Nancy avance de 15 m. — Nantes retarde de 16 m. — Nevers avance de 3 m. — Nîmes avance de 8 m. — Nice avance de 20 m. — Orléans retarde de 2 m. — Pau retarde de 11 m. — Périgueux retarde de 6 m. — Perpignan avance de 2 m. — Plombières avance de 16 m. — Poitiers retarde de 8 m. — Reims avance de 7 m. — Rennes retarde de 16 m. — Rochefort retarde de 13 m. — Rochelle (la) retarde de 11 m. — Rouen retarde de 5 m. — Saint-Etienne avance de 8 m. — Saumur retarde de 10 m. —Sedan avance de 10 m. — Strasbourg avance de 22 m. — Toulon avance de 14 m. — Toulouse retarde de 4 m. — Tours retarde de 7 m. — Trouville retarde de 0 m. — Troyes avance de 7 m. — Valence avance de 10 m. — Valenciennes avance de 5 minutes. — Versailles retarde de 1 m. — Vichy avance de 0 m.

*Avances ou retards des villes étrangères sur Paris.*

Amsterdam avance de 10 m. — Athènes avance de 1 h. 26 m. — Bade avance de 24 m.— Batavia avance de 6 h. 58 m. — Berlin avance de 44 m. — Bruxelles avance de 8 m.— Bucharest avance de 1 h. 35 m. — Buenos-Ayres retarde de 4 h. 3 m.— Caire (le) avance de 1 h. 56 m. — Calcutta avance de 5 h. 44 m.— Constantinople avance de 1 h. 47 m. — Copenhague avance de 41 m. — Francfort-sur-le-Mein avance de 25 m. — Genève avance de 15 m. — Jérusalem avance de 2 h. 11 m. — Lisbonne retarde de 46 m. — Londres retarde de 10 m. — Madrid retarde de 24 m. — Mexico retarde de 6 h. 45 m. — Moscou avance de 2 h. 21 m. — Munich avance de 37 m.— Naples avance de 48 m. — New-York retarde de 5 h. 5 m.— Panama retarde de 5 h. 27 m.— Pékin avance de 7 h. 37 m. — Philadelphie retarde de 5 h. 10 m. — Rio-Janeiro retarde de 3 h. 2 m. — Rome avance de 40 m. — Saint-Domingue retarde de 4 h. 49 m. — Saint-Pétersbourg avance de 1 h. 52 m. — Saint-Pierre (Mart.) retarde de 4 h. 14 m. — San-Francisco retarde de 8 h. 19 m. — Smyrne avance de 1 h. 39 m. — Stockholm avance de 1 h. 5 m.— Taïti retarde de 10 h. 7 m. — Tunis avance de 31 m. — Turin avance de 21 m. — Varsovie avance de 1 h. 15 m. — Venise avance de 40 m. — Vienne (Autriche) avance de 56 m.

# L'EUROPE A VOL D'OISEAU

Notre siècle a la passion des voyages, et cette passion devient tous les jours plus vive et plus ardente. C'est un mouvement immense, universel. La Suisse et l'Allemagne, l'Angleterre, la France, enfin tous les pays beaux à voir, à étudier, sont incessamment couverts d'une foule de voyageurs avides de contempler, ici les merveilles de la nature, là, les monuments du moyen âge, plus loin, les progrès des arts ou la diversité infinie des mœurs et des usages des peuples.

Il y a un siècle à peine, qui donc s'aventurait à sortir de chez soi pour courir le monde, braver les océans, gravir des montagnes, explorer des continents ; pour visiter, même à moins de risques, des villes, des palais, des vallons, des lacs, des grottes, des cascades ; en un mot, toutes ces curiosités que la nature et l'art déploient en tous lieux à nos regards émerveillés ? Entreprenait-on ce que nous appelons de nos jours des voyages d'agrément ? il fallait des motifs tout à fait graves de santé, de famille ou d'intérêt, pour quitter sa patrie, ou sortir même de sa province, et on qualifiait d'intrépide tout voyageur qui franchissait ou les Pyrénées ou les Alpes, se hasardait sur la Baltique, ou s'embarquait pour les Antilles.

Mais aujourd'hui, qui est-ce qui ne voyage pas et jusque dans les contrées les plus lointaines ? C'est la chose du monde la plus commune, notamment pour les Anglais, que de se donner rendez-vous au pied des Pyramides ou sur les ruines de Sparte, et d'y arriver, qui plus est, fort exactement au jour indiqué ; pour des Français, d'improviser en riant le projet de visiter Rome ou les glaciers des Alpes. On n'y met guère plus de façon qu'on en faisait il y a cent ans pour aller de Paris à Saint-Cloud. Quelles sont donc aujourd'hui les causes réelles de cette manie incessante de voyages ? De tout temps, sans doute, l'homme a été curieux ; il l'était donc au XVIIe siècle comme de nos jours ; et cependant on voyageait mille fois moins.

C'est d'abord qu'il existe au XIXe une certaine agitation, un pressant besoin du mouvement, qui n'étaient pas connus de nos ancêtres ; puis nous possédons, pour satisfaire ce besoin devenu chaque jour plus impérieux, une facilité admirable de communications, une promptitude vraiment féerique à franchir les distances.

Partout on voyage avec rapidité, commodément, sans dangers probables et sans fatigues.

Voyez toutes ces belles routes tracées jusque sur le sommet des plus hautes montagnes. A leur tour, les bateaux à vapeur nous conduisent aussi vite à Saint-Pétersbourg et à New-York, que jadis les voitures de Paris à Marseille, et les chemins de fer feront bientôt de tout un royaume une seule province, de l'Europe un seul pays, enfin, de notre planète entière, comme un seul et vaste domaine qu'on pourra désormais parcourir en l'espace de quelques mois.

L'*Europe*, la plus petite des cinq parties du monde, en est la plus civilisée, et jouit de toutes les richesses du monde. Elle comprend l'Angleterre (Iles Britanniques) la plus populeuse et la plus commerçante des contrées de l'Univers ; le Danemark, formé d'un grand nombre d'îles de diverses grandeurs ; la Suède et la Norwége, pays montueux, glacés et entrecoupés de lacs et de marais ; la Russie d'Europe, inculte, glacée et presque inhabitable ; la France et la Belgique, pays riches, fertiles et agréables ; la Hollande, pays plat et au-dessous du niveau de la mer ; la Suisse, sillonnée par les plus hautes montagnes de l'Europe ; l'Autriche, composée de divers pays dont les habitants diffèrent de langage, de mœurs et d'origine ; la Prusse ; l'Espagne et le Portugal, couverts de hautes montagnes ; l'Italie, un des plus beaux pays de l'Univers ; la Turquie d'Europe et la Grèce. L'Europe est baignée par quinze mers, une grande quantité de lacs, fleuves, rivières et canaux ; elle contient 16 détroits, 10 golfes, 2 isthmes, 9 caps, 18 chaines de montagnes et 3 volcans.

Avant d'arriver aux chapitres spéciaux qui forment la division de notre *Guide-Indicateur*, suivons, pour la facilité de nos lecteurs, par ordre alphabétique, et commençons par la lettre **A**.

## A

**AARAU** (Suisse). Pr. 69, 52 et 38 fr. Durée, 17 h. Gare de Strasbourg, par Bâle, Zurich. Petite ville de 1,757 habit., située agréablement sur la rive droite de l'Aare, où naquit l'historien Henri Zschokke. Collections scientifiques, pont suspendu remarquable. Le jardin Zimmermann. — Hôtel *du Nouveau-Pont*.

**ABBEVILLE.** Stat. Nord. Fortif. 19,000 hab. Ville industrielle et commerçante, située à 20 kil. de l'embouchure de la Somme, chef-lieu d'arrond. Eglise gothique de St-Wolfran. Eaux minérales. Patrie de Millevoye et Lesueur. — Hôtel *Tête-de-Bœuf.*

**AGEN.** 14,000 hab., à 136 kil. de Bordeaux ; ville agréable sur la Garonne. Cathédrale de Saint-Caprais (onzième siècle). Eglise des Jacobins. Belles promenades. Deux chapelles exécutées dans le roc sont à remarquer. Rocher de l'Hermitage. — Hôtel de *France*, par M. Tertre.

**AIX.** Stat. Lyon-Médit. ; 25,000 hab. Chef-lieu d'arrond., archevêché. Huiles, fruits secs. Imprimeries indiennes ; carrières. Ecole de dessin spéciale. Bains et boissons d'eaux thermales (température, 36°). Ruines romaines. Cathédrale du onzième siècle. Eglise Saint-Jean, flèche de 66 mètres. Fontaine d'eaux minérales, dites des Quatre Dauphins. Constantin II, dit le Jeune, y naquit. — Hôtels du *Parc, des Princes, du Palais-Royal.*

**AGRAM.** Pr. 272, 204. Durée 102 h., ch. de fer Nord ; 12,500 hab. Belle cathédrale. Plaine fertile. — Hôtel *Kaiser von Œstrich, Adler.*

**AIX-LA-CHAPELLE.** Pr. 49, 37 et 27 fr. Durée, 11 h. Ch. fer Est., 50,000 hab. Ville importante par ses eaux minérales. Cathédrale remarquable par son portail. Fontaine Elisa, source chaude de 54°. Théâtre (1,600 spectateurs). Hôtel de Ville curieux. Patrie de Charlemagne, qui y mourut, et dont on remarque le tombeau dans la chapelle, et le fauteuil de marbre mosaïque. Excursions à Borcette et à Louisberg. Communication avec les bains de l'Empereur, source principale d'Aix-la-Chapelle. — Hôtels : *du Grand-Monarque*, Dremmel, propriétaire ; un des meilleurs de l'Europe ; *des Quatre Saisons*, M. Hubert ; *de la Cour Impériale*, M. Hyper ; *de Bellevue*, M. Franck ; *de l'Empereur.* — Hôtel et bains de *la Rose*, à Borcette.

**AIX-LES-BAINS** (Savoie). 4,000 hab. Dans une vallée pittoresque. Ruines romaines, sources sulfureuses

et chaudes renommées à juste titre. — Hôtels : *d'Italie*, tenu par M™ Garin ; *Venat, Dardel, Jeaudet, de l'Univers.*

**AIXE.** Pr. 72, 56, 46 fr. Durée 24 h., 3,000 hab. Ruines remarquables d'un château du moyen âge. — Hôtel *des Princes.*

**AJACCIO.** Pr. 106, 78 et 65 fr. Durée, 3 jours. Ch. de fer de Lyon à Marseille. Bat. à vap , en 19 h., 12,325 hab. La mère de Napoléon est enterrée dans la cathédrale de cette ville. La maison natale de ce grand homme existe encore sur la place Lætitia. Port peu fréquenté. — Hôtel *de l'Europe.*

**ALAIS.** Stat. Lyon-Médit. 17,800 hab. Ville assise au bas des Cévennes et sur le Gardon. Manufacture de fer et de houille ; houillières. Il s'y tient une école d'ouvriers pour les usines et les manufactures. On trouve, à peu de distance d'Alais, des eaux minérales ferrugineuses, froides et vitrioliques employées avec succès contre les maladies d'estomac (juillet, août, septembre). — Hôtel *du Commerce.*

**ALBY.** 12,000 hab. Ville bâtie sur le Tarn. Site pittoresque ; chef-lieu. Commerce considérable d'anis. Eglise de Saint-Salvi. Hospice remarquable. Hôtel de la Préfecture édifié en briques. Un pont jeté sur le fleuve compte sept arches. Excursions à l'église de Lescure, au saut du Sabot, cataracte d'une force de 4,300 chevaux, et au château de Castenau de Levi. Patrie de La Pérouse, dont on voit une statue de bronze. — Hôtel *Desprats.*

**ALENÇON.** 15,000 hab. Ville plate, bâtie au confluent de la Briante et de la Sarthe. Commerce de chevaux, toiles, grains, cidres. Dentelles renommées. Eglise gothique de Notre-Dame. — Hôtel *Grand-Cerf.*

**ALEXANDRIE.** Pr. 582, 344, 240 fr. Durée 2 jours, ch. de fer de Lyon ; 250,000 hab.

**ALICANTE.** 29,000 hab. Port fréquenté, vin très-renommé. — *Grand hôtel Bossio.*

**ALGER.** Pr. 156, 118, 105 fr. Durée 4 jours. Dép. de Paris par le ch. de fer de Lyon, les dimanches et jeudis pour Marseille ; de là, par bat. à vap., à Alger. On y remarque quatre quartiers : celui des Chrétiens, celui des Juifs, celui des Mahométans, et celui des Protestants. Belle mosquée. Belles promenades. — Hôtel de *la Régence.*

**AMBOISE-SUR-LOIRE.** 4,600 hab. Chapelle de Saint-Florentin (règne de Louis XI). Eglise Saint-Denis. Les greniers de César, souterrain profond de quatre étages. Excursions à la pagode de Chanteloup, ruine remarquable. Excursion au château de Chenonceaux, voitures publiques à 7 h. du matin et 6 h. du soir. Château. — Hôtels : *Lion d'Or, Hôtel du Bon-Laboureur*, tenu par Dessert-Mecchi.

**AMIENS.** Stat. Nord, 58,000 hab. Ville manufacturière sur la Somme; évêché. Eglise métropole gothique, une des plus remarquables de France. Eglise de Saint-Remy. Musée. Promenade de la Hotoie. Patrie de Pierre Lhermite, Cresset, Voiture, Du Cange. — Hôtels : *de France et d'Angleterre, du Rhin.*

**AMPHION,** sur le lac Leman, Haute-Savoie, où se font les cures d'Evian. Bel hôtel recommandable.

**AMSTERDAM.** Pr. 61, 45 et 35 fr. Durée, 20 h. Gare du Nord, par Anvers, Rotterdam. Bat. à vap. pour Harlingen et Lemmer; de là. p. di:ig., à Leuwarden et Groningen, le matin; 280,000 hab. Ville entretenant un commerce des plus étendus avec toutes les puissances du monde. Bains de Doelenstraat. Ancienne église de Oude Kerke remarquable. Nieuwe Kerke, ou la neuve église. Chapelle de France. Eglise catholique ; synagogue; Palais-Royal; Hôtel-de-Ville; hôpitaux; quatre théâtres; école de marine; musée curieux ouvert tous les jours, excepté le samedi, aux étrangers. Jardin des plantes : Muséum ; Bourse. Excursions à Saardam et au village de Brock, remarquable par sa propreté et ses fromages de Hollande. — Hôtels : *de Brock's-Doelen, des Pays-Bas, Rondrel, de l'Etoile.* Recommandé au commerce. — Hôtel de la *Monnaie.*

**ANCONE.** Pr. 321. Durée, 6 jours. Départ, ch. de Lyon, par Marseille et Florence. Ville de 30,000 hab., en amphithéâtre sur l'Adriatique. Arc de triomphe de Trajan, bâti en marbre blanc, sur le port. Cathédrale, diverses églises. Palais del Governo, Loggia di Mercanti. — Hôtels : *de la Parc, Albergo-Reale, de la Grande Bretagne.*

**ANGERS.** 53,000 hab. Ville très-commerçante, sur la Mayenne. Fonderies, filatures. Cathédrale Saint-Maurice, palais épiscopal, église Saint-Serge et diverses autres. Jardin botanique, école des arts et métiers. Promenades sur les remparts. Patrie du roi René, du statuaire David et de Ménage. — Hôtels : *Cheval-Blanc, de Londres.*

**ANGOULÊME.** 25,400 hab. Ville élevée agréablement en plateau, d'une hauteur de 23 mètres, entre l'Anguienne et la Charente. Fabriques de toiles, rafineries, filatures. Cathédrale de Clovis. A 5 kil., poudrerie de Thérouat, et à 6 kil., Magnac-sur-Touvre, à visiter pour ses 3 sources de la Touvre. Fabriques de papiers. Hôtel *du Palais.*

**ANTIBES.** ch. de fer Lyon-Méditerranée. 7,000 hab. Port de mer, Fabriques de parfumerie. L'église et les 2 tours sont dignes d'une visite. Excursion à Biot. — Hôtel *du Lion d'Or.*

**ANVERS.** Pr. 43, 33 et 25 fr. Durée, 10 h. Départ, ch. de fer Nord, même dép. que Bruxelles. Sur l'Escaut. 110,000 hab. Dentelles, tapis, chantiers de construction de navires, manufacture de tabacs. Eglise gothique de Notre-Dame, 5 autres églises, Hôtel de ville, musée remarquable. Rue de Rubens, n° 1450, on rencontre la maison de ce grand maître, qui naquit dans cette ville, ainsi que Van Dyck, Edelynck, Peters Neefs, N. Fyt, Quentin, Mathieu Brill, Massys, J. Sneyders, Pourbus, les deux Teniers, J. de Crayer, Simon de Vos. Statue de Rubens. Théâtre, jardin zoologique et citadelle. — Hôtels : *Saint-Antoine, du Parc, du Grand Laboureur, de l'Europe, du Courrier, du Rhin, de la Fleur d'or.*

**ARCACHON.** 700 hab. A 35 kil. de Bordeaux. Bains de mer, forêt résineuse, promenade agréable. — Hôtels : *Legallais, des Empereurs.*

**ARGENTON.** Pr. 33 10. 24 25. 18 25, ch. de fer Orléans. 5,450 hab. Château fort.

**ARLES.** Stat. Lyon-Médit. 25,000 hab. Monuments romains : l'amphithéâtre, le théâtre d'Auguste, l'obélisque, le forum, les aqueducs de Jules César. Musée antique. Viaduc remarquable. Excursion à Raphèle, Saint-Martin, Constantine, Entressen. — Hôtels : *Forum, du Nord.*

**ARNHEIM.** Pr. 77, 55, 40 fr. Durée, 20 h. 22,000 hab. Cathédrale, ancien palais des ducs de Gueldres. — Hôtels : *des Pays-Bas, de Hollande, Zwynshoofd, Zon.*

**ARRAS.** Stat. Nord. 28,000 hab. Située sur la Scarpe. Filature, tissus. Cathédrale, beffroi de l'hôtel de ville, musée, bibliothèque de 38,000 vol., citadelle. Patrie de Robespierre, Damiens et Lebon. Voiture pour Cambrai. — Hôtels : *du Griffon, du Petit Saint-Pol, de l'Europe.*

**ASTRAKAN,** dans une ville du Volga. 40,000 hab. Commerce et industrie, port militaire, arsenal. Fourrures renommées.

**ATHÈNES.** Pr. 412 et 271 fr. Durée, 15 jours. Ch. de fer de Lyon, par Marseille. 25,000 hab. Antiquités remarquables, au nombre de 34. Excursions au cap Sunium, à Marathon, à Eleusis, à Phylé et dans divers lieux curieux de souvenirs. Monuments modernes peu remarquables. — Hôtels : *d'Angleterre, d'Orient, de la Ville de Paris, du Parnasse, du Bosphore, de la Nouvelle Grèce.* Chevaux de louage.

**AUBUSSON.** Pr. 47, 45, 39 60, 25 05. 6,500 hab. Manufactures de tapis. Ruines du château. — Hôtel *de la Boule d'or.*

**AUCH.** 13,000 hab. Sur une hauteur baignée par le Gers. Ville haute et ville basse. Église de Notre-Dame, cours d'Etigny, place Royale. — Hôtel *de France.*

**AUGSBOURG.** Pr. 83 et 59 fr. Durée, 20 h. Ch. de fer de Strasb. 40,000 hab. 6 églises, hôtel de ville, bourse, tableaux, arsenal, places du Dom et de Louis, fontaines d'Hercule et de Mercure. — Hôtels : *Drei Mohren, Goldene Traube, Weisses Lamm.*

**AURILLAC.** Pr. 60, 50, 46 fr. Durée, 32 h. Ch. de fer d'Orléans. 12,000 hab. Vallée et sites pittoresques. Église Notre-Dame des Neiges. — Hôtel *des Trois-Frères.*

**AUTEUIL.** Dans une situation charmante, près de Paris. Villas, tombeau d'Aguesseau, etc.

**AUTUN.** 12,000 hab. Cathédrale, églises, musée, fontaines, temple de Janus, pierre branlante, vins de Chablis.— Hôtels : *de la Poste, de la Cloche.*

**AUXERRE.** 15,700 hab. Capitale de l'Yonne. Cathédrale Saint-Étienne, préfecture, belles promenades. Hôtels : *Léopard, de la Fontaine.*

**AUXONNE.** 7,100 hab. Ville forte. Église Notre-Dame, château fort. — Hôtel *du Grand Cerf.*

**AVIGNON.** Stat. Lyon-Médit. 38,000 hab. Sur le Rhône. Palais des papes, cathédrale de Notre-Dame des Doms, 3 églises, hôtel des monnaies, musée Calvet, le pont d'Avignon, hôtel Crillon, qui naquit dans cette ville, ainsi que Joseph Vernet. — Hôtels : *de l'Europe, du Palais-Royal.*

**AVRANCHES.** 9,500 hab. Dans une situation magnifique. Jolie ville. Musée de tableaux, ruines de la cathédrale (la pierre de Henri II). Excursions à Pontorson et au mont Saint-Michel. — Hôtels : *de Londres, de France et de Bretagne.*

## B

**BADEN-BADEN** Pr. 65, 48 et 35 fr. Durée, 13 h. 40 m. Ch. de fer de Strasb., par Strasb. et Kehl. Eaux thermales très-renommées. Église collégiale, palais de la grande-duchesse Stéphanie, maison de conversation (vastes salons de jeux), château des grands-ducs. On fait de Bade des excursions au chemin de l'Écho, à Gernsbach, au vieux château, à Flidersee. — Hôtels : *de Victoria, de la Cour de Bade, de Russie, de Hollande, d'Angleterre, de l'Europe, de Zœhrinhen.*

**BADAJOZ.** 23,500 hab. — Hôtels : *Fonda de las Tres Naciones, el Caballo Blanco, los Caballeros.*

**BAGNÈRES-DE-BIGORRE.** 9,000 hab. Sur l'Adour. Eaux thermales, minérales, ferrugineuses et salines. Églises, musée, salle de théâtre, belles promenades. — Hôtels : *de France, de Paris, de la Paix, du Bon Pasteur, Frascati.*

**BAGNÈRES-DE-LUCHON.** 35,000 hab. Agréablement située dans les Pyrénées. Eaux thermales (boissons, bains, douches, lotions) Promenades pittoresques. Antiquités. Excursions à la vallée du Lys, aux ports de Venasque et de la Picade, à la Maladetta, au lac d'Oo. — Hôtels : *Bonne-Maison, de Londres, du Commerce.* Nous recommandons tout particulièrement le *Casino des Chasseurs,* lequel n'a cessé de voir augmenter sa vogue et sa prospérité, par la bonne tenue que son directeur,

M. Sapène, s'est toujours efforcé de lui donner. — Depuis dix ans que cet Établissement existe, le Propriétaire n'a reculé devant aucun sacrifice pour mériter les suffrages du monde élégant et des gens de distinction qui fréquentent les thermes de Luchon, et qui ont bien voulu lui prêter l'appui de leurs conseils et de leur bienveillance. Il s'attachera de plus en plus à contenter et à prévoir les justes exigences de Messieurs les Étrangers, dont la sympathie a toujours été la plus précieuse récompense de ses efforts.

**BAGNOLS,** à 9 kil. de Mende. Eaux sulfureuses employées efficacement contre les paralysies, la sciatique et les rhumatismes.

**BAINS-LES-BAINS.** 3,000 hab. Plusieurs sources renommées d'eaux minérales. Les Romains furent les premiers à les fréquenter.

**BALE.** Pr. 43 et 32 fr. Durée 14 h. Gare de Strasb. 38,000 hab. La gare de cette ville et la cathédrale sont remarquables. Université. Muséum. Pont du Rhin. Ascension pittoresque de 770 m. à la Gempelfloh. Promenades agréables. Excursions principales à Arlesheim, à Newbad, à Grenzacheshorn, Sainte-Marguerite, au Bruderholz. — Hôtels : *des Trois Rois, de la Cigogne.*

**BAMBERG.** Pr. 145, 104. Durée, 3 jours. Ch. de fer de Strasb. 25,000 hab. Le Dom, Ancien palais épiscopal et l'ancienne abbaye de Michaëlsberg. Excursion au vieux château d'Altenberg. — Hôtels : *Deutscheshaus, Bambergerhof, Erlangerhof.*

**BARCELONE.** Pr. 162, 131 et 120 fr. Durée 4 j. Dép. par ch. de fer Lyon, par Marseille. 160,000 hab. Port de mer. Cathédrale et églises. Edifices remarquables. Le vaste théâtre du Lycée. — Hôtels : *Fonda del Oriente, la Europa, las Cuatro Partes del Mundo, Fonda de las Cuatro Naciones.*

**BARBIZON.** Stat. Lyon-Médit. à 112 kilom. de Paris. — Hôtel *Jun.*

**BARÉGES.** Bains dans les Pyrénées. 10 sources chaudes sulfureuses (70° à 78° centigrades).—Hôtels : *de France, de l'Europe, de la Paix.*

**BAR-LE-DUC.** Stat. Est. 14,000 hab. Capitale de la Meuse. Ville située en amphithéâtre sur l'Ornain. Confitures. Eglise de Saint-Pierre. Le maréchal Oudinot y naquit.

**BAR-SUR-AUBE.** 5,000 hab. Eglises Saint-Pierre et Saint-Maclou, belles promenades. — Hôtel : *de la Poste, de la Pomme d'Or.*

---

**BASTIA** (Corse). Pr. 112, 81 et 70 fr. Durée, 4 j. Par ch. de fer Lyon, par Marseille. 18,000 hab. Chef-lieu d'arrond. Petit port de mer. Rues pavées en marbre. Une statue en marbre sur la place représente Napoléon I<sup>er</sup> en Jupiter olympien. — Hôtel *de l'Europe*.

**BAYEUX**. Stat. Ouest. 10,000 hab. Ville agréablement bâtie. Dentelles. Toiles. Cidre renommé. Cathédrale antique. Musée. Bibliothèque. Hôtel de Ville, où l'on voit une remarquable tapisserie de la reine Mathilde, femme de Guillaume le Conquérant. — Hôtels : *du Luxembourg, du Lion d'or, Grand-Hôtel*.

**BAYONNE**. Stat. Midi. 20,000 hab. Ville commerçante. Laines. Vins. Eaux-de-vie. Jambons renommés. Promenades délicieuses, entr'autres la jetée plantée d'arbres. — Hôtels : *du Commerce, Saint-Étienne, de l'Europe, Saint-Martin, la Bilbaina, la Providence, le Grand d'Espagne*.

**BEAUNE**. 11,500 hab. Stat. Lyon-Médit. Biblioth. de 35,000 vol. Musée. Vins renommés. Eglise Notre-Dame. Hôtel de Ville. Hôpital. Promenades pittoresques. — Hôtels : *Brian, de France, de l'Arbre d'or, du Chevreuil*.

**BEAUVAIS**. 15,000 hab. Chef-lieu de l'Oise. Ville agréablement bâtie au fond d'une belle vallée entourée de bois. Cathédrale. Statue de Jeanne Hachette. L'Hôtel de Ville conserve un drapeau que cette héroïne enleva aux Bourguignons. — Hôtels : *du Cygne, d'Angleterre*.

**BEHOBIA**. Village à la frontière d'Espagne. Douane et passe-ports.

**BELFORT**. Stat. Est. 8,000 hab. Place forte sur la Savoureuse. Eglise de 1718. Vins et eaux-de-vie. — Hôtel : *l'Ancienne-Poste*.

**BELGRADE**. Ville turque de 35,000 hab. Panorama pittoresque. Diverses promenades et excursions. Hôtel *de la Couronne serbe*.

**BELLAGIO**, sur le lac de Come. Hôtel et pension *Genazzini*.

**BELLINZONA** (Suisse). Petite ville sur le Tessin, importante par la réunion des quatre routes du Saint-Gothard. — Hôtels : *de l'Ange* et de la *Poste*.

**BERGERAC**. Ch. de Libourne. 12,000 hab. Sur la Dordogne. — Hôtels : *de la Boule d'Or, du Voyageur, des Princes*.

**BERLIN**. Pr. 140 et 98 fr. Durée 26 h. Ch. de fer du Nord, par Cologne. 500,000 hab. Capitale de la Prusse, bien bâtie. 40 églises. Galeries de sculpture et de tableaux. Université. Académie.

**BERNAY**. Pr. 17-80, 13 35, 9-80. Ch. fer Ouest. 7,640 hab. Pèlerinage à Notre-Dame de la Couture. Ruines d'abbaye. — Hôtel *de la Poste*.

**BERNE**. Pr. 87, 68 et 55 fr. Durée, 25 h. C. de fer de Strasb. 28,000 hab. Cathédrale. Le Zeitglockenthurn. Musée. Université. Promenades très-pittoresques. Excursions au Gurten, à l'Eugi, à Weilhof, à l'Altenberg, à Bantiger, à Bütscheleck. — Hôtels : *du Faucon, de Berne, du Maure, du Singe*.

**BESANÇON**. Stat. Lyon-Médit. 45,000 hab. Ville bâtie sur le Doubs. Cathédrale et plusieurs églises. Musées. Patrie de Victor Hugo et du poëte Mairet. Horlogerie remarquable. — Hôtels : *du Nord, de l'Europe, National*.

**BEUZEVAL**. Bains de mer sur la côte normande. Casino magnifique.

**BÉZIERS**. Stat. Midi. 25,000 hab. Ville d'antique origine, agréablement située sur un coteau. Vins et eaux-de-vie. Deux églises remarquables. Pont-aqueduc du canal du Midi. — Hôtels : *du Nord, des Balances*.

**BIARRITZ**. 2,500 hab. Bains renommés dans les Pyrénées. Grotte de la Chambre-d'Amour. — Hôtels : *de France, des Ambassadeurs, des Princes, d'Angleterre, Dumont*.

**BIENNE**. Pr. 90, 70, 75. Durée 30 h. Ch. fer Strasb. 3,922 hab. Curieuse Grotte. Promenades sur le lac. Excursion à l'île Saint-Pierre. Poissons excellents. — Hôtels : *de la Croix Blanche, du Jura, de la Couronne*.

**BIRMINGHAM**. Pr. 101 et 74 fr. Durée, 20 h. Ch. de fer du Nord, par Londres. 240,000 hab. Commerce et industrie. Eglises Saint-Martin et Saint-Philippe. Hôtel de Ville. Promenades. — Hôtels : *Royal, Nelson, Stork, Union, Beech's, Queen's, Eagle and Tun*.

**BLOIS**. Stat. Orléans. 18,000 hab. Penchée sur une colline aux bords de la Loire, cette ville renferme des souvenirs historiques vivants dans son château. Excursion à Chambord. — Hôtels : *d'Angleterre, de Blois*.

**BOLOGNE** (Italie). Pr. 182, 125 et 112 fr. Durée, 7 j. Ch. fer Lyon, par Marseille. Ville agréablement située dans une plaine. On y remarque une galerie de tableaux, l'Université, le palais du Gouvernement. Palais. Tours penchées. Théâtres. Eglise de l'Annunziata. — Hôtels : *Albergo Reale, Pensione, Svizzera, S. Marco, il Pellegrino, Tre Mori, Aquila Nera, Europa, Cannone, Corona d'Oro, Tre Re*.

**BONN**. Pr. 62, 47 et 32 fr. Durée, 12 h. Par ch. de fer Strasb. 17,000 hab. Bat. à vap. de Bonn pour Bingen, Mayence, Manheim, 5 fois par jour. Université. Patrie de Beethoven. — Hôtels : *de l'Etoile d'Or*, le meilleur du Rhin, *de Trèves, de Belle-Vue, Deutscherhof, Rheineck, Kœnischerhof, Rheinischerhof*.

**BOULOGNE-SUR-MER**. Stat. Nord. Ville à moitié anglaise. Nouvel établissement de bain. Charmant port de mer. Hôtel de Ville. Cathédrale. Patrie de Godefroy de Bouillon. Promenades sur le port. — Hôtels : *British*, 5, rue d'Assas ; *Bains, Belle-Vue, Angleterre, Nord, Lion d'Argent, Douvres,* *de Londres, Meurice, du Château, de Flandre, du Pavillon,* de M<sup>me</sup> Lecamus, rue N<sup>ve</sup>-Chaussée, 87.

**BOURBONNE-LES-BAINS.** Pr. 39-25, 32-26. 25. Durée, 12 h. Ch. fer Orléans 4,000 hab. Eaux thermales (du 1<sup>er</sup> mai au 1<sup>er</sup> oct.). — Aubertin, maison meublée.

**BOURG.** 13,000 hab. Eglise paroissiale, statue de Bichat sur la promenade du bastion. Excursion à la curieuse église de Brou. — Hôtels : *du Nord, de l'Europe.*

**BORDEAUX.** Stat. Orléans. 150,000 hab. Belle et grande ville construite sur la Garonne. Grand commerce et industrie. Beau port de mer contenant 1,100 ou 1,200 navires. Edifices remarquables. Eglises, Musées, Théâtres, dont un passe pour le plus beau de France. Promenades magnifiques. Excursion à la tour de Cordouan. — Hôtels : *de France, Paris, du Périgord, des Empereurs.*

**BOURGES.** Stat. Orléans. 27,000 hab. Ville d'origine très-antique. Cathédrale et églises remarquables. Palais de Justice. Musée Jacques Cœur. Source ferrugineuse. Patrie de Louis XI et de Jacques Cœur. — Hôtels : *de France, de la Poste, du Bœuf couronné, de la Boule d'Or, du Cheval Blanc.*

**BRESLAU.** Pr. 172, 129 et 81. Durée. 36 h., par Strasb. et Berlin. 130,000 hab. Grande et belle ville commerçante. Cathédrale catholique. Eglises. Université. Musée. Galerie de tableaux. Antiquités. Promenades. — Hôtels : *Zeltlitz, Gouden Gans, Weisser Adler, D. ci Berge, de Silésie.*

**BREST.** 55,000 hab. Rade contenant 600 vaisseaux de guerre. Arsenal. Excursions à Plouarzel et au Conquet. — Hôtels : *du Grand-Monarque, de Provence, de la Tête d'Argent, de France.*

**BRETEUIL.** Stat. Nord. 2,800 hab. Bourg situé à 6 kil. de la station — Hôtels : *de l'Ange, d'Angleterre.*

**BRIGHTON.** Pr. 35, 25 fr. Durée, 9 h., par Dieppe, et bat. à vap. chaque jour. 70,000 hab. Bains de mer, Eau ferrugineuse. Eglises. Belles promenades. Steeple-chase au mois d'août. — Hôtels : *Old-Ship, New-Ship, Bedford, Albion, Royal York, Gloucester, Norfolk, Bristol, Bush, New-Steyne, Harrison's, Pavillon.*

**BRUCHSAL.** Pr. 63, 46 fr. Durée, 16 h. Gare de Strasb. 8,500 hab. Excursion à la source sulfureuse de Langenbrucken. — Hôtels : *Zæhringerhof, Badischerhof.*

**BRUGES.** Pr. 35 et 20 fr. Durée, 11 h. Ch. de fer Nord. 50,000 hab. Dentelles. Chantiers considérables. Eglises. Musée. Pourbus et Van Oost y naquirent. — Hôtels : *de la Fleur de Blé, du Commerce, du Lion d'Or, du Sablon, du Panier d'Or, de Flandre.*

**BRUNN.** Pr. 180, 124 et 88 **fr.** Durée, 55 h., du Nord. 52,000 hab. Agréablement située au pied d'une montagne. Cathédrale. Eglises. Prison de Spielberg. Mœhrische National Museum. Excursions à Zwalm et Iglau. — Hôtels : *Kaiser von Œsterreich, Adler, Drei Fürsten.*

**BRUNSWICK.** Pr. 96, 70 et 52. Durée, 24 h. Dép. ch. fer Strasb. 24,000 hab., capitale du duché. Schloss. Eglises. Fontaine gothique. Colonne. Lion de bronze. Promenades. — Hôtels : *Deutsches Haus, d'Angleterre, de Prusse, Rheinischerhof.*

**BRUXELLES.** Pr. 39, 29 et 19 fr. Durée, 8 h. Gare du Nord. Ville de 260,000 hab. sur la Senne. Commerce de dentelles. Transit industriel. Eglise Sainte-Gudule et autres. Monuments remarquables. Musée; galerie de tableaux des grands maîtres. Patrie de Philippe de Champagne, de Marguerite d'Autriche, de Vésale, du prince de Ligne, du sculpteur Duquesnoy et du peintre Van der Meulen. Belles promenades. Excursion à Laeken. — Hôtels: *de Belle-Vue, l'Europe, l'Univers, Hollande, Régence, Royal, de Flandres, de la Grande-Bretagne,* place Royale, confortable et prix modérés ; *de Saxe,* tenu par M. Kervand, près la stat. des ch. de fer, de la Bourse et du Grand-Théâtre, prix modérés : *de Windsor,* L. Dubent; *de Groenendael,* rue de la Putterie, M. Partoes; *de Russie, de Saxe, de Vienne, Victoria, Windsor.* Horlogerie de *Wittfeld.*

**BUCHAREST.** 90,000 hab. Ville présentant un admirable aspect. 133 églises. On devra visiter avec intérêts deux magnifiques jardins ; la Chaussée Mogochoï et Tschismedjiu. — Hôtels : *de Londres, de France, d'Athènes, de Vienne.*

## C

**CABOURG.** Nouveaux bains de mer, près de Caen, qui se distinguent par leurs sables fins et l'absence de galets.

**CADIX.** Pr. 399, 295 et 284 fr, Durée, 11 j. Ch. de fer de Lyon, par Marseille., 60,000 hab. Charmante ville de l'Andalousie. Beau point de vue à à la Torre de Vigia. Tabacs. Cathédrales. Belles promenades. — Hôtels : *Fonda de Cadix, Fonda de Europa, Fonda de los Cuarto naciones.*

**CAEN.** Stat. Ouest., 45,000 hab. Cap. du Calvados. Quoique situé à 13 kil. de la côte, la mer y remonte et y forme un port remarquable. Eglises. Jardin des plantes. Promenades. Excursions aux châteaux de Creuilly et de Fontaine-Henri, et à Notre-Dame de la Délivrance. — Hôtels : *de Sainte-Barbe,* rue Ecuyère, 13, près le Palais de Justice, où l'on trouve l'omnibus pour le chemin de fer; *d'Angleterre, Place-Royale, Victoire.*

CAHORS. 14,000 hab. Commerce de truffes. Belle cathédrale. Pont de Valendre. Fontaine des Chartreux. Aqueduc romain. — Hôtels : *de l'Europe, des Ambassadeurs, des Trois Rois.*

CALAIS. Stat. Nord. 15,000 hab. Bains de mer. Chapelle anglaise. Hôtel des Guise. Patrie de Pigault-Lebrun. Promenades. — Hôtels : *Buffet, Dessein, de Paris, de Londres, de la Marine, du Commerce, de France, de Flandre.*

CAMBRAI. Stat. Nord. Ville forte de 20,000 hab. Hôtel de ville. Beffroi. Carillon au clocher de l'Hôtel de ville. Citadelle. Promenade Fénelon.— Hôtels : *de l'Europe, de la Bombe, de France.*

CANNES. 6,000 hab. Situé à 84 kil. de Nice. Fort Sainte-Marguerite. Promenades. — Hôtels : *du Nord, de la Poste.*

CARCASSONNE. Stat. Midi. 20,000 hab. Chef-lieu de l'Aude. Fortifications remarquables. Cathédrale historique. — Hôtel *Bonnet.*

CARLSBAD (en Bohême thermes). Pr. 138, 101 et 79 fr. Durée, 34 h. Ch. de fer Nord. Eglises. Plusieurs excursions. — Hôtels : *Goldener Schild, Deutscherhof, Paradies, Prinz von Preussen, Stadt Hannover, Morgenstern, Schwan, Ochs.*

CARLSRUHE. Pr. 60, 45 et 33 fr. Durée, 14 h. Dép. ch. fer Strasb. 27,000 hab. Château. Musée. Ecole polytechnique. Monuments remarquables. — Hôtels : *d'Angleterre, Zœhringerhof, Pariserhof, Erbprinz, Kreuz.*

CARTHAGÈNE. 33,000 hab. Port de mer. Pays accidenté. Collines pittoresques. — *Fondas de la Jaboneria* et *Mayor.*

CASSEL (Hesse). Pr. 95, 71 et 54 fr. Durée, 18 h. Gare Strasb. par Francfort., 35,000 hab. Eglise. Synagogue. Muséum. Galerie de tableaux. Excursion à Wilhemshoehe. — Hôtels : *Kœnig von Preussen, Rœmischer Kaiser, Russischerhof, Krone.*

CASSEL. Stat. Nord. Ville de 5,000 hab., située sur le penchant d'une colline d'où on a une vue magnifiquement pittoresque. Commerce et industrie. On y parle le flamand. — Hôtels : *du Sauvage, de Bellevue.*

CAUTERETS. 1,500 hab. Célèbres bains dans les Hautes-Pyrénées. Eaux minérales (48° cent.). Neuf établissements de bains et 24 sources. — Hôtels : *de France, du Lion-d'Or, de l'Europe, des Ambassadeurs.*

CETTE. Stat. Midi. Port de mer de 23,000 hab. Marais salants d'une grande étendue. Fabrique de vins de tous pays. Excursions aux eaux de Balaruc. — Hôtels : *des Bains, au Grand Galion.*

CHAGNY. 3,000 hab. charmant petit endroit sur la Dheune ; l'église possède une tour remarquable. — Hôtel de l'*Artichaut.*

CHALONS-SUR-MARNE. Stat. Est. 17,500 hab. Cathédrale, églises, promenades, excursion au camp, situé dans une plaine où se livrèrent plusieurs batailles à des époques différentes. — Hôtels : *du Palais-Royal* et *de la Cloche,* très-bien tenus.

CHALONS-SUR-SAONE. Stat. Lyon-Méditerr. 15,700 hab. Eglises, promenades.—Hôtels : *de l'Europe, des Diligences, du Parc, du Chevreuil, des Trois Faisans.*

CHAMBÉRY. Durée 36 h. ch. fer Lyon, 20,000 hab. Cathédrale, Palais de justice, Musées, environs pittoresques, excursion à la Dent de Nivolet et à Charmettes. — Hôtels : *de France, du Petit-Paris, de l'Europe.*

CHAMOUNIX. Petite ville de Suisse, située pittoresquement sur la rive de l'Arve. Beaux panoramas à découvrir dans les excursions suivantes : Ascensions du mont Blanc, du Buet, du glacier d'Argentière, du glacier des Bossons, du Brévent, des cascades du Dard, du Chapeau, du Montauvars et de la Flégère. Visite à la source de l'Aveyron et au jardin. — Hôtels : *Londres et d'Angleterre, Mont-Blanc, de Londres, de l'Union, du Rendez-vous des amis.*

CHANTILLY. Stat. Nord. 3,000 hab. Dentelles, églises, château de la Reine-Blanche dans la forêt, écuries, course de chevaux, steeple-chase. — Hôtels : *de la Pelouse, du Grand-Cerf, du Cygne, du Lion-d'Or, des Bains d'Angleterre.*

CHARLEROI. Pr. 35,55 26,70 19,80 Durée 10 h. ch. fer Nord, 11,200 hab. Eglise Saint-Louis, mines de charbons, promenades. —Hôtels : *du Grand-Monarque, des Pays-Bas, de l'Univers.*

CHARLEVILLE. 10,000 hab. Belle fontaine au milieu d'une place, délicieuses promenades au Petit bois et au mont Olympe. — Hôtel *du Commerce.*

CHARTRES. Stat. Ouest, 19,600 hab. Cathédrale remarquable, église, hôtel de la Préfecture. — Hôtels : *de la Poste, de France, du Grand-Monarque, du Duc de Chartres.*

CHATEAU THIERRY. Ch. de fer Est. Charmante petite ville de 6,000 hab., sur la Marne. Patrie de La Fontaine, dont la maison existe encore, rue des Cordeliers. Ruines du château. Eglise Saint-Crépin. Promenades magnifiques. Vues admirables sur les campagnes environnantes. Napoléon y remporta une victoire en 1814.

---

**CHATEAUROUX**. Stat. Orléans, 19,000 hab. Fabrique de draps, constructions militaires, château de Raoul, patrie du général Bertrand. — Hôtels : *de la Poste, de la Sainte-Catherine, de France*.

**CHATELLERAULT**. Stat. Orléans, sur la Vienne, 14,500 hab. Eglise Saint-Jean, manufacture d'armes blanches, coutellerie, horlogerie, pierres lithographiques, dentelles, réglisses. — Hôtels : *de l'Espérance, de la Tête-Noire*.

**CHAUDES-AIGUES**. 2,700 hab. Nombreuses sources thermales minérales; elles sont employées à tous les usages de la vie, par les habitants, et en bains par les visiteurs. Excursion aux sources froides de la Condamine. — Hôtel *Felgère*, avec bains.

**CHAUMONT**. Pr. 28,55 21.95 20,65. Durée 12 h. 10,000 hab. Coutellerie estimée, musée. — Hôtels : *du Commerce, de l'Ecu de France*.

**CHERBOURG**. Stat. Ouest, 40,000 hab. Port de mer important. La digue et la jetée sont dignes d'attention ; églises, musée, excursion à Guergueville. — Hôtels : *de l'Europe, du Commerce, de France, d'Angleterre, du Louvre*.

**CHRISTIANIA**. 40,000 hab. Château d'Aggershuus, musée, promenades. Excursions à la colline de Frogner-Aasen, au jardin Botanique, à la colonne de la Liberté. — Hôtels : *de la Scandinavie, de Copenhague, du Nord, Stadt-Hambourg*.

**CIVITA-VECCHIA**. Pr. 190, II fr. 130, III fr. 118. Durée. 4 j. Dép. de Paris, par ch. de fer de Lyon, à 8 exp. s. tous les deux jours par Marseille, de là p. bat. à vap. Cathédrale, grotte Saint-Paul, Catacombes. — Hôtels : *Orlandi, Victoria-Hôtel, et British*.

**CLERMONT-FERRAND**. Stat. Lyon. 48,500 hab. Cathédrale, jardin des Plantes, fontaine Saint-Allyre et de Jaude, plusieurs excursions, dont la plus importante au Puy de Dôme. — Hôtels : *de la Poste, de l'Aigle d'Or, de la Paix, de l'Europe, de l'Ecu de France*. — Le restaurant Versepuy (*au Gastronome*).

**COBLENTZ**. Pr. 66,50 et 55 fr. Durée, 25 h. Ch. de fer Nord, et Cologne, de là p. bat. à vap., en 4 h. Ville de 30,000 hab. assise au confluent de la Moselle et du Rhin. Eglises, le château de Kœnigliches Schloss, excursion à la forteresse d'Ehrenbreitstein. — Hôtels : *du Géant, de Bellevue, de Drei Schweizer, Rheinischerhof, Weisses Ross, de Trèves*.

**COLMAR**. Pr. 54,95 41,45 30,25. Durée 12 h. 22,000 hab. Cathédrale, couvent des Dominicains, musée, promenades pittoresques. — Hôtels : *de l'Ange, des Deux Clefs*.

**COLOGNE-DEUTZ**. Est situé vis-à-vis Cologne, dans une incomparable situation. — Hôtel *Bellevue*.

**COLOGNE**. Pr. 59 et 44 fr. Durée, 12 h. Gare du Nord. Ville de 100,000 âmes, sur le Rhin. Eglises et chapelles, arsenal, théâtre, musée Wallraf très-curieux. Pont de bateaux sur le Rhin. Patrie d'Agrippine et de Rubens, promenades et excursion à Altenberg. — Hôtel *Disch*, MM. Disch et Cappellen, fréquenté par l'aristocratie de la haute banque ; *de Mayence*, vis-à-vis la poste aux lettres ; *Clément*, ancienne *Cour de Russie* ; *du Rhin*, M. John Riedel, *de Germanie, de Paris, des Trois Rois*. — Véritable eau de Cologne de Jean-Marie-Farina, maison fondée en 1717, place Juliers, 4. — Recommandons aussi l'*Hôtel d Dôme*, très-bien tenu par M. Metz, de Strasbourg, et le magnifique *Hôtel Victoria*, admirablement situé dans la ville.

**COMMERCY**. Pr. 30,35 22,85 17. Durée 6 h. ch. de fer. Strasbourg. 5,000 hab. château. Renommée de gâteaux appelés Madeleines — Hôtel *de la Cloche-d'Or*.

**COMPIÈGNE**. Stat. Nord. Ville de 11,000 hab. agréablement bâtie près d'une magnifique forêt. Les souverains de France y ont tour à tour établi leur résidence de chasse et de campagne, excursion à Pierrefonds. — Hôtels : *de la Cloche, du Soleil, d'Or, de France*.

**CONSTANCE**. Pr. 61 et 49 fr. Durée 50 h., par ch. de fer de Strasb. 650. hab. sur le bord du lac de Constance. Site agréable, cathédrale gothique, excursion sur le lac. — Hôtels : *Adler, Delille, Hecht, Krone*.

**CONSTANTINOPLE**. Pr. 503, 310, 236. Durée 50 h. ch. fer. Lyon-Marseille. Magnifique ville bâtie en amphithéâtre sur le Bosphore, dans un golfe appelé la Corne-d'Or. Logements particuliers, théâtres, mosquées, sérail. Sublime-Porte, Sainte Sophie, antiquités. Les environs de Constantinople offrent un panorama des plus curieux. Promenades sur le Bosphore aux embouchures du Danube ; jardins publics. — Hôtels : *d'Angleterre, de l'Europe, de Bellevue, de Péra*.

**COPENHAGUE**. Pr. 175, 124 et 94 fr. Durée, 60 h. par ch. de fer Nord. 150 000 hab. Eglises. Chapelles. Synagogue. Palais de Christiansborg. Château de Rosenborg. Palais des Princes. Arsenal. Théâtre. Musée Thorwaldsen. Belles promenades. Excursions à Charlottenland, à Lyngbie, à Frederiksborg. — Hôtels : *du Phénix, Royal, d'Angleterre, de Stockholmloven, Stadt-Flensborg, Stadt-Christiana*.

**CORBEIL**. Stat. Orléans. Départ. de Seine-et-Oise. 5,500 hab. Bâtie à l'embouchure de l'Essonne. — Hôtels : *de Bellevue, de la Belle-Image et du Grand Balcon*.

**CORDOUE**. 45,000 hab. Température saine. Ville anciennement considérable. Ruines remarquables. Le Triunfo, riche cathédrale. Mosquée. Promenades à l'intérieur et à l'extérieur de la ville. — Hôtel *Fonda de la Diligencia* sur le Guadalquivir.

**CORFOU**. Pr. 412, 308 et 278. Durée, 6 j. par ch. fer Nord. Petite île dans la Méditerranée, dont la capitale compte 20,000 hab. Cathédrale et églises. On peut aller visiter le couvent de Palœocastrizza, le Col de Garonne, celui de St-Pantaléon. Ascension au mont Pantocrator. — Hôtels : *the Club, la Bella Venezia, il Cavallo Bianco.*

**COURTRAY**. Pr. 35, 27 et 19 fr. Durée, 6 h. Ch. fer Nord. 23,000 hab. Sur la Lys. Fabriques de linge de table et dentelles. Eglises Notre-Dame et Saint-Martin. — Hôtels : *du Damier, du Lion-d'Or, de la Poste.*

**COUTANCES**. Stat. Nord. 8,500 hab. Cathédrale. Aqueduc des Piliers. Excursion à l'ancienne abbaye de Hambye. — Hôtel *de France*, tenu par M. Legout, bonne maison.

**CRACOVIE**. Pr. 189 et 135 fr. Durée, 54 h. Cathédrale. Université. Excursion aux Montagnes du Tatra et à Vieliczka. — Hôtels : *de Russie, Goldener Anker.*

**CREIL**. — Stat. Nord. 4,600 hab. Grains et bestiaux. Manufacture de faïence. Ruines de l'abbaye de St Evremont. — Hôtel *du Chemin de Fer.*

## D

**DANTZIG**. Pr. 190, 153 et 96 fr. Durée, 26 h. par ch. fer Nord. 70,000 hab. Commerce important. Grains. Eau-de-vie renommée. Cathédrale. Excursions au Johannisberg, à l'ancienne Chartreuse. Ascension au Schœnberg. — Hôtels : *de Thorn, Schmelzer.*

**DARMSTADT**. Pr. 60 et 45 fr. Durée, 23 h. Ch. fer Strasb. 30,000 hab. Palais du Grand-Duc. Vieux-Château. Tombeau de la margrave Caroline. — Hôtels : *du Prince-Charles, Darmstadterhof, Traube, Kœhler.*

**DAX**. Pr. 80.60, 60.45, 44.35. Ch. fer Orléans. 6,700 hab. Jambons estimés. Bains thermals des Bagnols. Vieux château fort. Excursion à Saint-Paul-lez-Dax. — Hôtels : *Figaro, de l'Europe.*

**DERBY**, sur le Derwent. 42,000 hab. Fabrique et manufactures, belles promenades. — Hôtels : *Midland, Royal-Bell, Tiger.*

**DIEPPE**. 20,000 hab. Située à l'embouchure de la rivière d'Arques. Joli port de mer. Bains de mer très-fréquentés par la plus belle société. Eglises Saint-Jacques. Saint-Rémy. Château du quinzième siècle. Excursions à Varengeville, à la cité de Limes et au château d'Arques, célèbre par la bataille remportée par Henri IV sur la Ligue. — Hôtels : *Royal, de la Plage, Victoria, de Londres et d'Europe, des Armes de France, des Bains, Impérial de Dieppe, du Rhin.*

**DIGNE**. Pr. 81, 65, 39. Durée, 40 h. 6,000 hab. Bains et boissons d'eaux thermales. Torrent de la Bléone. — Hôtel *des Bains.*

**DIJON**. Stat. Lyon. 35,000 hab. Musée. Théâtre. Cathédrale de Saint-Bénigne. Notre-Dame. Eglises. Hôtel de Ville. Salle de spectacle. Académie. Belle promenade dans le parc et le Jardin des Plantes. Patrie de Bossuet, de Piron, de Crébillon, de Rameau, de Rude, de l'amiral Roussin. — Hôtel *du Parc*, tenu par Ripard frères. Vue délicieuse. Centre de la ville. Joli jardin. — Hôtel *de la Cloche.*

**DINAN**. 9,000 hab. Cathédrale de Saint-Sauveur. Belles murailles. Vieux château. Eaux minérales. — Hôtel de *Bretagne.*

**DOLE**. Stat. Lyon. 12,000 hab. Dans le Jura, agréablement située près du Doubs. Eglise. Beau panorama vu du haut de l'esplanade Saint-Maurice. Hôtels : *de France, de Genève, de la Ville de Lyon.*

**DONAUWERTH**. Pr., 90 et 72 fr. Durée, 36 h. Ch. fer. Strasbourg. 3,000 hab. Monastère de Sainte-Croix. Pont sur le Danube, conduisant au château du comte Fischler-Treuberg. — Hôtels : *de la Poste, Krebs.*

**DORDRECHT**. P. 76 et 58 fr. Durée, 16 h. Ch. fer Nord. 22,060 hab. Commerce de bois important. Eglise remarquable. — Hôtels : *de Belle-Vue, des Armes d'Amérique, Wulk.*

**DOUAI**. Stat. Nord. 23,000 hab. Située sur la Scarpe. Hôtel de Ville. Musée. Fêtes bizarres au commencement de juillet. — Hôtels : *de Flandre.*

**DOUVRES**. Pr. 48, 36 et 29 fr. Durée, 8 h. 30 Ch. fer Nord, par Calais. 25,000 hab. Port de mer. Bains de mer très-fréquentés. Falaises remarquables. — Hôtels : *Lord Warren, Victoria, Ship, Union King's Head.*

**DUNKERQUE**. Stat. Nord. 30,000 hab. Port de mer. Belle ville bâtie sur les dunes. Beau port ; bains très-estimés. Pèlerinage à Notre-Dame-des-Dunes. Pêches considérables. — Hôtel : *du Chapeau rouge, du Sauvage.*

**DRAGUIGNAN**. Pr. 101, 85 et 54 fr. Durée, 70 h. 12,000 hab. Située agréablement dans un bassin entouré d'oliviers et de vignes, sur le Pis, au pied du Malmont. Musée. Promenades et environs pittoresques. Quelques monuments. — Hôtel *de la Poste.*

DRESDE. Pr. 148 et 103 fr. Durée, 28 h. Ch. fer Nord. 110,000 hab. Belles promenades. Monuments dignes de visite. Musées. Excursions aux bains de Linke, à Montzburg, à Loschwitz, à Hosterwitz, à Rœknitz — Hôtels : *Victoria, de Saxe, Neumarkt, Lee Gasse, British, Pirnaische Gasse, de Pologne, de France, de Russie, Goldner Engel, Wietsruffer Gasse, Stadt Gotha, Schloss Gasse, Stadt London, Grosse Meissner Gasse, Hamburger Hauss, de Paris, Stadt Leipsick, Scheffel Gasse, Preussischer Hoff.*

DUBLIN. Pr. 156 et 107 fr. Durée, 30 h. Ch. fer Nord et par Londres. Grande ville commerçante de 270,000 hab. Cathédrale et églises. Château. Banque d'Irlande. Université. Bourse. Jardin de Phœnix-Park. On peut aller voir les montagnes de Kippure, le Venchurches, la cascade de Pollaphuca, et les lacs de Bray, Dan et Tay. — Hôtels : *Shelbourne, Bilton, Gresham, Imperial, Jury's, Morrisson.*

DUSSELDORF. Pr. 62, 47 et 32. Durée, 15 h. Ch. fer Nord et par Aix-la-Chapelle. 30,000 hab. École de peinture remarquable. Peu de monuments curieux. Promenades. — Hôtels : *Breidenbacherhof, Domhard Hôtel, Rœnischer Kaiser, Prinz von Reussen, Drei Reichskronen, de l'Europe.*

E

EAUX-BONNES. Par Pau (Pyrén.). 4 sources thermales, sulfureuses, minérales. — Hôtels : *de l'Europe, des Princes, d'Orient, du Petit-Paris.*

EAUX-CHAUDES. Par Pau (Pyrén.). — Hôtel *de France.*

ECHELLES (Les). Petit endroit très-pittoresque sur le Giers, en Savoie. — Hôtel *de la Poste.*

EDIMBOURG. 175,000 hab. Une des villes les plus pittoresquement belles du monde. On peut y visiter la Jail, prison ; le monument de Walter Scott, le théâtre, Register-House ; le palais d'Holyrood, le palais du parlement ; l'université, la cathédrale, l'hôpital d'Hériot, le château d'Edimbourg ; le pont Dean ; l'institution royale ; l'hôpital de Donaldson, jardins zoologique et botanique ; promenades agréables, excursions à la jetée de Granton et à Leith. — Hôtels : *British, Queen's, Douglas, Gibb's Royal, London, Regent, Crown, Caledonian, Tait's New-Royal, M'gn's, Star, Greliche, Campbell's, Nort-British.*

ELBERFELD. Pr. 63, 48 et 35 fr. Durée 16 h. Gare du Nord, par Aix-la-Chapelle. 50,000 hab. Belvédère de la Hardt. Excursion à Solingen. — Hôtels : *Zweibrückerhof, Weidenhof, Chœpfales.*

ELBEUF. Pr. 17.65, 13.50, 10.40. Ch. de fer Ouest. 20,000 hab. Fabriques de draperies considérables, justement renommées. Hôtel de *l'Europe*, tenu par M. Ruby.

EMS. Pr. 71, 53 et 35 fr. Durée 20 h. Ch. de fer Nord, par Cologne et Coblentz. 2,400 hab. Bains thermals. Excursion à Nassau. — Hôtel des *Quatre Saisons*, admirablement situé.

ENGHIEN. Stat. Nord, à 28 kil. de Paris. Charmant petit endroit, rendez-vous des canotiers et des promeneurs. Sites pittoresques. — Hôtel des *Quatre Pavillons.*

ÉPERNAY. Stat. Est. 10,000 hab. Fabrique de vins de Champagne. — Hôtel *de l'Europe.*

EPINAL, chef-lieu de la Moselle. 12,000 h. Grande fabrication d'imageries ; belles ruines de château à Vintes. — Hôtel *de la Poste.*

EPSOM (Angleterre). Jolie petite ville de 3,500 h., plus célèbre par ses courses de chevaux que par les eaux minérales qu'elle renferme. — Hôtels : *Eagle, King's head.*

ERMENONVILLE, par Senlis et Dammartin. Endroit très-célèbre, renfermant le tombeau de J.-J. Rousseau ; le parc et le château sont de toute beauté.

EVIAN. Petite ville sur le lac Léman, où l'on trouve des eaux minérales. Ascension de la Dent d'Oche. — Hôtels : *des Bains, Fonbonne.*

EVREUX. Stat. Ouest. 13,000 hab. Chef-lieu de l'Eure. Belle cathédrale. Ruines de l'ancienne ville à 4 kil. d'Evreux. — Hôtels : *du Grand-Cerf, de France.*

ÉTRETAT. 1,600 hab. Bains de mer très-fréquentés. Sites pittoresques. — Hôtels : *des Bains, au Rendez-vous des Artistes.*

ERFURT. Pr. 117, 89 et 65 fr. Durée, 27 h. Gare de Strasb., par Francfort. 3,400 hab. Le Dom et plusieurs autres églises. — Hôtels : *Rœnischer, Kaiser, Silber.*

EU. 4,600 hab. Château. Grand parc. Promenades. — Hôtels : *de l'Union, du Cygne.*

F

FALAISE. 9,000 hab. Ancien château féodal. Statue de Guillaume-le-Conquérant. Vente de chevaux. — Hôtel *de France.*

FÉCAMP. 12.500 hab. Manufactures, quelques églises, entr'autres, celle de Saint-Etienne. Pèlerinage à Notre-Dame de Salut. — Hôtels : *du Commerce, du Grand-Cerf, de la Poste.*

FLORENCE. Pr. 175, 125 et 100 fr. Durée, 6 j. Ch. fer Lyon, par Marseille et Livourne. Une des plus belles de l'Italie. Monuments et tableaux remarquables. Belles promenades.—Hôtel : *Schneider, d'Italie, du Nord, d'Europe, des Quatre Nations, de la Lune, de Leon Bianco.* — Maison de santé du chevalier Castelnovo.

FOIX, sur l'Ariége. 6,000 hab. Ancien château remarquable. — Hôtels : *Rousse, du Rocher de Foix, Lacoste.*

FOLKESTONE. Pr. 41, 31, et 26 fr. Durée, 7 h. Gare du Nord, par Boulogne. 7,000 hab. Ville peu florissante. — Hôtels : *King's Arms, Pavillon, Royal George, Rose.*

FONTAINEBLEAU. Prix réduit aller et retour pour 48 h. Stat. Lyon. 8,200 hab. Château remarquable, visible de 2 à 4 h. Forêt magnifique, où l'on découvre les plus belles vues du monde, accidents de rochers, vallées, gorges, cavernes, hermitage, ruines. 53 kilom. de tour. Chasses impériales. Patrie de plusieurs rois de France. — Hôtels : *de Londres, de l'Aigle noir, du Cadran bleu, de France, de la Ville de Lyon, du Lion d'Or.*

FORBACH. Pr. 51, 38 et 28 fr. Gare de Strasb. 7,000 hab. Douanes française et bavaroise. — Hôtel *du Chariot d'Or.*

FORGES-LES-EAUX. 1500 hab. La Cardinale, la Reinette et la Royale y sont trois sources minérales très-fréquentées.

FRANCFORT-SUR-LE-MEIN. Pr. 76, 56 et 40 fr. Durée, 20 h. Gare de Strasb., par Forbach et Mayence. 75,000 hab. Eglise St-Barthélemy. Musée Bethman.— Le Dôme, maison Luther, Palais du Prince. Autres monuments. Belles promenades. Le Muhlberg, le Rœderberg. Patrie de Gœthe et de Rothschild. — Hôtels : *de Russie, de l'Union, de l'Empereur romain, de Paris, de Bruxelles, d'Hollande.*

FRIBOURG-EN-BRISGAU (Baden). Pr. 67, 50, 40 fr. Durée, 19 h. Ch. fer Strasb., par Kehl. 18,000 h. Eglise gothique très-remarquable. Jardin botan. Eglise protestante et autres. Promenades. Excursions au Schlossberg, au vieux chât., au val d'Enfer, à la montagne Feldberg, 4900. — Hôtels : *de Zomzahringerhof, Engel, Deutscherhof, Muller* (à l'Ange).

FRIBOURG (Suisse). Pr. 89, 72 et 59 fr. Durée, 38 h. Gare de Lyon. 10,000 hab. Cathédrale. Eglises. Deux ponts suspendus. Promenades pittoresques. Chapelle St-Barthélemy. Excursion à l'Ermitage de Ste-Magdeleine. — Hôtels : *des Merciers, Zæhringerhof, du Chasseur, du Pont de Fer, Fahringen,* très-bien tenu.

FRIEDRICHSHAFEN (lac de Constance). Pr. 87, 66 et 54 fr. Durée, 24 h. Gare de Strasb., par Ulm.

1,400 hab. Château royal. Promenades sur le lac. — Hôtels : *de la Poste, Krone, Schwan.*

## G

GAND. Pr. 34, 25 et 19 fr. Durée, 10 h. 30. Gare du Nord. 110,000 hab. Cathédrale de St-Bavon. Plusieurs édifices remarquables. Belles promenades. — Hôtels : *Grand Hôtel-Royal,* place d'Armes, tenu par M. Marit ; *de Vienne, du Lion d'Or, de la Poste, du Comte d'Egmont.*

GAP. Pr. 96, 77, 49. Durée, 48 h. Ch. fer Lyon. Cathédrale. — Hôtels : *de Provence, du Nord.*

GÊNES. Pr. 150, 102 et 91 fr. Durée, 4 j. Ch. fer Lyon, par Marseille. Cette ville présente un panorama magnifique. Vue de la mer. Quelques monuments remarquables. Promenades. Excursion à Pegli. — Hôtels : *de la Ville, de France, de l'Albergo Nazionale, Feder, d'Italie, de la Croix de Malte, de Londres, Royal, del Gran Colombo, della Vittoria, National, des Quatre-Nations.*

GENÈVE. — Pr. 70, 52 et 39 fr. Durée, 19 h. Gare de Lyon. 40,000 hab. Horlogerie renommée. Eglise St-Pierre. Musée. Promenades pittoresques. Excursion sur le lac. — Hôtels : *de l'Ecu de Genève, des Bergues, de la Métropole, de la Couronne, d'Angleterre, Victoria,* etc.

GIBRALTAR. Pr. 677, 452. Ch. fer Nord. Montagne et fortifications remarquables. Tour St-Georges. Batteries. Assez beau port de mer. Excursion à Cartega. — Hôtels : *Clubhouse, Griffith's hotel, Parker's hotel, Hôtel Dumoulin.*

GIVET. 6,000 hab. Patrie de Méhul. Les deux villes sont réunies par un beau pont. Excursion à Frommelennes. — Hôtel : *du Mont d'Or, de l'Ancre.*

GLADBACH. Pr. 60 et 45 fr. Durée, 15 h. Gare du Nord, par Aix-la-Chapelle. 3,000 hab. Industrie. — Hôtel.

GLASCOW. 37,500 hab. L'université, cathédrale de Saint-Mungo, théâtre Royal du Prince, asile des Aliénés, maison des pauvres, curieuse fonderie de Vulcain. Excursion au jardin Botanique.— Hôtels : *Rainbow, The Wellington, The George, The Globe, Carrick's Comrie's-Royal, The Buck's Headand, Tontine.*

GOTHA. Pr. 120, 82 et 59 fr. Durée, 30 h. Gare de Strasb., par Francfort.; 17,000 hab. Château remarquable du Friedenstein. Divers musées. Promenades. — Hôtels : *Deutscherhof, Riese, Mohr.*

GRANVILLE. 8,000 hab. Petite ville maritime. — Hôtel *du Nord.*

**GRATZ. Pr.** 223 et 148 fr. Durée, 96 h. Ch. de fer Nord. 65,000 hab. Cathédrale de Sainte-Œgide. Monuments remarquables. Galerie de tableaux. Montagne du Schlossberg. Excursions au Blachkogel, au mont Platbusch, aux Alpes de Schwanberg. — Hôtels : *Stadt Triest, Florian, Eléphant.*

**GRENADE.** Voir Espagne. — *Hôtel Victoria.*

**GRENOBLE,** dans l'Isère. 36,000 hab. Fortif. Musée. Cathédrale. Excursions à Uriage, Sassenage et Allevard. — Hôtels : *Des Trois Dauphins, de l'Europe, des Ambassadeurs.*

**GREY-TOWN. Pr.** 1,602, 1,327 et 975 fr. Durée, 27 j. Ch. fer Nord, par Londres.

### H

**HALLE. Pr.** 119, 84, 59 fr. Durée, 35 h. Gare du Nord. 39,000 hab. Quelques monuments. Musées. Excursions au château de Cœthen. — Hôtels : *Kron-Prinz, Elisenbahn, Stadt Zurich.*

**HAMBOURG. Pr.** 120, 85 et 62 fr. Durée 24 h. Gare du Nord, par Cologne. 170,000 hab. Ville très-commerçante. Monuments curieux. Promenades. Excursion à l'île d'Heligoland et à Altona. Hôtels : *de l'Europe, Belveder, Alster, d: Russie, Kron-Prinz, Victoria, Stadt Petersburg, de Francfort, Zingg.*

**HAMM** (Allemagne). **Pr.** 56 et 40 fr. Durée, 15 h. Gare du Nord, par Cologne. 6,000 hab., au confluent de l'Ahse et de la Lippe. — Hôtels : *Bellevue, Prinz von Preussen, Merk.*

**HANOVRE.** Durée, 00 h. Ch. fer Nord, par Cologne. 60,000 hab. Ville neuve et vieille ville. Monuments remarquables. Excursion à Montbrillant. — Hôtels : *de l'Union, Victoria, Royal, de l'Europe, Rœmischer Kaiser, British, de Hanovre.*

**HARLEM. Pr.** 93, 66 et 54 fr. Durée, 20 h. Gare du Nord. 30,000 hab. Eglise de Saint-Bavon. Galerie de tableaux aux bois de Harlem. Belles promenades. — Hôtels : *du Lion d'Or, des Armes d'Amsterdam.*

**HAVRE.** Stat. Ouest. 80,000 hab. Port de mer et grand commerce. Bains de mer. Promenades sur la jetée. — Hôtels : *de l'Europe, de l'Amirauté, des Indes, de Londres.*

**HEIDELBERG. Pr.** 73, 54 et 40 fr. Durée 21 h. Gare de Strasb., par Strasb. 16,000 hab. Château remarquable. Excursions au Kaiserstuhl, à Schwetzingen et au Heiligenberg. — Hôtels : *du Prince Charles, Schrieder, Badischerhof, Adler, Victoria, de Russie,* tous bien tenus.

**HEILBRON. Pr.** 80, 60 et 50 fr. Durée, 20 h. Gare de Strasb., par Strasb. 15,000 hab. Eglise Saint-Kilian. Tour des Voleurs. Excursions, au Weinsberg et au Wartberg. — Hôtels : *Zuhn Falken, de Rose.*

**HOMBOURG** (bains). **Pr.** 82, 63 et 42 fr. Durée, 20 h. Gare de Strasb. 2,500 hab. Château du quinzième siècle. — Hôtel *de Bellevue.*

**HONFLEUR.** 12,000 hab. Charmant port de mer, situé en face de celui du Havre. Melons renommés. Hôtel *du Cheval blanc,* tenu par Chasles-Elie, propriétaire.

**HYÈRES** (îles d'). 10,000 hab. Ces îles jouissent d'une température privilégiée. Oranges, citrons, huiles d'olives. Bains de mer très-salubres. — Hôtels : *des Ambassadeurs, des Iles d'or.*

### I

**INNSBRUCK. Pr.** 152 et 136 fr. Durée, 3 j. Gare de Strasbourg, par Friedrickshafen. 15,000 hab. Plusieurs églises remarquables, monuments, musée. Excursion à Hœtinger Gottolp, à Mühlau, à Isel et à Patscher Kofel. — Hôtels : *Adler, Kreuz, Œsterreichischer hof, Goldenesonne, Stern, Lœive.*

**ISCHL** (Tyrol). **Pr.** 150 et 120 fr. Durée, 3 jours. Gare de Strasbourg, par Linz-sur-Danube. 2,500 hab. Bains salés, promenades pittoresques. — Hôtels : *Posthof, Stern Kreuz, Krone, Kaisern, Elisabeth.*

**ISSOUDUN. Pr.** 25, 19 et 14. Gare d'Orléans. 14,000 hab. Sur la Théole, la Tour-Blanche, le Beffroi. — Hôtels : *de France, de Sainte-Catherine, du Chemin de fer.*

### J

**JOINVILLE.** Stat. Est. Bien situé sur la Marne. — Hôtel *du Soleil-d'Or.*

**JERSEY. Pr.** 63, 52 et 45 fr. Durée, 48 h. Gare Montparnasse, à Saint-Malo, de là par bat. à vap., en 3 h. 3,500 hab. Patrie du sire de Joinville — Hôtel.

**JEAN-DE-MAURIENNE** (Saint). Au pied des glaciers de Saint-Jean-d'Arve. 3,400 hab. Cathédrale, excursions. — Hôtels : *de la Poste, de l'Europe.*

**JASSY.** Durée 7 jours. Chemin de fer Nord. Jardin public, palais Ghika. Vogoridès et Stourdza, Eglises. — Hôtel *de Rechemberg.*

# K

**KEIL.** Pr. 58,75 et 32 fr. Durée 12 h. Ch. de fer de Strasbourg. 4,600 hab. Frontière d'Allemagne, site pittoresque. Douane allemande. — Hôtel *de la Poste.*

**KIEL.** — 124, 87 et 62 fr. Durée 39 h. Ch. de fer Nord, par Cologne. 17,000 hab. Eglise, palais, promenades très-agréables. — Hôtels : *Mühl, Stads Copenhagen, Brandt, Marsily.*

**KOENIGSBERG.** Pr. 211, 153 et 113 fr. Durée 50 h. Gare Nord, par Cologne. 80,000 hab. Beau port de mer. Commerce considérable d'ambre. Cathédrale, château, musée. Le Schlossteich, promenades, excursion à Eylau. — Hôtels : *de Prusse, Deutsches-Haus, du Nord.*

# L

**LA HAYE.** Pr. 60, 45, et 35 fr. Durée, 20 h. Gare du Nord, par Bruxelles. 8,000 hab. Eglise Saint-Jacques. Palais royal. Musée de peinture. Promenade au bois. — Hôtels : *de Bellevue, de l'Europe, de Paulez, du Vieux Doelen, du Maréchal de Turenne, du Lion d'or, de la Ville de Paris.*

**LAIBACH.** Pr. 275, 194 et 145 fr. Durée, 90 h. Gare du Nord, par Vienne (Autriche). 22,000 hab. Quelques édifices remarquables. Fontaine de Hauptplatz. Promenades. — Hôtels : *de l'Eléphant Lowe, Stadt Wien.*

**LAMOTHE.** Stat. Midi. Station du Chemin de fer de Bordeaux (Bayonne). — Buffet.

**LANGRES.** Stat. Est. 12,000 hab. Ville ancienne. Cathédrale de Saint-Mammès. Eglise Saint-Martin. Arc de triomphe. Musée. Promenade de Blanche-Fontaine. — Hôtels : *de l'Europe, de la Poste, de Paris.*

**LAON.** Stat. Nord. 11,000 hab. Fortif. Pittoresquement bâtie sur une montagne. Eglise gothique. Pèlerinage à l'église de Liesse. Excursion à Marchais. Hôtels : *de la Hure, de la Bannière, de l'Ecu.*

**LA ROCHELLE.** Stat. Orléans. 17,000 hab. Port de mer. Hôtel de Ville. Musée. Excursion par mer à l'île de Rhé. — Hôtels : *de France, de la Croix d'or, de la Poste.*

**LAVAL.** Stat. Ouest. 22,000 hab. Théâtre. Eglise Saint-Vénérand. Excursion à Notre-Dame-des-Périls. — Hôtels : *de la Tête-Noire, de France, de l'Ouest, de la Cour royale.*

**LAUZANNE.** Pr. 70, 54 et 45 fr. Durée, 24 h. Gare de Lyon par Genève. 18,000 hab. Pont Richard. Château. Cathédrale. Promenades pittoresques : le

Signal. — Hôtels : *Gibon, Beau Rivage, de la Poste, du Faucon.*

**LEIPZIG.** Pr. 134 et 93 fr. Durée, 25 h. par ch. de fer Nord, Cologne. 68,000 hab. Foires à la St-Michel, à Pâques et au Jour de l'an. Augustewa. Promenade au parc de Rosen-Thal. — Hôtels : *de Pologne, de Russie, de Bavière, Stadt Nuremberg, Blumenberg, Stadt Rom, de Prusse, Stadt Hamburg.*

**LEMBERG.** Pr. 254 et 196 fr. Durée, 118 h. Gare du Nord par Cologne. 81,459 hab. Deux églises. Synagogue. Université. Promenades délicieuses. Excursions aux bains de Lubies et de Szklo, et à Vinniki. — Hôtels : *de l'Europe, de Russie, d'Angleterre, Lang.*

**LE MANS.** Stat. Ouest. 35,000 hab. Théâtre. Cathédrale. Musée. Boulevards. Excursions à Montfort-le-Rotrou et aux ruines d'Alonne. — Hôtels : *Dauphin, de France, de la Boule d'or.*

**LE PUY.** — 18,000 hab. Cathédrale, musée d'antiquités, promenades. — Hôtels : *du Nord, de Saint-Pierre, de Milan, des Ambassadeurs.*

**LIBOURNE.** Stat. Orléans. 3,500 hab. (Gironde). Commerce de vins et céréales. Beau panorama. Excursion à Saint-Emilion — Hôtels : *de l'Europe, des Princes.*

**LIÉGE.** Pr. 41, 31 et 22 fr. Durée, 8 h. Gare du Nord. 90,000 hab. Palais de Justice. Cathédrale de Saint-Paul. Théâtre. Citadelle. Promenades. — Hôtels : *de France, de l'Aigle noir, de l'Univers, de Bellevue.*

**LILLE.** Stat. Nord. 79,000 hab. Belle ville. Filatures. Monnaies. Tabacs. Musées curieux. Théâtres. Promenades. — Hôtels : *de l'Europe, du Nouveau Monde, de Gand, de la Cour royale, de France, de Flandre, du Lion d'argent, du Commerce.*

**LIMOGES.** Stat. Orléans. 47,000 hab. Cathédrale de Saint-Etienne. Eglises. Excursion au château de Chalusset. — Hôtels : *Caillaud, du Périgord, de la Boule d'or, de Richelieu.*

**LISBONNE.** Pr. 352, 252 fr. Durée, 7 jours, par chem. fer Nord. Des bat. à vap. partent de Nantes pour Lisbonne les 5, 15 et 25 de chaque mois, à midi. 300,000 hab. Cathédrale. Palais des Necessidades. Faubourg de Belem. — Hôtels : *du Danube, de M*<sup>me</sup> *Langlois* (français).

**LISIEUX.** Stat. Ouest. Petite ville en Normandie. 13,000 hab. Musée, promenades. — Hôtels : *de France, d'Espagne.*

**LIVERPOOL.** Pr. 134, 111 et 66 fr. Durée, 18 h., par ch. de fer Nord, par Calais, Douvres, Londres, 28,000 hab. Sur le Canal d'Irlande. Monuments peu curieux. Jardin zoologique. — Hôtels :

*Albion*, *Américan*, *Adelphi*, *Saint-Georges-United-States*, *Stork*.

**LIVOURNE.** Pr. 104, 109 et 82 fr. Durée, 5 jours, par ch. fer, par Marseille. 80,000 hab. Port de mer. Eglise du Dôme. — Hôtels : *de l'Aigle-Noir*, *du Nord*, *Victoria*, *Saint-Marc*, *des deux Princes*.

**LOCHES.** Jolie petite ville sur l'Indre, très-visitée pour son château qui a servi de prison d'Etat et qui contient cachots, oubliettes, donjon. — Voir le tombeau d'Agnès Sorel. Excursions à Beaulieu, Amboise et la fonderie Pocé. — Hôtel *de France*.

**LONDRES.** (Voir notre *Guide*, *8 jours à Londres et ses environs*.)

**LOUÊCHE-LES-BAINS** (Valais). Pr. 77, 45 et 46. Durée, 30 h. Ch. de fer Lyon. Panorama pittoresque. Eau en mai, juin, juillet, août et septembre. Excursions au Torrenthorn (vue étendue et pittoresque), excursions aux Echelles, au glacier de Rinder, à la chute de la Dala et à Interlaken, par le fameux et facile passage de la Gemmi. — Hôtels : *des Alpes*, *de France*, *de Bellevue*.

**LOUVAIN** (Leuven). Pr. 38, 28 et 21 fr. Durée, 10 h. Gare du Nord, par Bruxelles, 30,000 hab. quatre églises. Bonne bière. Galerie de M. Van de Schriken. — Hôtels : *de Suède*, *de la Cour*, *de Mons*.

**LOUVIERS.** Ville manuf. Chef-lieu d'arrondis. de l'Eure. Renommée pour ses nombreuses fabriques de draps. 11,000 hab. On y remarque l'église Notre-Dame, d'une haute antiquité. Excursion au Pont-de-l'Arche jusqu'où la marée se fait sentir. Hôtels : *de Rouen*, *du Marteau d'argent*, *du Grand-Cerf*.

**LUBECK.** Pr. 124, 87 et 65 fr. Durée, 38 h. Gare du Nord, par Cologne. 28,000 hab. Cathédrale, excursion à Travemunde. — Hôtels : *Funf-Turme*, *Stadt-Hambourg*, *Stadt-London*, *du Nord*.

**LUCERNE.** Pr. 80, 63, et 50. Durée, 20 h. 30 par chem. de Strasb. 11,000 hab. Quelques monuments remarquables. Excursions à Gibraltar et à Allenwienden. — Hôtels : *Krone*, *Hirsch*, *Adler Rœssli*, *Wag*, *Schweizerhof*, *Schwan*.

**LUCQUES.** Pr. 170, 114 et 86 fr. Durée, 5 jours. Par chem. de fer de Lyon, par Marseille. 23,000 hab. Antiquités, Cathédrale, palais ducal, bains fréquentés. — Hôtels : *Corona*, *Europa*, *Universo*, *Croce di Malta*.

**LUXEMBOURG.** Pr. 57, 48 et 39 fr. Durée, 17 h., par le chem. de fer de Strasb. par Metz. 15,000 hab. Eglise St-Pierre, palais de Mansfeld, fortifications taillées dans le roc. — Hôtels : *de Cologne*, *du Luxembourg*.

**LUZ** (Hautes-Pyrénées). 2,000 hab. Vieille église. — Hôtel *de Londres*.

**LYON.** Seconde ville de France. 300,000 hab., a deux gares, celle de *Vaise* et celle de *Perrache*, cette dernière arrivant en ville. Cette grande cité, rebâtie en partie par Napoléon 1ᵉʳ, a un commerce considérable ; ses fabriques sont sans rivales, et l'animation de ses rues égale celle des rues de Paris. Soieries. Plusieurs églises, théâtres, pont de la Guillotière. Aqueducs romains. Musées, parc de la Tête-d'Or, Bois de Boulogne. Visiter Notre-Dame-de-Fourvières, où l'on jouit d'une vue splendide sur les Alpes et les montagnes de l'Auvergne. — Hôtels : *de Lyon*, *Collet*, *de l'Europe*, *de l'Univers*, *de France*, *des Ambassadeurs*, *du Nord*, *des Courriers de Rome*. — Le restaurant du Louvre. — La fabrique de guipures de S. Royassé. — La parfumerie Sollier, etc.

## M

**MACON.** Stat. Lyon. 16,000 hab. Vins. Ruines St-Vincent, excursions à Saint-Point, Milly, Cluny et Monteau. — Hôtels : *de l'Europe*, *Champs-Élysées*, *du Sauvage*.

**MADÈRE** (île de). 100,000 hab. Climat salutaire aux personnes malades des poumons. Le Pic Ruivo, célèbre par son vin, renommé à si juste titre.

**MADRID.** Par le chemin de fer d'Orléans, Bordeaux et Bayonne. 290,000 hab. Plusieurs monuments remarquables, musées, théâtres, jardins, promenades agréables, pont de Tolède. Excursions à Tolède et au Prado. — Hôtels : *de France*, *des Princes*, *des Ambassadeurs*, *de Saint-Louis*, *de l'Europe*.

**MAGDEBOURG.** Pr. 110, 76 et 55 fr. Durée, 32 h. Par le chem. du Nord, par Cologne. 66,000 hab. Industrie, cathédrale, le port de l'Elbe, promenade du Fürstenwall. — Hôtels : *de Stadt-Leipsick*, *Stadt-London*.

**MALINES.** Pr. 37, 27 et 20 fr. Durée, 12 h. Chem. fer Nord. 33,000 hab. Eglise de Saint-Rombaut, quatre autres églises. — Hôtels : *de la Grue*, *de Brabant*, *Saint-Jacques*.

**MALTE.** — Pr. 292 et 193 fr. Durée, 6 jours, par le chem. de fer de Lyon et Marseille. 110,000 hab. La Valette est sa capitale. Ruines de Creudi. Excursion à l'île de Gozzo. — Hôtels : *Bentley's*, *de Clarence*, *de la Croix de Malte*, *Impérial*.

**MANCHESTER.** Mêmes pr. et départ que Liverpol. 325,000 hab. Eglise, deux théâtres, jardin botanique, promenades aux parcs Peel et Victoria. — Hôtels : *Royal*, *Clarence*, *Albion*, *Palatine*, *Post-Office*, *Heyward*, *Queen*, *Crown*, *King's arms*, *Bull's head*.

**MANHEIM.** Pr. 75, 56 fr. Durée, 13 h. Gare Strasb. 26,000 hab. Ville uniforme. Rien de remarquable. — Hôtels : *de l'Europe*, *du Palatinat* (*Zum Pfalzerhof*), *du Rhin*, *de Russie*.

MANTES. Stat. Ouest. 5,000 hab. Cathédrale. Eglise Notre-Dame. Tour Saint-Maclou. — Hôtels : *du Grand Cerf, de la Chasse royale.*

MARSEILLE. Stat. Lyon-Médit. 250,000 hab. Port de mer. Arc de triomphe. Fort de la Garde. Grand théâtre. — Hôtels : *des Empereurs, du Louvre, d'Orient, des Princes, des Ambassadeurs, de l'Univers, des Colonies, du Luxembourg, de Rome, Beauvau, Cannebière.* — Grand hôtel et bains de mer des Catalans ouverts toute l'année.

MARTIGNY. Petite ville qui sert de halte pour les excursions du Saint-Bernard et du mont Blanc. — Hôtels : *Clerc, Grand-Maison et Poste.*

MAYENCE. Pr. 94 et 53 fr. Durée, 15 h. Gare Strasb., par Forbach. 40,000 hab. Cathédrale. Château. Tour de Drusus. Théâtre. Place Gutenberg. — Hôtels : *du Rhin, d'Angleterre, de Hollande, Stadt-Coblenz, de Mayence.*

MEAUX. Stat. Est. 10,000 hab. Cathédrale Saint-Antoine. Promenades. — Hôtel et restaurant *Grignon.*

MELUN. Stat. Lyon. 11,500 hab. Eglise Saint-Aspais. Château du Vaux-Pénil. — Hôtels : *de France, du Grand-Monarque, des Princes.*

MENARS, près Blois, v. de 1,000 h. Château bâti par M. de Roinfrudour, qui sert maintenant à une école professionnelle dirigée par M. Caillent.

MESSINE. Pr. 274 et 177 fr. Durée, 8 j., par le ch. de fer de Lyon, par Marseille. 110,000 hab. Le plus beau port de mer de la Méditerranée. — Hôtels : *Vittoria, de Paris, du Nord, des Paquebots.*

METZ. Stat. Est. 70,000 hab. Ville fortif. Cathédrale. Eglises. Statue de Fabert. Belles promenades. — Hôtels : *de l'Europe, de la Croix d'or, du Nord, de France.*

MILAN. Pr. 122 et 103 fr. Durée, 59 h. Ch. de fer de Strasb., par Bâle. 250,000 hab. avec les faubourgs. Dôme de Milan. Plusieurs églises. Palais. Théâtres. Amphithéâtre de l'arène. Excursions aux Chartreuses de Pavie, de Garignano, de Chiaravalle, à Como, à Monza, à Varese, à Brianza. Hôtels : *Reichmann, de la Ville, Marino, Albergo Reale, Grand-Bretagne, Saint-Marc, Bella Venezia, Ancora.*

MINDEN. Pr. 63, 45 et 34 fr. Durée, 30 h. Gare du Nord, par Cologne. 15,000 hab. Cathédrale. Hôtel de la Régence à visiter. — Hôtels : *Stadt Bremen, Twietmeyer, Stadt-London.*

MODÈNE. 25,000 hab. Ville plate ; quelques églises, palais Ducal, promenade sur les remparts. — Hôtels : *San-Marco, Albergo reale.*

MOISSAC. Stat. Midi. 11,000 hab. Abbaye — Hôtel *du Nord.*

MONACO possède le même climat que Nice et fait en quelque sorte partie des promenades de cette dernière ville. Bat. à vap. — *Hôtel des Etrangers.*

MONS. Pr. 33, 25 et 19 fr. Durée, 7 h. Ch. fer du Nord. 25,000 hab. Théâtre. Musée. — Hôtels : *Royal, de la Couronne, de l'Aigle-Noir.*

MONTAUBAN. Stat. Orléans. 25,600 hab. Panorama. Musée. — Hôtels : *de l'Europe, du Grand-Soleil, de France.*

MONTBRISON. Stat. Lyon. 7,400 hab. Eglise Notre-Dame. Eaux minérales. Ruines du château. — Hôtels : *du Centre, de la Poste, du Lion d'or.*

MONTPELLIER. Stat. Lyon-Médit. 50,000 hab. Cathédrale Saint-Pierre. Porte du Peyrou. Ecole de médecine. Esplanade. Musée. Jardin botanique. Excursions à Sainte-Marie de Valmague et à Maguelonne. — Hôtels : *du Midi, du Cheval Blanc, Nevet, de Londres.*

MOSCOU. Pr. 448, 294 et 243 fr. Durée 217 h. ch. fer Nord, par Berlin et Varsovie. 400,000 hab. Le Kremlin. Le grand palais. Cathédrale de Saint-Basile. Promenades au jardin d'Alexandre et au boulevard de Twer. Excursions à la montagne des Moineaux et au monastère de Troitzka. — Hôtels : *de France, de Dresde, Anglais, Schuwaldischoff, Howard, Metcalf, Chevalier.*

MULHOUSE. Pr. 58, 43 et 32 fr. Durée, 11 h. Gare de Strasb. 51,000 hab. Longtemps ville impériale. Fabriques. Eglise Saint-Etienne. Importante école professionnelle. Musée industriel. Cités ouvrières modèles. — Hôtels : *de France, du Lion rouge.*

MUNICH. Pr. 92 et 75 fr. Durée, 36 h. Ch. de fer de Strasb. 140,000 hab. Obélisque de bronze. Places et promenades. Eglise Notre-Dame, St-Louis. Palais du prince Charles. Musées. Jardin anglais. Excursions à Schleissheim et à Nymphenburg. — Hôtels : *Baierischerhof, Maulick, Goldener Krenz, Oberpollinger, Augsburgerhof, Goldener Hirsch, Blaue Traube, Stachus, Bombergerhof.*

MUNSTER (Allemagne). Pr. 80, 59 et 41 fr. Durée, 20 h. Gare du Nord, par Cologne. 26,000 hab. Cathédrale. Eglise gothique de St-Lambert. Château. Université catholique. Promenades. — Hôtels : *Rheinischerhof, Kœnig von England.*

## N

NAMUR. Pr. 35 et 26 fr. Durée, 7 h. Gare du Nord. 25,000 hab. Cathédrale. Cinq églises. Beffroi. Promenades. — Hôtels : *Harscamp, de Hollande, de Bellevue, de Flandre.*

NANCY. Stat. Est. 50,000 hab. Place Carrière. Carrière. Cathédrale. Palais des ducs de Lorraine. Jardin botanique. Cabinet d'histoire naturelle. — Hôtels : *de France, de l'Europe, de Metz.*

NANTES. Stat. Orléans. 120,000 hab. Grand commerce. Cathédrale St-Pierre. Château. Musée.

Place Louis XVI. Promenades. — Hôtels : *de France, de Paris, de l'Europe, de Nantes.*

**NAPLES.** Pr. 232, 151 et 110 fr. Durée, 7 j. Ch. de fer de Lyon, par Marseille. Cathédrale. Rue de Tolède. 260 églises. Musée. Palais royal. Excursion au couvent des Camaldules. — Hôtels : *Victoria, Grande Bretagne, le Crocelle, des Etrangers, de Bellevue, de l'Univers, de Russie, des Princes, de France, de Genève, du Globe, de New-York, du Commerce.*

**NARBONNE.** 15,000 hab. Ville antique. Eglise Saint-Paul, église de Saint-Just, musée, murailles remarquables, promenades pittoresques. — Hôtels : *de France, de la Dorade.*

**NAUHEIM.** Bains célèbres en Allemagne, près de Francfort. — Hôtels de l'*Europe*, *Bellevue*.

**NAUPLIE.** Pr. 436, 287 et 200 fr. Durée, 24 j. Ch. de fer de Lyon. Une des plus jolies villes de la Grèce. Fort Palamède. — Hôtel sur la place des Platanes.

**NEMOURS.** 3,000 hab. Vieux château ducal antique, remarquable. — Hôtels : *de l'Ecu de France, de la Corne.*

**NEVERS.** Stat. Orléans. 16,000 hab. Eglise romaine de St-Etienne. Porte du Croux. Arc de Triomphe. Excursion aux forges de Fourchambault. — Hôtels : *de France, de la Nièvre.*

**NEUCHATEL.** 9,000 hab. Le Faucon, à l'embouchure du Seyon, sur la côte du Jura, sur les bords du lac. Vieux château, église Notre-Dame, musée, nombreuses promenades et excursions à Chanet, à la Gorge de Lyon, à Bellevaux et ascension au Chaumont. — Hôtels : *des Alpes, du Commerce, Bellevue*, bien tenu ; *du Faucon.*

**NICE.** Pr. 113 82 et 71 fr. Durée, 2 j. Ch. de fer de Lyon, par Marseille. 40,000 hab. Nice est une ville exceptionnellement riante et séduisante, où l'on respire en tout temps un air embaumé de fleurs d'oranger, de violettes, de roses et de jasmin. Chaque hiver sa population s'augmente considérablement. Théâtre. Excursions à Beaulieu, à St-Pons, à Villefranche, au mont Boron, au mont Chauve et au fort Montalban. — Grand hôtel *Chauvain*, confortable, moderne et à la portée de toutes les bourses, situé dans le voisinage des théâtres et des cercles, à l'angle de la rue Chauvain. Les propriétaires, MM. Chauvain mêmes, ajoutent une annexe à leur hôtel qui portera à 600 le nombre de lits, 40 salons particuliers, plusieurs grands salons pour lecture et conversation, vaste fumoir et salle à manger pouvant contenir 150 personnes.

Puis viennent les hôtels *d'Europe, de France, des Etrangers, des Empereurs, Victoria, de la Grande-Bretagne.*

**NIEDERBRONN** (bains). Même dép., par Haguenau. 4,000 hab. Sources d'eaux minérales ferrugineuses et salines (température de 18°). Bains assez fréquentés.

**NIMÉGUE.** 23,000 hab. Très-ancienne ville contenant de très-jolies promenades, telles que le bois de Belfuens. Excursions à Clèves, Dal, Beek, Berg, Ubbingen. — Hôtels : *de Rotterdam, de Francfort, des Pays-Bas.*

**NIMES.** Stat. Lyon. 56,000 hab. Ville antique. La tour Magne, les Arènes, la Cathédrale, la Fontaine et son jardin, le pont du Gard, sont dignes d'être visités. — Hôtels : *Grand-Hôtel du Luxembourg, de Paris, des Princes, du Midi, Manuivet.*

**NOYON.** Stat. Nord. 6,300 hab. Eglise. Excursion à Ham, où on trouve la citadelle où fut enfermé Napoléon III. — Hôtels : *des Chevals, du Nord.*

**NUITS-SOUS-RAVIÈRE.** Pr. 25, 18 et 13 fr. Gare de Lyon. 1,500 hab. — Hôtel : *du Commerce.*

**NUREMBERG.** Pr. 93, 75 et 61 fr. Durée, 40 h. Ch. de fer de Strasb. 60,000 hab. Eglise protestante de Saint-Sebald. Egidien Kircke et Frauen Kircke. Château. Musées. Fontaine des Vierges. Visite à la fabrique de locomotives de MM. Cramer et Klett. — Hôtels : *le Baierischerhof, Blaue Glocke, Strauss, Rother Hahn, Frænkischerhof, Rothes Ross, Wittesbacherhof.*

**O**

**ODESSA.** Durée, 206 h. Gare du Nord, par Col. 85,000 hab. La Bourse est le seul monument remarquable. — Hôtels : *de Londres, de Richelieu, de Paris, de la Nouvelle-Russie.*

**OFFENBURG.** Pr. 56, 42 et 52 fr. Durée, 16 h. Ch. de fer de Strasb., par Kehl. 4,500 hab. Pont remarquable. — Hôtel : *de la Fortune.*

**ORAN.** Pr. 207, 162 et 150 fr. Durée, 6 j. Ch. fer Lyon, par Marseille.

**ORLÉANS.** Stat. Orléans. 47,000 hab. Cathédrale. Muséum. Jardin botanique. Excursion à la source du Loiret. — Hôtels : *du Loiret, d'Orléans, de la Boule d'Or.*

**OSTENDE.** Pr. 39, 29 et 21 fr. Durée, 16 h. Ch. de fer du Nord. 17,000 hab. Belle plage. Beaux bains de mer. Huîtres renommées à juste titre. Promenades sur le quai et les jetées. — Hôtels : *Fontaine, des Bains, de la Cour Impériale, de Flandre, Royal, Marion, du Lion d'Or, du Grand Café.*

# P

PADOUE. Pr. 280, 207 et 185 fr. Durée, 6 j. Ch. de fer de Strasb. 47,000 hab. Eglise du Dôme. Plusieurs autres églises, Palais. Observatoire. Excursions aux bains d'Abano et aux monts Eugonéens. — Hôtels : *de l'Etoile d'Or, Aigle d'Or, Croce d'Oro, Café Pedrocchi.*

PALERME. Pr. 274, 177 et 166 fr. Durée, 9 j. Ch. de fer de Lyon, par Marseille et Naples. 105,000 hab. Cathédrale. Palais. Théâtres. Excursions au couvent des capucins et à Monte Pelegrino. — Hôtels : *Rayase, d'Albion, de France, de la Ville de Paris, Fortam.*

PAMPELUNE. 17,000 hab. Bel aspect, quelques monuments remarquables. Promenade de la Taconera. — Hôtels : *Fonda del Infante, Parador generale.*

PARIS. (Voir la deuxième partie de notre *Indicateur*, pages de couleur.)

PAU (Basses-Pyrénées.) 19,000 hab. Bains. Château où naquit Henri IV. Promenades dans le parc et à la Basse-Plante. — Hôtels : *de l'Europe, de France, de la Dorade, de la Poste.*

PERPIGNAN. 25,000 hab. Cathédrale Saint-Jean, citadelle, musée, ruines de Castel-Rosello. — Hôtels: *de l'Europe, du Nord, du Luxembourg, du Midi.*

PESTH. Pr. 245, 174 et 134 fr. Durée, 81 h. Ch. de fer du Nord, par Cologne. 110,000 hab. Eglise paroissale. Musée national. Cabinet d'histoire naturelle. Promenades nombreuses. Pont magnifique. — Hôtels : *Kœnig von Ungarn, Kœnig von England, Stadt-Paris, Erzherzog Stephan, Tiger, de l'Europe.*

PEYREHORADE. 3,000 hab. Site pittoresque. Vieux château. — Hôtel : *des Voyageurs.*

PIERREFONDS-LES-BAINS. 1,700 hab. Source minérale. — Hôtels : *des Bains, des Ruines, Grand Hôtel de Pierrefonds, des Etrangers.*

PISE. Pr. 167 fr. Durée, 5 j. Ch. de Lyon. 25,000 hab. Le Dôme. La célèbre tour penchée. Eglises. Académie des Beaux-Arts. Promenades sur les quais. — Hôtels: *du Hussard, Vittoria, Peverada, Grand-Bretagne.*

PLAISANCE. Sur le Pô. 34,000 hab. Eglise du Dôme et une multitude d'autres. Palais Farnèse. — Hôtels: *l'Italia, San-Marco, la Croce-Bianca.*

POITIERS. Stat. Orléans, 31,000 hab. Cathédrale Saint-Pierre. Plusieurs églises. Musée d'antiquités. Monument druidique. Promenade au parc de Blossac. — Hôtels : *de France, de l'Europe, des Trois piliers.*

PONT-AUDEMER. — Jolie petite ville de 7,000 hab. située sur la Rille. — Hôtel : *du Lion d'or.*

PONTOISE. Stat. Nord. 5,700 hab. Deux églises. Hôtel de ville. Excursion à Saint-Ouen-l'Aumône. — Hôtels : *Grand-Cerf, Messageries.*

POSEN. Pr. 136, 121 et 85 fr. Durée, 48 h. Ch. de fer du Nord, par Cologne. 48,000 hab. Cathédrale. Palais Raczinski. Fortifications remarquables. — Hôtels : *de Bavière, de Rome, de Dresde.*

PRAGUE. Pr. 154 et 101 fr. Durée, 45 h. Ch. fer du Nord. 150.000 hab. Cette ville offre un beau panorama. 52 églises; 12 synagogues; 190 tours. — Hôtels : *Englischerhof, Blauerstern, Schwarzes Rosses, de Saxe, Kaiser von Œsterreich.*

# Q

QUIMPER. 120,000 hab. Belle cathédrale, aspect antique, ruines de Prantauroux, salle de bains dans une maison de construction romaine. — Hôtels : *de France, de l'Epée.*

# R

RATISBONNE (Regensburg). Pr. 110 et 82 fr. Durée. 40 h., ch. de fer de Strasb. 30,000 hab. Quelques églises remarquables. Hôtel de ville. Palais de l'évêque. Maison de Goliath. Excursion à la Walhalla. — Hôtels : *Drei Helme, Dampfschiff, Goldenes Kreutz.*

RENNES. Stat. Ouest. 48,000 hab. Palais de justice digne d'une visite. Porte Mordelaise, construction romaine. Musée. Promenades du Mont-Thabor. Hôtels : *de la Corne de Cerf, du Commerce, de France, Julien.*

RENNES-LES-BAINS. Sources minérales très-variées.

REIMS. Stat. Est. 54,000 hab. Patrie du grand Colbert. Biscuits renommés. Cathédrale où fut baptisé Clovis. Porte romaine de Mars. Promenades ; le grand Cours et les remparts. — Hôtels : *du Lion d'or, du Commerce, de la Maison rouge.*

RIOM. Stat. Lyon. 13,000 hab. Jolie petite ville pavée en pierres volcaniques. La Sainte-Chapelle. Promenades pittoresques. — Hôtels : *Colonne, de l'Ecu de France, du Palais.*

RIVE-DE-GIER. Stat. Lyon. 15,000 hab. Visiter la manufacture de verre et les mines de houille aux environs, dont le nombre s'élève à plus de 40.

ROANNE. Stat. Lyon. 12,000 hab. Manufactures de coton. Eglise Saint-Etienne. Pont sur la Loire. — Hôtels: *du Centre, de la Poste, du Nord.*

ROCHEFORT. Stat. Orléans. 29,500 hab. Ville fortifiée par 5 forts, à 18 kil. de la mer. Quelques monuments. Excursion à Tonnay-Charente. — Hôtels : *des Etrangers, du Grand Pacha.*

**ROLANDSECK** (sur le Rhin). Gare du Nord pour Cologne. Bâti sur un rocher basaltique. -- Hôtel *Rolandseck*.

**ROME.** Durée, 6 j. Ch. de fer de Lyon à Marseille. 185,000 hab. Saint-Pierre, le Vatican, le Panthéon, le Colysée, Thermes, Aqueducs. (Prendre un cicerone, qui, pour quelques pauls, fera visiter tous les monuments antiques et modernes.) Promenades au mont Pincio, aux villas Pamfili et Borghèse. Plusieurs autres villas remarquables. — Hôtels : *d'Angleterre* et *de Minerve*, place Minerve, 69; *de Rome, Neiner et Castouzi, de Russie, des Iles-Britanniques, de l'Europe, d'Angleterre, de Londres, de France, d'Allemagne, d'Amérique, Saint-Denis.*

**ROTTERDAM.** Pr. 56, 42 et 34 fr. Durée, 18 h. Gare du Nord par Bruxelles. 100,000 hab. Cathédrale Saint-Laurent. Musée. Jardin botanique. Excursions aux environs. — Hôtels : *Nouvel Hôtel des Bains* (New-Bath Hotel), *des Pays-Bas, de San-Lucas, Europe, de l'Aigle, Londres, Stads-Herberg.*

**ROUBAIX.** Stat. Nord. 24,000 hab. Manufactures et filatures de coton. — Hôtel *du Commerce, de Paris.*

**ROUEN.** Stat. Ouest. 101,000 hab. Le reflux de la mer y amène des navires. Eglise Saint-Ouen, magnifiquement gothique. Musée d'antiquités. Deux théâtres. Boulevards. Cours de la Reine. Jardin des Plantes. Pèlerinage à Bon-Secours. — Hôtels : *Albion, d'Angleterre, du Nord, Vatel, des Messageries, du Midi, des Empereurs, du Chemin de fer de Dieppe.*

**ROYAN** (Charente-Inférieure). Ville de bains de mer célèbre. Phare de la tour de Cordouan. Quatre bassins appelés conches servent aux baigneurs : deux sont réservés aux dames, un aux hommes, et un seul sert pour les deux sexes.—Hôtels : *de Paris, du Rocher de Cancale, d'Orléans.*

### S

**SAARBRUCK.** Pr. 52, 39 et 29 fr. Gare de Strasb. 9,400 hab. Château. Collection de médailles de M. Bœcking. — Hôtels : *de la Poste, Baehr.*

**SAINT-DENIS.** Stat. Nord. 19,000 hab. Jolie petite ville aux environs de Paris. — Hôtel *du Grand-Cerf.*

**SAINT-ÉTIENNE.** Stat. Lyon. 100,000 hab. Cathédrale. Ruines de l'aqueduc romain. — Hôtels : *de l'Europe, du Nord, de la Poste, de France.*

**SAINT-GERMAIN.** 15,000 hab. Ancienne résidence royale. Forêt magnifique. Jardin, terrasse et quinconce. — Café *du Pavillon Henri IV.*

**SAINT-GENIS** (Rhône), près Lyon. Etablissement hydrothérapique du château de Longchêne.

**SAINT-JEAN-DE-LUZ.** 3,000 hab. Bains de mer très-fréquentés. Château Louis XIV. Château d'Urtubise.

— Hôtels : *Saint-Etienne, de l'Europe, de France.*

**SAINT-LO.** Stat. Ouest. 10,000 hab. Cathédrale remarquable. Aspect pittoresque. Promenades. — Hôtels : *du Soleil levant, du Cheval blanc.*

**SAINT-MALO.** 20,000 hab. Vieux château. Galerie de portraits historiques. Tombeau de Chateaubriand. Excursions à Saint-Servan et à Cancale.—Hôtels : *de France, du Chêne vert, de Franklin, de la Paix.*

**SAINT-OMER.** Stat. Nord. 54,000 hab. Cathédrale. Ruines de l'église de Saint-Bertin. Excursion aux ruines de Thérouanne. — Hôtels : *de l'Ancienne Poste, de la Porte d'Or, d'Angleterre, Ferru.*

**SAINT-PÉTERSBOURG.** Pr. 375, 254, et 225 fr. Durée, 107 h. Ch. de fer du Nord, par Cologne, Berlin, Stettin. de là par bat. à vap. 550,000 hab. Notre-Dame de Cazan. Monastère de St-Alexandre Newski. Le palais de marbre. Palais d'hiver. L'ermitage. L'amirauté. Musée de l'Ermitage. Musées botanique, minéralogique et autres. Colonne Alexandrine. Pont-Neuf. Théâtres. Promenades nombreuses, agréables et variées. Excursions aux environs, et notamment au palais de Tsarskoë-elo et à Cronstadt. — Hôtels : *Napoléon, Bocquin, de Paris, de Russie, Heyde, Coulon, Demuth.*

**SAINT-QUENTIN.** Stat. Nord. 28,000 hab. Eglise St-Jacques. Musée. Excursion à Guise. — Hôtels : *du Cygne, du Plat d'Etain, d'Angleterre, du Lion d'or.*

**SALSBOURG.** Pr. 108 et 92 fr. Durée 73 h. Gare de Strasb., par Munich. 19,500 hab. Environs présentant des sites pittoresques. Cathédrale et églises remarquables. Théâtre. Château de Mirabel. Musée. Excursions à Heilbrunnen, Maria Plain, Aigen, Wundersberg, et au château de Leopoldskron. — Hôtels : *Vérone, Erzherzog Carl, Drei Allärte, Goldener Schiff.*

**SAUMUR.** Stat. Orléans. 14,000 hab. Ecole de cavalerie et d'équitation, une des plus remarquables d'Europe. Excursion à Bagneux (monuments druidiques). — Hôtel *Budan.*

**SAXON** (Valais). Pays abrupte et pittoresque où l'on trouve casino et des eaux minérales célèbres.

**SCHAFFHOUSE.** Pr. 78, 61 et 18 fr. Durée, 36 h. Gare de Strasb., par Bâle. 10,000 hab. Quelques monuments remarquables. Excursions et promenades à la chute du Rhin et au Hod-Banden. Cette ville possède une église faisant le service catholique. — Hôtels : *Bellevue*, à la nouvelle station ; *de la Couronne*, en ville.

**SCHWALHEIM** (Allemagne). Ville d'eaux minérales très-renommées; établissement hydrothérapique du docteur Louis Fleury.

**SION** (Suisse), dans le Valais. Charmant endroit curieux à visiter. -- Hôtel *de la Poste.*

**SOLEURE.** 6,000 hab. Quelques édifices remarquables, promenades pittoresques du Kreuzacker et autres.

Excursions à Saint-Vérène, Veissenstein et Vengistein. — Hôtels : *la Tour Rouge, la Couronne*.

SCUTHAMPTON. Pr. 103 et 77 fr. Durée, 18 h. Gare du Nord, par Douvres. 37,000 hab. Excursions à l'île de Wight, à Spithead, à l'abbaye de Netley et New-Forest. — Hôtels : *Railway, Dolphin, Crown, Star, Oriental, Royal, Royal George, Royal York*.

SPA. Pr. 46 et 35 fr. Durée, 10 h. Gare du Nord, comme Aix-la-Chapelle. 5,000 hab. Ses eaux froides, gazeuses et ferrugineuses sont célèbres ; elles y attirent tous les ans un nombre considérable de gens du monde qui y viennent autant pour goûter les nombreux plaisirs qu'on y trouve que pour y prendre les eaux. Excursions à la cascade de Coo, à la grotte de Remouchamps et au château des quatre fils Aymon. — Hôtels : *de Flandre*, tenu par M. Sury, *d'Orange*, tenu par M. Muller, propr de l hôtel de la Paix de Paris, *des Pays-Bas, d'York*.

STETTIN. Pr. 143, 103 et 73 fr. Durée, 41 h. Gare du Nord, par Cologne. 17,000 hab. Plusieurs églises. Théâtre. Excursion à Swinemünde. — Hôtels : *du Nord, de Prusse, Drei Kronen*.

STOCKHOLM. 102,000 hab. Château Royal et autres édifices, promenades délicieuses, le Djurgarden et autres. Excursions à Drottninghold, Rosendal, Haga, Gripsholm, Carlberg. — Hôtels : *Rydberg, Brunkeberg, Kastenhoff, Behrens, de la Croix, de Hollande, Freden, du Commerce, de Francfort, d'Angleterre, de Suède*.

STRASBOURG. Stat. Est. 65,000 hab. La cathédrale est le monument le plus élevé du monde. Temple neuf. Château royal. L'arsenal. Théâtre (bonne troupe). Promenades sur le Broglie, à la Robertzau et aux Contades. Excursion au pont de Kehl. — Hôtels : *de la Ville de Paris, d'Angleterre*.

STUTTGARDT. Pr. 71, 56 et 44 fr. Durée, 18 h. Ch. de fer de Strasb. 48,000 hab. Vieux château. La Stiftskirche. Le théâtre. Musée des beaux-arts. Jardins du château. Excursions à la Solitude, à Caunstadt, à Hohenheim, à Rosenstein et à Berg. — Hôtels : *de Russie, de St-Pétersbourg, Kœnigstrasse, Kronprinz, Marckhard, Kœnig von Wurtemberg, Adler*.

### T

TARBES. 15,000 hab. Aspect pittoresque des Pyrénées. Eglise paroissiale. — Hôtels : *du Grand-Soleil, de la Paix, de l'Europe*.

THANN. Stat. Est. 8.500 hab. Eglise de St-Thiébault. Ruines du château d'Engelbourg sur une montagne. — Hôtel.

THIONVILLE. 10,000 hab. Remarquable seulement par un pont sur la Moselle et un manège renommé. — Hôtels : *du Luxembourg, du Commerce*.

THOUN (Suisse), près Berne. Jolie ville sur le lac, où l'on trouve le magnifique hôtel et pension de *Bellevue*.

TOULON. Stat. Lyon. 90,000 hab. Magnifique por de mer, divisé en port marchand et port militaire. Patrie de Chabert. Quelques monuments. Promenades. — Hôtels : *Croix de Malte, Croix d'Or, du Lion d'Or, du Nord, de France*.

TOULOUSE. Stat. Midi. 106.000 hab. Quelques monuments religieux. Le Capitole. Musées curieux. Promenades fréquentées. Patrie de Clémence Isaure. — Hôtels : *de l'Europe, des Empereurs, de France, du Grand-Soleil, du Midi, Capoul, Casset, de Londres, Dupin, Domergue, Chaumont, Baichère*. — Cercle des voyageurs de commerce, rue Louis-Napoléon, 6.

TOURNAI. Pr. 31, 23 et 17 fr. Durée, 9 h. Chemin de fer du Nord. 32,000 hab. Cathédrale de Notre-Dame, le plus vaste et le plus ancien édifice de la Belgique. Eglise Saint-Quentin. Beffroi. Parc de l'Hôtel de ville. Bibliothèque. Musée d'histoire naturelle. Hôtels : *de l'Impératrice, du Singe d'Or, de la Petite-Nef, de Bellevue, de France*.

TRÈVES. Route de Londres à Bruxelles par le chemin de fer du grand Luxembourg. Aucune autre ville de l'Allemagne ou du nord de l'Europe ne possède d'aussi beaux vestiges d'antiquités.—Hôtel de *Trèves*.

TOURS. Stat. Orléans. 40,000 hab. Cathédrale remarquable, musée, excursions à Plessis-les-Tours, à Rochecorbon, à Marmoutier, et à Mettray. — Hôtels : *du Faisan, l'Univers, de Bordeaux, de la Boule d'Or, de Londres*.

TRIESTE. Pr. 252, 184 et 165 fr. Durée, 4 jours. Chem. de fer du Nord. 100,000 hab. Edifices remarquables, port de mer franc assez important. — Hôtels : *Aquila Nera, Locanda grande, de la Ville, de France*.

TULLE. Pr. 60, 50 et 40. Durée 34 h. Gare d'Orléans. 12,000 hab. Cathédrale, la Tour Carrée, maison Sage, manufacture d'armes à feu. — Hôtels : *du Périgord, de l'Aigle d'Argent, de Lyon*.

TROUVILLE. 5,000 hab. Ville de bains de mer très-fréquentés de juillet à septembre. Promenades pittoresques aux environs. — Hôtels : *de la Plage, de Bellevue, de Paris*.

TROYES. Stat. Est. 35,000 hab. Eglise Saint-Pierre, Hôtel de ville, promenades. — Hôtels : *des Courriers, de France, du Grand-Mulet, du Commerce*.

TURIN. Pr. 105, 85 et 68 fr. Durée, 36 h. ch. de Lyon, par Mâcon. 185,000 hab. Place St-Charles, vue magnifique du pont du Pô, 112 monuments religieux, place Carignan, palais du Roi, musées, théâtres, promenades au Valentin, les boulevards, le jardin du Roi, le jardin public. Excursion à la vigne de la Reine. — Hôtels : *Feder*, un des meilleurs d'Italie, *de l'Europe, de Londres, de la Ville, de la Grande-Bretagne, de la Chasse Royale, de la Dogana-Vecchia*.

## U

**ULM.** Ville d'Allemagne (Wurtemberg), située sur le Danube. — Pr. 76 et 60 fr. Durée, 18 h. Ch. de fer de Strasbourg. 25,000 hab. Le Münster. Excursion à Blaubeuren et au Michelsberg. — Hôtel de *Russie*, tenu par M. Carl Heinrich.

**UTRECHT.** 52,000 hab. Cathédrale, Université célèbre, source renommée, promenade du Mail, excursion au village de Zeist. — Hôtels : *de Bellevue, de la Gare, du Château d'Anvers, des Pays-Bas*, tenu par J. H. Schrederhof.

## V

**VALENCE.** Stat. Lyon. 18,000 hab. Ville fortifiée, cathédrale de Saint-Apollinaire, maison des Têtes, pont suspendu, promenades agrestes. — Hôtels : *de la Poste, de France, du Levant, du Grand Saint-Nicolas.*

**VALENCIENNES.** Stat. Nord. 25,000 hab. Eglise Saint-Géry, excursion à Anzin. — Hôtels : *du Commerce, des Princes, du Canard.*

**VANNES.** Ch. de fer Orléans. 15,000 hab. Port de mer, château de la Motte, promenade sur le Cours la Garenne, excursion à Locmariaker (monuments druidiques) — Hôtels : *de la Croix Verte, du Commerce, du Dauphin.*

**VARSOVIE.** Gare du Nord, par Cologne. 160,000 hab. Cathédrale Saint-Jean et autres monuments religieux remarquables , nombreux palais ( Radzivill , Czartoryski le Zameck), grand théâtre, plusieurs musées, excursion à Jablonna, au palais du Belvédère à Marymont et au château de Willanow. — Hôtels : *de Wilna, de Saxe, d'Angleterre, de Rome, de l'Europe, de Lithuanie, de Cracovie.*

**VENISE.** Pr. 270, 197 et 175 fr. Durée, 5 j. Chem. du Nord, par Trieste, de là par bateau à vapeur, en 18 h. Ville 120,000 hab. bâtie dans les lagunes de l'Adriatique. Basilique et place Saint-Marc, pont des Soupirs, palais Ducal, plusieurs églises et palais, musées, théâtres, promenades en gondoles au Lido, aux jardins publics et botanique, excursions à plusieurs îles dans les lagunes. — Hôtels : *de la Ville, Aquila d'Oro, de Danieli, Albergo Reale, Luna, Regina d'Inghilterra, Stella d'Oro, Italia, Grande Bretagne, Regina d'Ungheria, Albergo della Victoria, d'Europe.*

**VÉRONE.** Pr. 280, 200 et 185 fr. Durée, 4 j. ch. de fer de Strasbourg, par Munich. 54,000 hab. Plus de 150 églises. Antiquités remarquables. Palais, dont le plus curieux est le palais Giusti. Dans un jardin au bord de l'Adige, le tombeau de Juliette. — Hôtels : *du Grand Paris, des Deux Tours, de la Tour de Londres, le Colombine, le le Gran Czaro.*

**VERSAILLES.** Stat. Ouest. 40,000 hab. Nul étranger ne vient à Paris sans aller visiter le parc de Versailles, tracé par Le Nôtre, et le musée unique dans le monde entier. Ce château est le digne reste de la magnificence du grand Roi. — Hôtels : *des Réservoirs, du Sabot d'or, de France.*

**VESOUL.** 8,000 hab. Situé au bas de la montagne de la Motte. Excursions à Villersexel, à Scey-sur-Saône, et au trou de Beaume. — Hôtels : *de la Magdeleine, de l'Aigle noir, de la Cigogne.*

**VEVEY.** Pr. 82, 50 et 40 fr. Durée, 35 h. Gare de Lyon, par Salins et Lausanne. 6,000 hab. Abbaye des Vignerons. Excursions à la tour de Peilz. En passant par Hauteville, le mont de Chardouve, le château de Blonay et les bains de l'Alliaz. — Hôtels : *Monnet, du Lac, de la Croix blanche, des Trois Couronnes, du Faucon.*

**VICHY.** 5,000 habit. Magnifique établissement thermal. 325 baignoires. Séjour d'été de S. M. l'Empereur. Huit sources alcalines, thermales et minérales, dont vingt mille baigneurs viennent user chaque année. Belles promenades. Liste des étrangers publiés chaque jour. Beau pont suspendu. Excursions aux châteaux de Randan et d'Efflat, Bourbon, Bussay, Châteldon, Billy. — Hôtels : *des Deux-Mondes, de Paris, Velay, Guillermin, de Suisse, de Rome, de l'Europe, de Londres, des Pyrénées, du Rhône, de la Porte de France, de la Poste, de Savoie, des Princes.*

**VIENNE.** Stat. Lyon-Médit. 20,000 hab. Ville antique romaine. Temple d'Auguste et de Livie. Eglises. Tour du Mauconseil. Excursion au plan de l'Aiguille. — Hôtels : *du Nord, de la Table ronde.*

**VIENNE** (Wien). Pr. 223, 157 et 120 fr. Durée, 70 h. Gare du Nord, par Cologne. 600,000 hab. Cathédrale gothique remarquable. Plusieurs églises. La Hofburg. Palais de l'archiduc Albert. Académies. Place Newmarkt. Musées. Antiquités. Cinq théâtres. Plusieurs promenades agréables dans la ville. Environs pittoresques. Excursions à Stockeran, à Laxenburg. — Hôtels : *Munsch, Erzherzog Karl, Stadt Frankfurt, Rœmischer Kaiser, Weisser Wolf, Goldene Ente, Kaiserin Elisabeth.*

## W

**WEIMAR** (Grand-duché de Saxe-Weimar). Pr. 134, 91, 64. Durée, 37 h. Ch. de fer Nord, par Cologne, 14,000 hab. Musée de la Kunstsammlung. Excursion à Iena. — Hôtels : *Russischerhof, Erbprinz.* Cette ville possède un pensionnat de famille très-renommé, tenu par son propriétaire, M. Hippolyte CHELARD.

WIESBADEN. Pr. 65, 50 et 36 fr. Durée, 17 h. Gare de Strasb., par Forbach. 16,500 hab. Ses nombreuses sources y attirent chaque saison plus de 36,000 étrangers. Palais du Grand duc. Schlosschen. Le Kursaal. Le Kocbrunnen, source abondante. Bibliothèque de 25,000 volumes. Musées. Excursions à Pfahlgraben, à la Platte, au mausolée et au couvent de Clarenthal. — Hôtels et bains de *la Poste, Victoria, de Cologne, des Quatre saisons, d'Angleterre, de Paris.*

WILHELMSBAD (*Hesse électorale*). — 18 minutes de Francfort. 1 heure de Hombourg. 5 minutes de Hanau. A quelques minutes d'Aschaffenbourg, frontière de la Bavière. Cette résidence princière, au milieu d'un parc, est devenue le rendez-vous de la meilleure société de Francfort et des villes circonvoisines. Bonne musique, cuisine française, salons de jeux et de lecture. Logements grands, élégants, et nouvellement meublés. Salons de conversation, de concert, de bal. (Journaux allemands, français et anglais). Tir au pistolet et à la carabine. Dîners à part et à la carte. Cuisine allemande et française. Café et toutes sortes de rafraîchissements, préparés d'après ceux de Paris. Pensions à 7, 6 et 5 fr. par jour.

WISSEMBOURG. Même que Strasb. Pr. 57, 42, 31 et 20 fr. 6,000 hab. Ancienne église collégiale. Rien de remarquable.

WORCESTER. 29,000 hab. Belle cathédrale, palais Episcopal, tour d'Edgard, promenades. — Hôtels: *Crown, Star and Garter, Bell.*

## Y

YARMOUTH. 32,000 hab. Port de mer important, rien d'éminemment remarquable. — Hôtels: *Needle, Buggle, Kings'-Head, George.*

YVETOT. Stat. Ouest. 4000 hab. Excursion au village d'Allouville. — Hôtels : *des Victoires, des Trois-Marchands.*

## Z

ZURICH. Pr. 78, 62 et 49 fr. Durée, 21 h. Gare de Strasb., par Bâle. 3,000 hab. La cathédrale est remarquable. Quatre autres églises. Promenades au bastion du Chat, à la Platz, au Lindenhof et à la Promenade haute. Vue pittoresque sur le lac et aux environs. Ascension à Utliberg (vue magnifique). Hôtels : *de Baur, Belle-Vue.*

---

# ALGÉRIE

L'Algérie, cette belle contrée africaine, présente des sites pittoresquement sauvages, des solitudes mystérieuses et profondes, que la civilisation n'a pu déflorer; la nature y conserve toutes ses grâces virginales. La terre, couverte d'une végétation luxuriante, embaume l'air du parfum délirant des fleurs tropicales. Le soleil s'y montre dans toute sa splendeur; il y procure une chaleur vive et sèche, que l'on savoure avec autant de délices que les pures émanations d'un printemps toujours nouveau. Là, jamais de frimas, jamais de longue pluie, même au milieu des hivers. On peut toujours compter sur cinq mois d'une température admirable autant qu'invariable. Grâce aux coutumes du pays et à la sieste, que personne ne néglige d'observer, la fièvre intermittente est la seule maladie réellement à craindre. Encore la guérit-on facilement.

Nous ne nous épuiserons pas en éloges sur le climat de cette belle conquête de la France, mais nous nous bornerons à citer les villes les plus importantes :

ALGER, chef-lieu de préfecture. Port de mer sur la mer Méditerranée. Avec sa banlieue, cette ville compte 62,400 hab., dont 18,520 sont indigènes. Régie par les mêmes coutumes et la même administration que toutes les villes de France, Alger réunit les 4 religions dans son sein : catholique, protestante, israélite et musulmane. Son théâtre est digne d'une visite. Commerce et industrie assez considérables. **Les rues de cette capitale présentent un aspect tout particulier. Les environs présentent** un panorama accidenté et des sites très-pittoresques. — Hôtels : *de la Régence, de Paris, de Rouen, de la Marine, de France, de l'Orient, de Genève, de la Colonie, de l'Intendance, des Étrangers, d'Europe, des Bains français, des Ambassadeurs, des Frères provencaux.*

**AUMALE.** Petite ville placée sur la limite de la Kabylie. 1,734 hab. Forêts de chênes-liéges.

**BIRKADEN,** à 12 kilom. d'Alger. 2,664 hab. Tabacs et cotons.

**DELLYS.** Ville maritime. 2,907 hab. Carrières de grès.

**DOUERA.** Petite ville française. 3,967 hab.

**LE FONDOUCK.** 4,984 hab.

**KOUBA.** 2,628 hab. Grand séminaire, maison de la Sainte-Enfance.

**MUSTAPHA.** Banlieue d'Alger. Bains de mer.

**ORLÉANSVILLE.** 2,197 hab. Agréablement située dans la vallée du Chélif. Ville de fondation française.

**LA RASSAUTA.** 4,873 hab.

**STAOUELI.** Etablissement de trappistes assez remarquable.

**TENÈS.** 4,122 hab. Petit port de mer.

**BLIDAH,** chef-lieu de sous-préfecture. 9,400 hab., dont 4,200 indigènes. Bâtie au pied du petit Atlas. Forêts de cèdres et de chênes-liéges. Belles promenades dans des jardins d'orangers, de citronniers, etc. Foires et courses tous les ans.—Hôtels: *de la Régence, de France, de Paris, du Périgord, du Petit-Paris, du Lion d'or, de la Colonie, du Veau qui tette.*

**BOUFARICK.** 6,272 hab. Marché aux bestiaux les lundis. Tabac, blé. — Hôtels : *des Messageries, de la Poste.*

**CHERCHEL.** 3,921 hab. Ville maritime.

**COLEAH.** 4,791 hab. Citronniers, oliviers, les bois de Mazafran.

**MARENGO.** 1,232 hab. Colonie agricole.

**MÉDÉAH,** chef-lieu de sous-préfecture. 9,462 hab. Commerce et exploitation répandus. — Hôtel *de France.*

**MOUZAIA-LES-MINES.** 216 hab. Mines de cuivre et de fer.

**MILIANAH,** sous-préfecture. 7,027 hab. Située sur le sommet de l'Atlas. — Hôtels : *de France, d'Isly.*

**CONSTANTINE,** chef-lieu de préfecture, 35,243 hab., dont 28,107 indigènes. Ville antique, située sur l'Oued-Rummel. — Hôtels : *du Roulage, des Colonies, de France, d'Orient.*

**BATNA,** dans les monts Aurès. 1,520 hab. — Hôtel *de France.*

**BONE.** 12,548 hab. Ville maritime. Mines de fer. Marbre. Forêts de l'Edough.

**GUELMA,** petite ville de 5,842 hab. Forêts d'oliviers, Mines de mercure, de fer et d'antimoine.—Hôtels: *des Voyageurs, de l'Aigle, de Numidie, Arriel.*

**LA CALLE.** 1,224 hab. Pêche du corail. Mines de plomb argenti-aurifère à Kef-oum-Theboul.

**PHILIPPEVILLE.** 9,852 hab. Ville maritime. Marbres statuaires au cap Filfila. — Hôtels : *de Nancy, de l'Espérance, du Luxembourg, de France, Saint-Martin, d'Orient.*

**SÉTIF.** 3,723 hab., dont 925 indigènes. Bâtie sur un plateau élevé de 1 200 mètres du niveau de la mer. Commerce répandu.—Hôtels : *de France, de Paris, d'Italie.*

**BOUGIE.** 2,420 hab. Bon port de mer. Huiles et grains. — Hôtel.

**ORAN.** 38,432 hab. Pittoresquement bâtie sur le bord de la mer. Exploitation de la forêt Mouley-Ismaël. — Hôtels : *de France, de l'Hérault, Moussa.*

**ARZEW-LE-PORT.** 2,257 hab. Bon mouillage.

**SAINT-DENIS-DU-SIG,** 3,367 hab. Cultures, tabac, soie, coton, pépinières.

**SIDI-BEL-ABBÈS.** 5,709 hab. Vastes forêts de thuyas.

**MASCARA.** 8,505 hab. Bâtie sur le versant d'une colline. Commerce répandu. Environs pittoresques.—— Hôtels : *de Paris, de l'Univers, des Colonies.*

**MOSTAGANEM,** 12,000 hab. Commerce et industrie. Pépinières. Promenades sur le bord de la mer.

**RELIZANNE.** 1,508 hab.

**TLEMCEN.** 2,000 hab. Ville antique. Commerce répandu. Vastes forêts. — Hôtels.

## STATIONS THERMALES ET VILLES DE BAINS DE MER

Peu de personnes se doutent, dit la *Revue des Eaux*, du nombre d'établissements balnéaires que nous possédons en France, suffisamment aménagés et ordonnés pour recevoir des malades.

Après en avoir fait un relevé fidèle, nous atteignons, pour la France seulement, le chiffre de *deux cent soixante*.

Presque tous ces établissements possèdent de nombreuses baignoires, de vastes piscines, des cabinets de douches, des étuves, des salles d'inhalations et des appareils pulvérisateurs suivant le système du docteur Sales-Girons.

Beaucoup de ces Bains sont aussi variés que l'exigent les circonstances et on y fait l'application des eaux minérales dans toutes les formes nécessaires. On y pratique encore les cures au petit lait, de raisins, de bains balsamiques, de bourgeons de sapins.

Près de chacun de ces établissements, outre les médecins inspecteurs, il s'en trouve d'autres qui se consacrent spécialement à la direction de Maisons de santé ou d'Etablissements d'hydrothérapie.

Partout se trouvent de bons hôtels, bien meublés, ayant une nourriture saine, souvent recherchée, à des prix vraiment modérés.

C'est à la bonne tenue de ces établissements, au confortable que l'on est certain d'y rencontrer, que l'on doit un succès qui se marque chaque année par un plus grand nombre de baigneurs.

Nous pouvons dire que, depuis quelques années, l'habitude d'aller aux eaux ou aux bains de mer est tout à fait passée dans nos mœurs.

Depuis que le bien-être s'est à peu près généralisé en France ; depuis que l'aisance, provenant de la division des fortunes, de l'accroissement de l'industrie et du commerce, s'est répandue dans toutes les classes ; depuis surtout que les voyages sont devenus rapides, commodes ; *maintenant qu'avant de faire cent lieues on ne fait plus son testament*, et qu'il n'y a plus de distance, les villes de bains et les eaux minérales ont vu affluer de toutes parts les malades et les touristes.

La science, voulant savoir au juste la valeur de l'engoûment de la mode pour ces sortes de voyages, a examiné avec soin la composition des différentes sources minérales, et on a vu les eaux de toutes les natures analysées par la chimie, et leurs effets thérapeutiques observés et recueillis avec soin par les médecins les plus distingués.

Le gouvernement ou la spéculation ont bien vite doté d'établissements utiles et magnifiques les localités où la nature s'était montrée généreuse dispensatrice de sources.

Notre cadre ne nous permettant pas d'entrer dans des détails d'analyse, ni dans les avantages médicaux de chaque établissement, nous tiendrons seulement nos lecteurs au courant de tout ce que les gens du monde doivent savoir pour choisir, suivant la nécessité ou le caprice, L'ENDROIT OU ILS DOIVENT SE RENDRE, ainsi que les hôtels où doivent descendre de préférence les touristes et les malades. Suivons par ordre alphabétique :

ACQUI, en Piémont, près d'Alexandrie, eaux sulfureuses.

AIX-EN-PROVENCE. Ligne de Marseille. Stat. de Rognac. En 18 h.

AIX-EN-SAVOIE. Par Mâcon, Bourg, Culoz et Aix. En 14 h.

AIX-LA-CHAPELLE. Ville de la Prusse Rhénane, près de Liége.

ALET (Aude). Le 1er juin.

ALLEVARD (Isère). Par Lyon, Saint-Lambert, Grenoble. En 14 h. Voit. de Grenoble en 5 h.

AMÉLIE-LES-BAINS. Par Lyon, Tarascon, Cette, Narbonne, Perpignan. En 26 h. Voit. de Perpignan en 4 h.

AMPHION-EN-SAVOIE. Par Mâcon, Culoz et Genève. En 14 h. Voit. de Genève en 6 h.

ANDABRE (Aveyron). Saison du 15 juin au 1er octobre. — Eau alcaline, gazeuse et ferrugineuse. — Pour les demandes des eaux et des produits d'Andabre, s'adresser *franco* à MM. BONHOURE jeune et Ce, directeurs de l'Etablissement à Andabre, par Camarès (Aveyron).

AVÈNE. Par Lyon, Tarascon, Cette, Béziers, Bédarieux. En 23 h. Voit. de Bédarieux en 4 h.

AX (Ariége). 1er mars au 1er octobre. Eaux sulfureuses très-énergiques. Trois établissements : le Teich, le Couloubre, le Breil. — Courses très-pittoresques dans les environs. Chemins de fer jusqu'à Foix ; à 42 kil. de Foix.

BADEN-BADEN (Voir page 17).

BAGNÈRES-DE-BIGORRE. Ligne de Perpignan. En 19 h. Casino dirigé par M. Max-Mayer. Bals, concerts et théâtres, dirigés par M. Hermant.

BAGNÈRES-DE-LUCHON. Ligne du Midi, par Tarbes. En 23 h. Vaste établissement parfaitement installé, renfermant toutes les modes balnéaires usitées jusqu'à ce jour. On va de Bagnères-de-Luchon en chemin de fer jusqu'à Montréjeau (chemin de fer du Midi, embranchement de Toulouse à Montréjeau), 36 kilom. de Montréjeau à Luchon ; plusieurs services de diligences tous les jours.

BAGNOLES, PAR COUTERNE (Orne). Bretagne. En 7 h. 15. Voit par Couterne en 5 h.

BALARUC. Par Lyon, Tarascon, Cette. En 20 h. Voit. de Cette en 1 h.

BOURBONNE-LES-BAINS. Importante station due à la réputation de vieille roche dont jouit l'eau de Bourbonne. Les malades y sont nombreux et les cures merveilleuses.

BRIDES-EN-SAVOIE. Par Mâcon, Bourg, Culoz, Aix, Chambéry et Cramousset. En 15 h. 1/2.

CAMBO-LES BAINS. Ligne de Bayonne. En 23 h. Ouverture du 1er avril au 30 novembre. Eaux sulfureuses et ferrugineuses.

CAMPAGNE (Aude). Ouverture le 1er juin.

CAUTERETS (H.-Pyrénées). Se trouve placé au centre des merveilles que la nature a rassemblées en profusion dans les Pyrénées. Les affections chroniques des voies respiratoires, laryngite, bronchite, asthme catharral, sont traitées avantageusement par les eaux de Cauterets.

CELLES (Ardèche). Par Lyon et Valence. En 13 h 1/2. Voit. de Valence en 1 h. 1/2.

CHALLES-EN-SAVOIE. Par Mâcon, Bourg, Culoz, Aix, Chambéry. En 14 h., à 3 kilom. de Chambéry. Eaux froides.

CONTREXEVILLE (Vosges). Sources déclarées d'intérêt public par décret impérial.

CUSSET (Allier). Etablissement de Sainte-Marie. Ouverture du 15 mai au 25 septembre.

DIVONNE (Ain). Ligne de Genève. En 14 h. 1/2. Etablissement hydrothérapique fondé en 1847, par le docteur Vidal.

EAUX-BONNES, du 1er mai au 1er octobre. Petite ville du département des Basses-Pyrénées, renommée à cause de ses eaux, située dans une gorge étroite, à l'extrémité de laquelle se trouve l'établissement thermal.
Eaux sulfureuses très-efficaces employées avec succès surtout dans les maladies des voies respiratoires. Ces eaux se transportent en grande quantité.
Chemin de fer jusqu'à Pau (ligne du Midi, par les deux embranchements de Dax et de Bayonne à Pau), à 42 kilom. de Pau. Service tous les jours.

EMS. Du 1er mai au 1er novembre. — 14 h. de Paris, 6 h. de Viesbaden et de Mayence, 2 h. de Coblentz. — Eaux alcalines chlorurées carboniques fortes, abondantes en gaz et d'une digestion facile.— Cure efficace par toutes les températures. Halles fermées, promenoirs à température égale.— Galeries et bazars. — Théâtre, concerts.

ENGHIEN. Trains de banlieue à toutes les heures. Vallée de Montmorency. Trajet en 20 m.

EUGÉNIE-LES-BAINS. Par Ané (Landes). Hydrotherme Dubalen.

VUE DE LA VILLE D'ALET ET DE L'ÉTABLISSEMENT THERMAL.

EUZET. Par Lyon, Tarascon, Nîmes et Alais. En 19 h. 1/2.

EVIAN-EN-SAVOIE. Par Mâcon, Culoz et Genève. En 14 h. 1/2. Voit. de Genève. Source Cochat, située au grand Hôtel des Bains.

FORGES-LES-BAINS (Seine – Inférieure). Ligne de Rouen. En 2 h. 40 m. Voit. de Rouen en 5 h.

FORGES-LES-BAINS (Seine-et-Oise). Par Limours. M<sup>me</sup> veuve Courty, directrice.

FORÊT-NOIRE. Les bains de la Forêt-Noire sont : Rippoldsau, Griesbach, Antogast, Petershal, Fryersbach.

GÉRADMER (Vosges). Etablissement hydrothérapique modèle, au milieu de frais et touffus ombrages.

GREOULX (Basses-Alpes). Ligne de Marseille. Stat. de Rognac. Voit. d'Aix en 4 h. Trajet en 18 h. 1/2.

HOMBOURG. 18 h. de Paris, 30 m. de Francfort-sur-Mein. — Saison d'été jusqu'au 1<sup>er</sup> novembre. Eaux renommées partout. — Serres. Restaurants du Kursaal.— Orchestre avec solistes de Paris.— Salons de jeux. Journaux de l'Europe. Chasses et pêches. Excursions : Soden, Konigstein et le Feldberg.

HYÈRES, près de Toulon, ville bâtie en amphithéâtre, près la mer.

KISSENGER (Bavière). Sources chlorurées sodiques, ferrugineuses et gazeuses, toniques et excitantes. La source Rakoczy s'emploie à l'intérieur, et la source du Pandur en bains et en boissons contre les maladies des voies digestives, les affections du foie et de la rate, etc. Le maxbrunnen (eau gazeuse), s'expédie comme eau de table. Le bitterwasser, eau amère, purgative par excellence, est aujourd'hui préférée aux eaux de Pulina Fredrichshall, Sedlitz, etc., et d'ailleurs d'un prix beaucoup moins élevé. Dépôt à Paris, chez d'Ezebeck, rue J.-J. Rousseau, 12, et à la compagnie hydrologique allemande, rue de la Michodière, 11. A Lyon, Bordeaux, Marseille et dans les principales villes, chez les dépositaires d'eaux minérales.

LA MALOU (Hérault). Par Lyon, Cette, Bédarieux. En 23 h. Voit. de Bédarieux en 40 m.
Sources dites *Bourges*. On y trouve un hôtel de ce nom.

LA MOTTÉ-LES-BAINS (Isère). Ligne de Grenoble. Voit. de Grenoble en 3 h. Trajet en 17 h.

LA PRESTE (Pyrénées-Orientales). Ligne de Perpignan. Trajet en 26 h. Voit. de Perpignan en 8 h.

MARLIOZ-EN-SAVOIE. Par Mâcon, Bourg, Culoz et Aix. En 14 h. Le seul établissement thermal de ce genre qui existe en Europe.

MARTIGNY (Vosges). Site charmant sur la route de Bourbonne-les-Bains, à Contrexeville. Correspondance du chemin de fer de Mulhouse, station de Laferté-Bourbonne ; séjour agréable, confortable et peu coûteux.

MARTOUR, PRÈS DIÉ (Drôme). Etablissement thermal résineux, dirigé par le docteur Benoît. Ouverture de la saison du 1<sup>er</sup> juin au 1<sup>er</sup> octobre.

MIERS, PAR GRAMAT (Lot). Inspection du gouvernement. Ce purgatif, le plus doux qu'on connaisse, ne trouve d'équivalent qu'en Autriche, source du Sprudel Carlsbad.

« Les eaux laxatives de Miers, par Gramat (Lot), sont les seules en France dans lesquelles le sulfate de soude joue un rôle véritablement thérapeutique; à ce titre, elles méritent une sérieuse attention. » D<sup>r</sup> Durand-Fardel. — « Digestives, si on les boit à table dans le vin, laxatives avec deux ou trois verres à jeun, elles purgent sans échauffer, sans provoquer de coliques, si on en prend davantage. » Docteur Lieutaud, médecin du roi, du comte d'Artois et de l'Ecole de Médecine. — « Mais, à quelque dose qu'on les prenne, elles sont essentiellement utiles contre les dyspepsies, les obstructions du foie et de la rate, les fièvres intermittentes rebelles, la jaunisse, la gravelle, le catarrhe de la vessie, la dyssenterie, la migraine, l'hypocondrie, l'hystérie. Enfin, elles sont d'un puissant secours dans le traitement des fièvres typhoïdes. » *Gazette des Hôpitaux.* — Dépôt dans les meilleures pharmacies et au magasin général des Eaux minérales, rue Vivienne, 35.

MOLITZ (Pyrénées-Orientales).Par Lyon, Tarascon, Cette, Narbonne, Perpignan. En 26 h.

MONT-DORE (Puy-de-Dôme). M. E. Brosson, concessionnaire. Ouverture de la saison des bains du 15 juin au 15 septembre.

Ce pays possède sept sources minérales employées en boissons, bains et douches. Visiter la cascade du Quereik, le Capucin,

---

les gorges d'Enfer, la vallée de la Cour, le pic du Sancy, le lac Pavin, le château de Murols, la vallée de Chambon, etc., etc.

Les EAUX MINÉRALES DU MONT-DORE, exportées se conservent longtemps sans éprouver aucune décomposition qui en altère les propriétés médicamenteuses ; de sorte que, transportées, elles rendent de très-grands services. Elles sont employées avec succès contre le rhume, le catarrhe pulmonaire chronique, l'asthme, l'emphysème pulmonaire, la pleurésie chronique sans fièvre, la phthisie pulmonaire commençante, la pharyngite et la laryngite chroniques avec altération ou perte de la voix.

S'adresser, pour les demandes d'EAU, dans toutes les pharmacies ou dépôt d'Eaux minérales, ou à M. E. BROSSON, concessionnaire au MONT-DORE (Puy-de-Dôme).

**NAUHEIM.** Ouvert du 1er avril au 30 novembre.— 19 h. de Paris. Ligne de Cassel.

Eaux salines muriatiques très-renommées. — Lac immense et abondamment peuplé. Pêches et courses en bateaux. Iles pour les baigneurs d'eau douce et les amateurs de natation. Chasses superbes. Kursaal. Orchestre excellent. Salons de jeux. Salons de conversation et de lecture. Journaux et revues.

**NEYRAC** (Ardèche). Par Lyon et Valence. En 13 h. 1/2. Voit. par Aubenas.

**OLETTE** (Pyrénées-Orientales). Ligne de Perpignan. Voit. de Perpignan en 7 h. Trajet en 33 h.

**PAU.** Station d'hiver admirablement située. On a écrit des volumes sur la capitale du Béarn, son gave, ses montagnes, son climat, ses habitants.

**PIERREFONDS.** Ligne de Saint-Quentin. Stat. de Compiègne. Trajet en 4 h. Corresp. en 1 h. 1/2.

**PLOMBIÈRES.** Ligne de Strasbourg. Stat. d'Epinal. Trajet en 10 h. Voit. en 3 h. L'installation balnéaire du bain Napoléon présente tous les perfectionnements de l'hydrothérapie minérale.

**POUGUES-LES-EAUX** (Nièvre). Stat. de la ligne du Bourbonnais. Trajet en 5 h. Saison du 15 mai au 15 octobre.

**RENNES** (Aude). Ouverture du 1er juin au 15 sept.

**ROYAT** (Puy-de-Dôme). Saison du 1er juin au 15 septembre.

**SAIL-LES-BAINS.** Chemin de fer du Bourbonnais, station de St-Martin d'Estreaux (Loire), entre Roanne et Vichy.

L'eau de Sail a toujours été renommée par l'effet à la fois tonique et sédatif qu'elle produit sur l'épiderme. Vaste piscine constamment renouvelée.

Un magnifique hôtel, parfaitement meublé et très-confortable est attenant à l'Etablissement. — Bibliothèque, journaux, voitures à volonté, etc.

**SAINT-ALBAN, PRÈS ROANNE** (Loire). Eaux bicarbonatées, sodiques et ferrugineuses.

**SAINT-GALMIER.** Eaux minérales, naturelles et gazeuses.

**SAINT-GENIS-LAVAL** (Rhône). Etablissement hydrothérapique du château de Longchêne, dirigé par le docteur Gillebert Hercourt.

**SAINT-GERVAIS-EN-SAVOIE.** Eaux thermales sulfurées, salines, alcalines. Ligne de Genève. Trajet en 26 h. Ouverture le 1er juin. Au pied du mont Blanc, dans un vallon isolé, tapissé d'une luxuriante végétation et animé par le ramage d'un de ces torrents tout à la fois grandioses et coquets, comme les Alpes ont seules le secret d'en fournir, s'élève le bâtiment thermal de Saint-Gervais, jeté dans cette masse de verdure comme une touffe de violettes au milieu d'un bois.

**SAINT-SEINE** (Côte-d'Or). Ligne de Lyon. Stat. de Blaisy. Trajet en 7 h. 1/2. Magnifique établissement hydrothérapique.

**SAINT-MORITZ,** canton des Grisons (Suisse), dans la vallée des Alpes de la Haute-Engadine. — Durée de la saison du 7 juin au 13 septembre. — Chemin de fer jusqu'à Coire ; diligence quotidienne de Coire et de Chiavenna à Saint-Morritz *et vice versa.*— Eaux minérales ferrugineuses. Air pur des Alpes et de la haute vallée. Bains d'eau minérale chauffée à la vapeur, douches à température graduée, appareils calorifériques pour l'eau à boire et le petit lait. Choix d'appartements confortables.

**SALINS** (Jura). Chemin de fer de Lyon. Trajet en 9 h. La scrofule trouve dans les eaux de Salins les puissantes ressources qui étaient restées jusqu'à présent le privilége des eaux d'Allemagne.

**SAXON,** à 10 minutes de Martigny (Suisse). Ouverture le 15 mai ; chemin de fer de la ligne d'Italie. Bureau télég. Riches eaux *bromo-iodurées.* Médecins. — Magnifiques excursions ; montagnes russes de la célèbre Pierre-à-Voir, 7,685 pieds d'élévation, descente en 20 minutes, aucun danger. Climat beau et sain. —Journaux, orchestre, fêtes, concerts, bals.

**SCHINZNACH EN SUISSE.** Du 14 mai au 16 septembre. S'adresser au docteur A. Hermann.

SCHWALHEIM. Chemin de fer de Francfort-sur-le-Mein. En 20 h. Eau minérale gazeuse, digestive, tonique et reconstitutive.

SERIN, PRÈS LYON. Etabl. hydrothérapique, dirigé par le docteur Macario, chevalier de l'ordre des Sts-Maurice et Lazare.

SIERCK (Moselle). Eaux riches en brome, laxatives, résolutives et fortifiantes. S'adresser à M. Éd. Renault, propriétaire à Sierck.

SILVANES (Aveyron). Par Lyon, Cette et Bédarieux. Trajet en 23 h. Voit. par Lodève en 5 h.

SOULTZMATT-LES-BAINS (Haut-Rhin). Ligne de Mulhouse. Trajet en 12 h. Cet établissement, créé depuis 10 ans, appartient à M. Nessel.

URIAGE, PRÈS GRENOBLE (Isère). En 15 h. Situé dans une belle partie du Dauphiné, l'établissement donne des bains de douches et de vapeur.

USSAT (Ariége). Du 1er juin au 30 octobre.

VALS (Ardèche). Par Lyon et Valence. Trajet en 13 h. 1/2. Voit. par Privas en 4 h.

VAQUERAS – MONTMIRAIL. Par Lyon, Valence, Orange. Stat. de Courthezon. Trajet en 24 h.

VICHY. La saison dure du 1er mai au 1er octobre. Eau alcaline bicarbonatée, employée en bains et en boissons. *Sources* : Grande Grille, Puits-Chomel, Hôpital, Célestins, Hauterive, Lucas, Mesdames, Parc. *Maladies* : voies digestives, foie, gravelle, goutte, diabète sucré. — Séjour d'été de S. M. l'Empereur. — *Excursions* : Randan, Maultmont, Effiat, Busset, l'Ardoisière, la Montagne verte, Casino des Justices, Billy et Sail-les-Bains. *Salons* de l'Etablissement : Tous les soirs à 8 h., concerts, bals, comédies et vaudevilles. — Trajet direct en chemin de fer jusqu'à Vichy, de tous les points de la France par le chemin de Lyon, Bourbonnais.

VITTEL (Vosges). La saison des bains et des douches commence le 1er juin. Cette station, née d'hier, et déjà si renommée par les cures merveilleuses qui s'y sont faites, vient d'éprouver une nouvelle transformation par les nombreux embellissements qui y ont été faits et par la créa ion d'un nouvel hôtel qui réunit le confortable à l'élégance et à la modicité des prix. (Voir la page 42.)

WILHELMSBAD (Hesse-Elect.), près de Francfort. Résidence au milieu d'un parc, devenue le rendez-vous de la meilleure société et des villes circonvoisines. Bonne musique, cuisine française, salons de lecture.

# VICHY GRAND HOTEL DE L'UNIVERS VICHY
## Tenu par MM. CHABASSIÈRE frères, rue de Paris

Le Grand Hôtel de l'Univers, construit en 1859, se recommande à MM. les voyageurs par son confortable et sa bonne tenue. — Grand et beau salon. — Salle à manger de 100 couverts. — Appartements de famille. — 85 chambres. — Vue sur la campagne. — Logements de domestiques. — Excellente table. — Dîners de famille. — Jardin, voitures, remises. — Prix modérés. — L'hôtel à proximité de l'établissement thermal. — La rue la plus belle et la plus fréquentée. — Écrire quelques jours à l'avance, et l'on dispose des pièces ou appartements au gré des personnes.

This well-known and first-class hotel, deservedly recommended by English travellers, is conveniently situated betllicen the Railway Terminus and the Mineral Springs, and combines comfort with moderate charges. The table d'hôte is most liberal. Public saloon with pianos private.

Private breakfasts, dinners and rooms if required. Good coach-house, stables, and garden. Mr. and Mss Chabassière spare neither trouble or expense to render this hotel preferable to all others fort Families and gentlemen visiting Vichy. — English, german, spanish, and italian spoken.

*English spoken. Si parla italiano. Se habla español. Man spricht deutsch.*

---

# VICHY
## HOTEL VICTORIA

A l'angle du boulevart Victoria, près l'Établissement thermal et les Sources, tenu par L. ROUFFET.

Chambres meublées. — Appartements pour familles. Table d'hôte. — Service particulier à toute heure. — *Salons de réunion, de Musique et de Lecture.* — Prix, de 7 à 12 fr. par jour.

---

# VICHY-LES-BAINS
(ALLIER). HOTEL DES 2 MONDES. M. Vuffray et sœur, tenant jusqu'à présent l'HOTEL de l'UNIVERS, à Lyon, ont l'honneur de prévenir leur nombreuse clientèle qu'ils viennent de louer l'HOTEL DES DEUX-MONDES, à Vichy, admirablement situé entre la place Rosalie et le nouveau parc, meublé et décoré à neuf. — Leur longue expérience dans cette partie leur fait espérer la continuation de la confiance qui leur a été accordée. On trouvera chez eux tout le confortable désirable. Table d'hôte et service particulier. — On y parle plusieurs langues.

---

# VICHY-LES-BAINS
(ALLIER) HOTEL DE SAVOIE, rue du Pont, tenu par M. GAMOTOT, entre les boulevards du Prince-Impérial et Napoléon, en face du nouveau boulevard et près des sources de l'Hôpital, des Célestins et Lardy. — Bonne table d'hôte. Service particulier à toute heure. Journaux. Piano. Calèche pour promenade. — Écurie et remise. Confort et prix modérés.

---

VICHY — **HOTEL DES PRINCES** — VICHY

Tenu par FAVIER-NADD
*rue du Parc et près l'Établissement thermal.*
Table d'hôte. — Service particulier et à toute heure. — Appartements pour grande famille.

---

# VICHY
HOTEL DES AMBASSADEURS, *Roubeau Place,* entre les deux Parcs en face le nouveau Casino, au centre des Sources et près l'Établissement thermal, près la Poste et le Télégraphe. Pavillons pour familles. — Service particulier. — Appartements et table d'hôte de 8 à 12 fr. par jour. — Bains à domicile.

---

# VICHY
HOTEL DES AMBASSADEURS *Held by,* M. R. Situaded between two parcs, foening the herre Casino; in the vicinity of the sources and the Thermal Establishment mear the port telegraphic offices. — Separate pavillons for families. — Private service. — Apartments et table d'hote from 8 to 12 francs o day. — home baths.

---

# MALADIES CHRONIQUES
# ÉTABLISSEMENT CENTRAL D'AUVERGNE
## A BRIOUDE (Haute-Loire). — 17e année

Établissement unique destiné aux maladies chroniques : affections de l'estomac, du foie, des intestins; affections nerveuses, névralgies, maladies de la peau, rhumatismes, goutte, paralysies diverses; maladies des femmes, scrofules, caries; maladies du cerveau et de la moëlle épinière; débilitation, etc. — Hydrothérapie sur la plus grande échelle, avec des appareils ne se trouvant nulle part ailleurs. — Bains russes, étuves sèches et humides, étuves à émanations sulfureuses, résineuses, iodées, etc. Salle d'aspiration, électricité, massage, hémostasie, gymnastique, etc. — Les malades sont divisés en trois classes. — Une notice est adressée sur demande.

# EAUX MINÉRALES DE CONTREXEVILLE (VOSGES)

GRAVELLE, GOUTTE, CATARRHE DE LA VESSIE, AFFECTION DES REINS, DYSPEPSIE, ACCIDENTS DU SEXE FÉMININ.

Ces sources ont été déclarées d'intérêt public par décret impérial en 1860. La saison est ouverte du 20 mai au 30 octobre. L'établissement a 70 chambres depuis 2 fr. jusqu'à 8. Excellente table d'hôte.

**L'Eau de Contrexeville** s'expédie en bouteilles pour toute la France et l'étranger ; elle se reconnaît aux marques suivantes : sur le verre, étiquette verte. *Contrexeville, source du Pavillon.* — Signature *veuve Lormont* Le nom veuve Lormont est également sur le bouchon. — S'adresser, pour les demandes, à Mme veuve Lormont à Contrexeville (Vosges). — Chemin de fer de l'est : ligne de Mulhouse, station de La Ferté-Bourbonne. 328 kil. — De La Ferté à Contrexeville, 80 kil.

# EAUX MINÉRALES DE VITTEL

### (LIGNE DE NANCY A ÉPINAL (VOSGES)

Elles sont souveraines dans le traitement des maladies suivantes :

**La grande source** (*diurétique*). — Goutte, gravelle, catarrhe de vessie, toutes maladies des voies urinaires, dyspepsies et toutes maladies d'estomac autres que le squirre et le cancer.

**La source Marie** (*laxative*). — Maladies du foie, engorgements des viscères abdominaux, hémorrhoïdes, congestions vers la tête, constipations rebelles.

**La source des demoiselles** (*tonique*). — Chlorose, anémie, suppressions, pâles couleurs, affaiblissement constitutionnel. — Tous les auteurs et tous les médecins ont constaté la conservation parfaite des EAUX MINÉRALES DE VITTEL après le transport. — *La Saison des eaux, bains et douches est ouverte du 1er juin au 15 septembre. — Le magnifique Hôtel de l'Établissement, ainsi que les Salons, est tenu par un des premiers maîtres d'hôtel de Paris.* — Prix : de **6** à **10** fr. par jour. — Service quotidien de bonnes voitures des stations de Charmes et Laferté-Bourbonne.

# EAUX MINÉRALES DU CAUCASE

Ces **Eaux**, dans la région de Pjatigorsk, sont au nombre de 80 sources, situées à des hauteurs différentes ; présentant des conditions climatériques les plus diverses, et par conséquent favorables au traitement de toutes maladies. — L'administration n'a rien négligé pour assurer aux baigneurs des cures sérieuses et certaines. — On parvient à ces sources par Constantinople, Poty et Ryou, ou par le Danube, Odessa et Tamau. — La saison commence le 15 mai et finit le 15 septembre.

# EAU DE LAMALOU DU CENTRE

### SOURCE BOURGES DITE EAU DU CAPUS.

**SUCCURSALES**

Beziers, Paris, Londres, Marseille, Bordeaux, Toulouse, Toulon, Nice, Anvers, Alger, Constantinople Rio de Janeiro.

**DÉPÔT**

**Chez tous les Pharmaciens**

Dép. de l'Hérault.

Ces Eaux ferrugineuses, alcalines et gazeuses sont précieuses pour les gastralgies, elles facilitent les digestions paresseuses, provoquent l'appétit, tonifient l'estomac, on peut en faire sa boisson habituelle, soit seule, soit coupée avec du vin au repas. Elles agissent d'une manière spéciale sur le système lymphatique, dans la chlorose, l'amenie, pâles couleurs &ª &ª et dans toutes les maladies ou les médecins ordonnent l'eau ferrée. Dans la diarrhée, et surtout dans les maladies des voies urinaires, dans les néphrites et les catarrhes de la vessie elles produisent des effets merveilleux.

### ANALYSE OFFICIELLE

Acide carbonique libre, environ un demi volume. — Azote (quantité indéterminée). — Bicarbonates de chaux et de manganèse, ensemble, 0,578 ; id. de soude avec traces de potasse, 0,420 ; id. de fer avec crénate et apocrénate, 0,031. — Sulfate de soude et de chaux, ensemble, 0.065. — Chlorure de Sodium, 0,010. — Silice et silicate d'alumine, manganèse, 0,025. — Principe phosphaté (phosphate d'alumine). — Principe arsénical (24 parties sur 100,000). — Matière organique (quantité indéterminée). — Température 29° 1|2. — Total des principes fixes : 1,229. — ÉTABLISSEMENT THERMAL.

# HOTEL BOURGES

OUVERT AU PUBLIC DU 1er MAI AU 31 OCTOBRE.

# LES BAINS DE MER

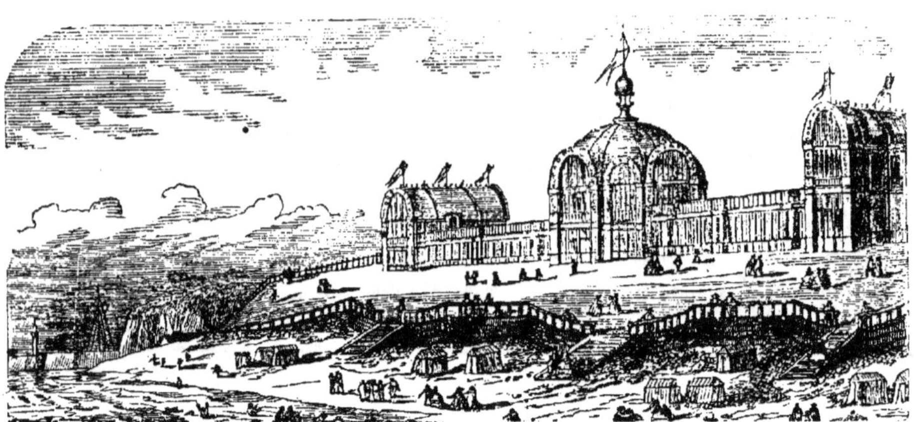

Les *Bains de mer*, dont l'usage ne remonte qu'au commencement de ce siècle, ont aujourd'hui la même réputation et la même vogue que les bains d'eaux minérales. Du reste, beaucoup de personnes vont aux bains de mer, moins pour s'y baigner que pour respirer l'air si pur et si vivifiant de nos plages. Les principales villes fréquentées par la société parisienne, sont :

ARCACHON, bassin sur le littoral Atlantique ; bains chauds et à la lame ; établissement élégant ; promenades pittoresques ; à 50 kil. de Bordeaux et 500 de Paris. — Hôtel LEGALLAIS.

AMBLETEUSE. Ouverture le 1er juin. Par Amiens et Abbeville jusqu'à Boulogne. Corresp. en 1 h.

BERCK. Ouverture le 1er juin. Ligne de Boulogne-sur-Mer. Stat. de Montreuil-Verton. — Trajet en 4 h. 50 m.

BEUZEVAL. Chemin de fer du Havre. Stat. de Pont-l'Évêque. Trajet en 5 h. 20 m.

BIARRITZ, bourg maritime des Basses-Pyrénées, à 780 kil. de Paris.

BOULOGNE-SUR-MER, belle ville maritime dans le département du Pas-de-Calais ; passage de France en Angleterre ; à 272 kil. de Paris et 32 kil. de Douvres. — Hôtel du PAVILLON IMPÉRIAL.

BOURG D'AULT. Par Amiens et Abbeville jusqu'à Saint-Valéry. Trajet en 4 h. 25 m.

CALAIS. Par Lille. Trajet en 6 h. 10 m. par express.

CABOURG-DIVES. Ch. de fer de Caen. En 6 h. Voit. de Caen en 2 h. 1/2.

CAYEUX. Par Amiens et Abbeville jusqu'à Saint-Valéry. Trajet en 4 h. 25 m.

CETTE, ville maritime de 21,000 hab., dans la Méditerranée, à 780 kil. de Paris.

CROISIC. Ch. de fer d'Orléans. Ligne de Saint-Nazaire. En 13 h. 1/2.

CROTOY. Par Amiens et Abbeville. Stat. de Rue. En 4 h. 25 m.

DIEPPE, jolie ville maritime, sur la Manche, dans le département de la Seine-Inférieure ; excellent port formé de deux belles jetées ; très-belle plage ; bains à la lame et chauds ; à 167 kil. de Paris et à 55 de Rouen.

DUNKERQUE. Par Lille et Hazebrouck. En 6 h. 1/2 par express.

ETRETAT, petit village sur les côtes de la Manche ; à 100 kil. du Havre (Seine-Inférieure). Bains de mer. Rendez-vous des artistes. Habitations élégantes. — On y remarque : le *Trou-à-l'Homme*, la *Chaumière*, la *Porte d'Aval*, l'*Aiguille*, la *Valleuse*, la *Chambre-aux-Demoiselles*.

FÉCAMP, ville maritime, à 40 kil. du Havre et 320 kil. de Paris.

GRANVILLE, 8,000 hab. Hôtel de l'*Europe*. Excursion au mont Saint-Michel.

HAVRE. Magnifique Casino de Frascati. En 5 h. 15 m.

LANGRUNE. Ch. de fer de Caen. En 6 h. De Caen, en voit., en 2 h.

LES SABLES-D'OLONNE, ville maritime, située au bord de l'Océan (Vendée) ; à 463 kil. de Paris.

LION. Ch. de fer de Caen. En 6 h. De Caen, en voit., en 2 h.

LUC, près Caen. Ch. de fer de Caen. En 6 h. De Caen, en voit., en 2 h.

MONACO. Vaste établissement de bains de mer nouvellement créé près de Nice. Bains chauds et froids d'eau de mer et d'eau douce en toute saison.

OSTENDE (Belgique), à 16 kil. de Bruges ; belle plage, bains élégants.

PORNIC. Ch. de fer d'Orléans. Stat. de Donges. En 12 h. Voit. de Donges en 4 h. 1/2.

POULIGNEN. Ch. de fer d'Orléans. Stat. de Donges. En 12 h. Voit. de Donges en 4 h. 1/2.

RIMINI, province de Fortoli (Italie). Bains de mer les plus fréquentés de la côte de l'Adriatique, parfaitement établis et intelligemment dirigés. Patrie de l'intéressante Françoise de Rimini et des Malatesta. L'église de Saint-François du XVe siècle, chef-d'œuvre d'Alberti. L'Arc d'Auguste. La forteresse. Hôtels des *Trois-Rois* et de *la Poste*. Excursions : la république de Saint-Martin ; le château de Saint-Léo, où mourut Cagliostro.

ROYAN, ville de bains de mer (Charente-Infér.), placée à l'embouchure de la Gironde. Elle a, du côté de la terre, un panorama admirable, et sur les bords de la mer des plages (la Grande-Conche, le Foncillon et Pontaillac), très-étendues et sûres. Royan est un séjour des plus agréables pendant l'été ; il est fréquenté par un grand nombre d'étrangers qui trouvent dans la ville des habitations très-confortables, à des prix modérés, et qui ont un lieu de réunion parfaitement tenu, le *Casino* : fêtes, concerts, salles de conversation et de lecture. Dans le Casino, établissement hydrothérapique le plus complet. — On va de Paris à Royan, par le chemin de fer d'Orléans, jusqu'aux stations de Rochefort ou d'Angoulême ; de Bordeaux, en descendant la Gironde par les bateaux.

SAINT-AMAND. Ligne de Bruxelles. Stat. de Valenciennes. En 6 h.

SAINTE-ADRESSE. Ch. de fer du Havre. En 5 h 1/2. Voit. du Havre en 30 m.

SAINT-MALO. Ch. de fer de Rennes. En 9 h. 25. Voit. de Rennes en 7 h.

SAINT-VALÉRY-EN-CAUX. Ch. de fer du Havre. Stat. de Motteville. En 3 h. 45 m. Voit. de Motteville en 3 h.

SAINT-VALÉRY-SUR-SOMME. Par Amiens et Abbeville. Stat. de Noyelles. En 4 h. 25 m.

TROUVILLE, dans le Calvados ; charmante petite ville, très-fréquentée dans la saison des bains, à 240 kil. de Paris et à 13 kil. du Havre.

VERNET. Ch. de fer de Perpignan. Voit. de Perpignan en 8 h.

VILLERS. Ch. de fer du Havre. Stat. de Pont-l'Évêque. En 5 h. 20 m.

---

# HOTELS RECOMMANDÉS

Rien n'embarrasse plus le voyageur que le choix d'un Hôtel dans une ville où il entre pour la première fois.

En vue de répondre à ce besoin, l'Administration de **l'Indicateur-Bracke** a des représentants qui visitent, à ce sujet, les principales villes de France et de l'Etranger.

De plus, elle utilise, dans le même but, les renseignements qui lui sont transmis officieusement, de temps à autre, par des voyageurs de distinction, sur les meilleures hôtelleries.

Elle est donc en mesure aujourd'hui de recommander, en connaissance de cause, les établissements qu'elle indique, où les familles riches trouveront tout le confort auquel elles sont habituées, et le simple touriste, un logement en rapport avec sa bourse et ses habitudes des plus modestes.

## AMIENS
### HOTEL DE FRANCE ET D'ANGLETERRE
**Tenu par M. BRULÉ-GLÈNE, 23, rue Royale**

Les personnes qui visitent Amiens ne peuvent trouver un hôtel mieux situé et supérieurement tenu. — C'est un des établissements du continent qui est honoré de la noblesse d'Angleterre depuis un grand nombre d'années. — M. Brulé porte une attention soutenue au confort et au bien-être des voyageurs, des familles et des touristes. Le service est bien fait, les vins sont bons et les prix modérés.

## ANGOULÊME
### GRAND HOTEL DU PALAIS
**Tenu par M. VALLANTIN, propriétaire.**

Cet établissement, de premier ordre, est situé sur la place du Palais-de-Justice. — Table d'hôte et très-bon service.

## AGEN
### HOTEL DE FRANCE

Maison de premier ordre, tenue par M. TERTRE, promenade de Gravée. — Spécialités de Pâtés de foies de canards aux truffes.

## AVIGNON
### HOTEL D'EUROPE

M<sup>me</sup> veuve PIERRON.
Grands et petits appartements pour famille.

## BORDEAUX
### GRAND HOTEL DU PERIGORD
RUE MAUTREC, 9 ET 11, EN FACE DU GRAND THÉATRE

Restaurant à la carte à des prix modérés. Chambres à 1 fr. et 1 fr. 50. — Bains dans l'Hôtel.

## BORDEAUX
### HOTEL DES EMPEREURS
RUE DU PONT-DE-LA-MOUSQUE, 32

Cet établissement est situé au centre des affaires, près la poste, les théâtres. — Table d'hôte à 10 h. et à 5 h. — Déjeuner, dîner et chambre, 5 fr. 50 par jour. — Restaurant. Salons particuliers.

## BELFORT
### HOTEL DE L'ANCIENNE POSTE
près du chemin de fer
Tenu par J. MARTZLOFF, Suc<sup>r</sup> de AUGUSTE JANGLÉ
*Confortable — Belle position*

## BLOIS
### HOTEL D'ANGLETERRE
**Tenu par M. BRUNAUD fils, propriétaire.**

Cet établissement est le premier de la ville. On y trouve une excellente table d'hôte ; vins fins renommés et de premier choix. — Voitures attachées à l'hôtel pour Chambord, Chaumont et les environs. — Salon et terrasse, pour famille, ayant vue sur la Loire.

## CHALONS-SUR-MARNE
### HOTELS
### DU PALAIS-ROYAL ET DE LA CLOCHE
RÉUNIS
Tenus par M. Pierre JAUNAUX

Cet établissement de premier ordre, situé au centre et dans le plus beau quartier de la ville, et déjà avantageusement connu des étrangers de distinction, se recommande à MM. les voyageurs qui trouveront dans cet hôtel tout le confort désirable. Grands et petits appartements et salons particuliers pour familles. — Table d'hôte à dix heures et à six heures du soir. — On trouve à l'hôtel des voitures publiques pour Troyes et autres pays. — Bureaux des Messageries impériales et générales. — Voitures à volonté. — Omnibus à l'arrivée de chaque train.

## CHENONCEAUX
### HOTEL DU BON LABOUREUR
PRÈS LE CHATEAU.

Cette maison est tenue confortablement, et à prix modérés, par M. Dessert-Mechi. — Déjeuners et dîners à volonté. — Deux services de correspondances de voitures publiques partent de la gare d'Amboise à sept heures du matin et à six heures du soir.

## COUTANCES
### HOTEL DE FRANCE
TENU PAR M. LEGOUT
Cette maison, où l'on trouve tout le confort désirable, est une des meilleures de la ligne du Nord.

CACHEMIRES

DENTELLES

Compagnie des Indes.
Paris, 80, rue Richelieu, 80 Paris.

MARSEILLE GRAND HOTEL DES COLONIES
rues Vacon et Saint-Ferréol.


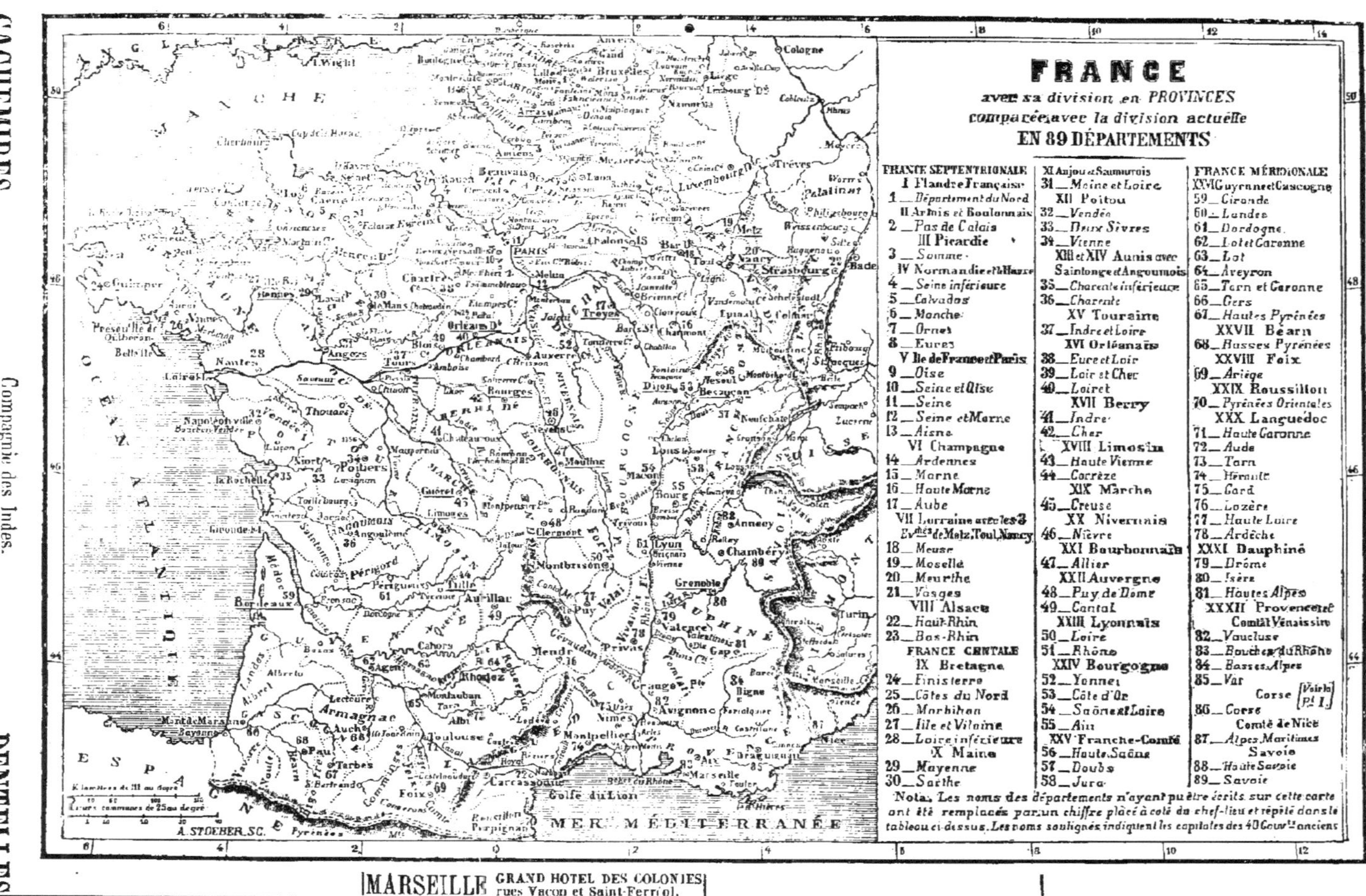
FRANCE
avec sa division en PROVINCES
comparée avec la division actuelle
EN 89 DÉPARTEMENTS

FRANCE SEPTENTRIONALE
I Flandre Française
1 — Département du Nord
II Artois et Boulonnais
2 — Pas de Calais
III Picardie
3 — Somme
IV Normandie et le Havre
4 — Seine inférieure
5 — Calvados
6 — Manche
7 — Orne
8 — Eures
V Ile de France et Paris
9 — Oise
10 — Seine et Oise
11 — Seine
12 — Seine et Marne
13 — Aisne
VI Champagne
14 — Ardennes
15 — Marne
16 — Haute Marne
17 — Aube
VII Lorraine avec les 3
Ev.tés de Metz, Toul, Nancy
18 — Meuse
19 — Moselle
20 — Meurthe
21 — Vosges
VIII Alsace
22 — Haut-Rhin
23 — Bas-Rhin
FRANCE CENTRALE
IX Bretagne
24 — Finisterre
25 — Côtes du Nord
26 — Morbihan
27 — Ille et Vilaine
28 — Loire inférieure
X Maine
29 — Mayenne
30 — Sarthe

XI Anjou et Saumurois
31 — Maine et Loire
XII Poitou
32 — Vendée
33 — Deux Sèvres
34 — Vienne
XIII et XIV Aunis avec
Saintonge et Angoumois
35 — Charente inférieure
36 — Charente
XV Touraine
37 — Indre et Loire
XVI Orléanais
38 — Eure et Loir
39 — Loir et Cher
40 — Loiret
XVII Berry
41 — Indre
42 — Cher
XVIII Limosin
43 — Haute Vienne
44 — Corrèze
XIX Marche
45 — Creuse
XX Nivernais
46 — Nièvre
XXI Bourbonnais
47 — Allier
XXII Auvergne
48 — Puy de Dôme
49 — Cantal
XXIII Lyonnais
50 — Loire
51 — Rhône
XXIV Bourgogne
52 — Yonne
53 — Côte d'Or
54 — Saône et Loire
55 — Ain
XXV Franche-Comté
56 — Haute Saône
57 — Doubs
58 — Jura

FRANCE MÉRIDIONALE
XXVI Guyenne et Gascogne
59 — Gironde
60 — Landes
61 — Dordogne
62 — Lot et Garonne
63 — Lot
64 — Aveyron
65 — Tarn et Garonne
66 — Gers
67 — Hautes Pyrénées
XXVII Béarn
68 — Basses Pyrénées
XXVIII Foix
69 — Ariège
XXIX Roussillon
70 — Pyrénées Orientales
XXX Languedoc
71 — Haute Garonne
72 — Aude
73 — Tarn
74 — Hérault
75 — Gard
76 — Lozère
77 — Haute Loire
78 — Ardèche
XXXI Dauphiné
79 — Drôme
80 — Isère
81 — Hautes Alpes
XXXII Provence et
Comtat Vénaissin
82 — Vaucluse
83 — Bouches du Rhône
84 — Basses Alpes
85 — Var
Corse [Voir la Pl. I.]
86 — Corse
Comté de Nice
87 — Alpes Maritimes
Savoie
88 — Haute Savoie
89 — Savoie

Nota. Les noms des départements n'ayant pu être écrits sur cette carte
ont été remplacés par un chiffre placé à côté du chef-lieu et répété dans le
tableau ci-dessus. Les noms soulignés indiquent les capitales des 40 Gouv.ts anciens

A. STOEBER, SC.

## MARSEILLE

# GRAND HOTEL ET BAINS DE MER DES CATALANS

### OUVERTS TOUTE L'ANNÉE

Situé aux portes et dans l'enceinte de la ville, l'Hôtel des Catalans a la mer pour horizon; son installation est des plus confortables, et sa situation en fait une admirable station d'hiver. — Appartements de famille et Chambres à des prix très-modérés. — Table d'hôte, Restaurant, Salons de conversation, Cercle, Journaux français et étrangers (l'Hôtel et le Restaurant sont tenus par M. Gautier).

L'Établissement des Bains de mer est un des plus complets; bains chauds et froids de toute sorte, hydrothérapie, etc.

**MARSEILLE.** GRAND HOTEL DU LUXEMBOURG, tenu par Pabroch, ex-chef de la princesse Buttera, 25, rue Saint-Ferréol, la plus belle et la plus centrale. — Cet hôtel, un des plus anciens et des plus honorables de Marseille, vient d'être complètement transformé et mis au niveau des meilleurs établissements de l'Europe, en conservant ses anciens prix. — Cuisine anglaise et russe. — Interprètes pour toutes les langues.

**MACON.** HOTEL DE L'EUROPE, tenu par M. Veiss, entre les routes de Paris à Genève et de Paris à Turin. — Les familles anglaises et les voyageurs isolés sont assurés de trouver une excellente installation à l'Hôtel de l'Europe, qui est situé sur le bord de la rivière et jouit de la vue du mont Blanc et des Alpes. — Omnibus à tous les trains pour aller et retour. Voitures particulières à volonté. — L'Hôtel du Sauvage, sur le quai, est tenu par le même propriétaire.

## MARSEILLE

### HOTEL de LOUVRE et DE LA PAIX

250 Chambres
90 salons

Journaux français et étrangers

# BAINS DE MER DE MONACO

### Établissement d'hydrothérapie maritime

PRÈS NICE

### OUVERT TOUTE L'ANNÉE

*Bains chauds et froids d'eau de mer et d'eau douce en toute saison*

Casino rivalisant avec les plus brillants établissements de l'Allemagne: Salons de conversation, de lecture, de jeux. — Concert deux fois par jour; Fêtes, Bals, Soirées, Excursions en mer, etc. Très-bons hôtels, Maisons meublées, Villas à louer. ***Prix modérés.***

**TOULON** Grand Hôtel de l'Amirauté. — La plupart des étrangers qui viennent passer la saison d'hiver à Toulon, dont le climat jouit de la même température que celui de Hyères, descendent à l'Hôtel de l'Amirauté, situé dans l'agrandissement de la ville, près du débarcadère du chemin de fer, du boulevard Napoléon et du nouveau théâtre. Fréquenté depuis sa fondation par les familles étrangères qui se rendent à Cannes ou à Nice, l'Hôtel de l'Amirauté a tout le confortable des meilleurs hôtels anglais, suisses, américains et allemands.

**METZ** HOTEL DE L'EUROPE. — Tenu par M. Monier. — Établissement hors ligne que nous recommandons particulièrement aux étrangers pour son comfort et sa bonne tenue, à proximité de la gare et des promenades. — Appartements magnifiques et aérés pour familles et pour simples touristes. — Cour immense avec jardin, attenant à l'hôtel. Arrangements avantageux pour la saison d'hiver. — Salon de lecture, journaux étrangers. — Le personnel parle différentes langues. Un omnibus fait spécialement le service du chemin de fer.

FAÇADE DONNANT SUR LE QUAI DU GRAND HOTEL CHAUVAIN, A NICE

## NICE

(Alpes-Maritimes)

### GRAND HOTEL CHAUVAIN

Ce magnifique établissement, splendidement meublé, grand comme un hôtel américain, continue de joindre l'élégance de ses appartements à l'exactitude du service.

Sa réputation est européenne.

Table d'hôte.

Salons de compagnie.

Situation : plein midi.

(Voir page 49)

## NICE

(Alpes-Maritimes)

### GRAND HOTEL CHAUVAIN

This fine establishment magnificently furnished large as an american hotel, joins the elegance of is apartments to the regularity of the service. At is a wide known hotel.

Table d'hôte.

Reading and conversation rooms.

Full south.

(See page 49)

# ITALIE

**ACQUI.** Train pour Alexandrie et Arona. 8,300 hab. Vieille ville, célèbre par un grand nombre d'antiquités romaines et sa cathédrale.

**ALEXANDRIE.** Trains pour Turin et Gênes. Ancienne ville près du confluent de la Bormida et du Tanaro ; possède une citadelle moderne très-forte et un magnifique embarcadère. — Hôtels : *Albergo Nuovo*, *d'Italie*, *de l'Univers*.

**ANCONE.** Trains pour Rimini et Bologne. 35,000 hab. environ. Ancien port des Etats-Romains. Ancône est aujourd'hui annexé au Piémont. Bâtie en amphithéâtre sur l'Adriatique, elle possède une citadelle et de belles promenades. Elle est divisée en deux parties : la nouvelle et l'ancienne ville, et renferme des monuments très-remarquables, entr'autres deux môles élevés, l'un par Trajan, l'autre par Clément XII ; l'arc de triomphe de Trajan, du plus beau marbre que l'on puisse voir. — Hôtels : *Royal*, *de la Paix*, *d'Angleterre*.

**ARONA.** Trains pour Alexandrie. 2,000 hab. Petite ville commerçante sur le lac Majeur, possède une énorme statue de saint Charles Borromée. — Hôtels : *d'Italie*, *Royal*.

**ASTI.** 22,000 hab. Vieille ville célèbre, remarquable par les tableaux et les monuments qu'elle renferme. — Hôtel *Royal*.

**BASSANO.** 12,000 hab. Ville célèbre par ses manufactures et par des chefs-d'œuvre que renferme la maison du grand sculpteur Canova. — Hôtels : *de la Lune*, *de Saint-Antoine*.

**BAVENO.** Petit village de peu d'importance, mais admirablement situé sur la route de Milan. — Hôtel *de Bellevue*.

**BERGAME.** Trains pour Milan, Vérone, Padoue, Venise. 30,000 hab. Chef-lieu de la province du même nom. Cette ville renferme le palais Vecchio, avec une statue du Tasse. L'église de Sainte-Marie-Majeure, bâtie en marbre blanc et noir.

**BOLOGNE.** Trains pour Parme, Modène, Plaisance. 71,500 hab. La population est affable dans ses manières et indépendante dans ses idées. La ville est ancienne ; c'est la patrie des Caraches, du Guide, du Dominiquin. Elle renferme un archevêché, une Université et plus de cent églises. — Hôtels : *Neuf*, *d'Europe*, *Saint-Marc*.

**BORMIO.** 1,000 hab. Situation pittoresque sur la frontière du Tyrol. — Hôtels : *de la Poste*, *de la Porte*.

**BRESCIA.** Trains pour Milan, Bergame, Vérone, Mantoue, Padoue, Venise, etc. 35,000 hab. Capitale de la province de même nom, située dans une vallée fertile. Brescia renferme des antiquités romaines : les ruines d'un temple élevé à Vespasien ; le palais de la Loge. La nouvelle cathédrale et une grande quantité d'autres églises remarquables. Là sont rassemblés les chefs-d'œuvre du Titien, de Paul Véronèse, du Tintoret, de Raphaël, de Van Dyck, de Salvator Rosa, de Wouvermans, du Poussin, etc. — Hôtels : *des Trois-Rois*, *de la Poste*, *des Deux-Tours*.

**CAPOUE.** Trains pour Caserte, Naples. 16,000 hab. La ville la plus riche de l'Italie en inscriptions, Rome excepté ; bâtie à deux kil. de l'ancienne Capoue, d'où l'on aperçoit le Vésuve. — Hôtel *Belvédère*.

**CASTELLAMARE.** Trains pour Pompéi, Naples, Cava, etc. 1,500 hab. Située sur la baie de Naples, au pied d'une colline boisée, cette ville renferme une cathédrale, un Palais royal ; l'air y est pur, les points de vue sont pittoresques. On y trouve des sources ferrugineuses et sulfureuses, efficaces pour la guérison de la dyspepsie, des maux d'estomac, etc. — Hôtels : *d'Europe*, *Impérial*.

**CIVITA-VECCHIA.** Trains pour Rome. 19,600 hab. Principale cité maritime des États-Romains. Civita-Vecchia possède un beau port, dit Port de Trajan, et une galerie d'antiquités étrusques. A 4 kil. de la ville sont situés des bains d'eau minérale ferrugineuse appelée par Pline : *Eau du Taureau*. — Hôtels : *de Roland*, *d'Europe*.

**COME.** 26,000 hab. Côme, située sur le délicieux lac du même nom, est une ancienne ville très-commerçante, dont les monuments les plus remarquables sont : la cathédrale, le théâtre, et la place Volta. La villa d'Este, ancienne résidence de la reine Caroline, épouse de Georges IV. — Hôtels : *de la Grande-Bretagne et de Bellevue*, *d'Italie*, *de l'Ange*, par Amb. Sala.

**FERIOLA.** Charmant petit village qui possède un excellent hôtel.

**FERRARE.** Cette ville est célèbre par son école, fondée et patronée par la famille d'Este, qui a produit les hommes les plus illustres de l'Europe, dans les arts et dans les sciences. On y remarque une cathédrale et plusieurs églises. Un château, l'ancien palais ducal, une bibliothèque qui renferme 80,000 volumes et des manuscrits de l'Arioste et du Tasse. Le théâtre et la citadelle sont également dignes d'être remarqués. — Hôtels : *de l'Europe, Tre Mori*.

FLORENCE. Trains pour Sienne, sur le chemin de Rome, pour Pistoie. On peut aller de Florence à Rome en 36 h., par Sienne. Ancienne capitale de la Toscane, Florence est admirablement située et renferme des points de vue remarquables ; des palais, des musées, des églises d'une construction grandiose. Tout près est la ville de Galilée. La ville moderne a la forme d'un pentagone. — Hôtels : *Alberghi, d'Italie, Hôtel-Royal, de la Grande-Bretagne, Hôtel de la Ville, de l'Europe, du Nord, d'Yorck, de New-Yorck, de la Pension suisse, etc.*

FRASCATI. Trains pour Rome, Saint-Marin. 5,000 hab. Admirablement située dans la campagne de Rome, cette ville est bâtie sur les ruines de Tusculum. Elle renferme une grande quantité d'élégantes villas. — Hôtels : *de Paris, de Londres*.

GÊNES. 114,000 hab. Gênes, dite la superbe, est le port principal de la Sardaigne. Elle renferme tant de palais qu'on l'a surnommée la Cité des Rois. La cathédrale de Saint-Laurent est remarquable par son portique et par ses riches chapelles. On y trouve beaucoup de voitures dont le service est bien fait. — Hôtels : *Smith, de la Croix-de-Malte, de France, Hôtel Feder*.

LIVOURNE. Trains pour Pise, Pontedera et Florence. Principale ville de commerce de la Toscane ; dans son port se font de grandes affaires d'importation et d'exportation ; elle est le rendez-vous du meilleur monde de Rome, Bologne, Sienne, Florence. Dans la bonne saison il s'y trouve plus de 20,000 étrangers. — Hôtels :

LUCQUES. 22,550 hab. La cité de Lucques était la capitale du grand duché. C'est une ville très-commerçante, située dans une plaine fertile et dans une charmante vallée baignée par une rivière. Parmi ses monuments les plus remarquables, il faut citer les restes d'un amphithéâtre romain, le théâtre, le dôme de la cathédrale. A 4 kil. environ, est un établissement de bains très-remarquable.

MANTOUE. Trains pour Vérone. 30,000 hab. Cette ville, capitale de la province du même nom, située dans une île au milieu d'un lac, possède une des plus fortes citadelles d'Europe, et un palais ducal. Sa cathédrale, bien construite, renferme plusieurs tableaux de maîtres. — Hôtels : *du Phénix, de la Croix verte, de l'Aigle d'or*.

MANTON. 6,000 hab. Petite ville de l'ancienne principauté de Monaco, à cinq lieues de Nice, presque sur les bords de la Méditerranée, offre le coup-d'œil le plus gracieux et le plus pittoresque. — Hôtels : *Victoria, de Turin*.

MILAN. Trains pour Côme, Bergame, Vérone, Mantoue, Venise. 175,000 hab. Fondée par les Gaulois Insubriens, Milan est la capitale de la Lombardie. Saccagée par Attila en 452, elle fut rééditiée en 1167, avec le concours de Crémone, Brescia, Bergame, Mantoue et Vérone. Cette ville renferme une grande quantité de chefs-d'œuvre des grands maîtres. — Hôtels : *Grand hôtel royal, de la Grande-Bretagne, Marino*.

MODÈNE. Trains pour Bologne, Parme et Plaisance. 30,000 hab. Ville épiscopale, capitale du duché du même nom, célèbre par son palais ducal, par le dôme remarquable de sa cathédrale et par sa bibliothèque, qui contient plus de 100,000 volumes et 7,000 manuscrits. — Hôtels : *Saint-Marc, Hôtel royal*.

NAPLES. Trains pour Pompéi. 360,000 hab. Ancienne capitale des Deux-Siciles, célèbre par son palais, son théâtre San-Carlo, ses 300 églises, ses aqueducs, ses musées, ses bibliothèques. Près de Naples sont les ruines de Pompéi et d'Herculanum, englouties sous la lave du Vésuve. — Hôtels : *Crocelle, des Étrangers, d'Angleterre, de la Grande-Bretagne*.

NOVARE. Trains pour Verceil, Ivrée, Turin, Milan. 20,000 hab. Ville prospère et florissante du Piémont, gracieusement bâtie en amphithéâtre, dans une position qui offre la vue des Alpes et notamment du mont Rosa. Sa cathédrale et la basilique de Saint-Gaudens en sont les principaux monuments. — Hôtels :

NOVI. 10,000 hab. Vieille ville, qui n'a de remarquable que ses peintures et ses maisons. — Hôtels : *de l'Europe, de l'Aigle-Noir*.

PADOUE. Trains pour Vicence, Vérone, Venise. 51,000 hab. Vieille ville illustre de la Lombardie, remarquable par sa cathédrale, son palais de justice et son université. Elle possède en outre une école de Médecine célèbre dans toute l'Italie. — Hôtels : *de l'Étoile d'Or, de l'Aigle d'Or*.

PARME. Trains pour Plaisance, Modène, Bologne. 42,000 hab. Grande et belle ville, capitale de l'ancien duché de Parme et sur une rivière du même nom, qui divise la ville en deux parties reliées par des ponts. On trouve à Parme une grande quantité de chefs-d'œuvre de peinture et de sculpture des grands maîtres. — Hôtels : *de la Poste, du Paon*.

PISE. Une des plus anciennes et des plus belles villes

de l'Italie, dans une plaine fertile. Pise possède une tour d'une grande élévation, une cathédrale soutenue par une multitude de colonnes et une grande quantité de monuments religieux. — Hôtels: *Victoria*, *de la Grande-Bretagne*.

POMPEI. On trouve dans ses ruines des restes des temples de Vénus et de Quirinus. — Hôtel *Diomède*, en face de la station du chemin de fer.

RAVENNE. 325,000 hab. Cette ville renferme un archevêché, le plus ancien du monde, fondé par Apollinaire, disciple de saint Pierre. La cathédrale contient des peintures du Guide. La magnifique basilique de Saint-Vital, bâtie sous le règne de Justinien, a servi de modèle à Charlemagne pour son église d'Aix-la-Chapelle. Elle contient d'excellentes mosaïques ; peu de monuments italiens offrent autant d'intérêt que la tombe du Dante, que l'on voit à Ravenne. — Hôtel *la Spada*.

RESINA. 9,000 hab. A 12 kilomètres de Naples sur la route du Vesuve ; là se trouve l'entrée d'Herculanum.

RIMINI. Trains pour Ancône, Bologne. 9,500 hab. Intéressante ville épiscopale située dans une plaine fertile, renferme un arc de triomphe d'Auguste. Ses églises méritent d'être visitées. — Hôtel de la *Poste*.

ROME. Trains pour Civita-Vecchia. Capitale des Etats-Pontificaux et séjour des Papes. Rome possède la citadelle des Césars, près du Tibre, qui divise la ville en deux parties inégales. La cité moderne est bâtie sur le champ de Mars des anciens romains. Rome renferme 364 églises ; 5 d'entre elles portent le nom de basiliques. Un très-grand nombre offrent le plus grand intérêt aux étrangers. Nous ne pouvons parler qu'en quelques mots des palais de Rome. Le Vatican est peut-être le plus remarquable du monde en raison de l'influence qu'il exerce sur toute la chrétienté ; le Quirinal ou palais de Monte-Cavallo bâti sur la colline de même nom ; le Capitole qui renferme les palais des sénateurs et des principaux magistrats — Hôtels : *Alberti*, *des ...*, *de l'Europe*, *d'Angleterre*, *de Londres*; Hôtels du second ordre : *Hôtel de Minerve*, *de la Russie*, *de la Grande-Bretagne*.

SIENNE. 19,000 hab. Cette ville renferme une cathédrale remarquable, une bibliothèque, une académie des beaux-arts, les églises de Saint-Augustin et de Saint-Christophe, un palais public et une université. — Hôtels : *de l'Aigle-Noir*, *des Armes d'Angleterre*.

SORRENTE. 5,000 hab. Ville au sud-est de la baie de Naples ; très-beaux points de vue. Climat salubre, excellent poisson et très-bons fruits. Délicieuses excursions à pied dans les alentours.

SPEZIA. A 54 kilomètres de Gênes. 4900 hab. Spezia, ville importante du Piémont, est parfaitement située, au fond du golfe qui porte son nom. — Hôtel *de la Croix de Malte*.

TIVOLI. Dans la campagne de Rome, à 24 kilomètres de cette ville, est situé Tivoli, remarquable par les antiquités romaines qu'elle renferme, c'est-à-dire par les restes d'un temple de Vesta, de la Sybille, et par la villa de l'empereur Adrien.

TREVISE. 1 600 hab. Trévise est environnée d'élégantes villas ; elle renferme beaucoup d'églises et des palais, de plus une académie des arts et des sciences. — Hôtel *Royal*.

TURIN. Trains pour Gênes. 125,000 hab. Turin, capitale du Piémont, est situé sur la rive gauche du Pô. Elle contient 110 églises ou chapelles admirablement construites et richement décorées, un archevêché, une université, une école militaire, une académie des sciences, des arts, un musée égyptien. — Hôtels *Feder*, *de la Ligurie*.

UDINE. 19,000 hab. Jolie ville de la Vénétie, qui renferme une très-belle cathédrale. — Hôtel *de l'Europe*.

VENISE. Paquebots pour Trieste, trains pour Udine. Venise, capitale de la Vénétie, est bâtie sur 72 iles ou pilés au milieu des lagunes. Elle est divisée en deux parties inégales par le Grand-Canal. Venise est remarquable par ses églises, par son couvent des jésuites, par ses places, par l'ancien palais des Doges, ses théâtres et l'académie des beaux arts. — Hôtels : *hôtel Royal*, *de Danieli*, *Grand Hôt. Victoria*, *Hôtel Barbesi*, *Palais Zuchelli*, *Grand Hôtel de l'Europe*, *Grand Hôtel de la Ville*.

VERCELLI. 18,000 hab. Vieille ville sur la rive gauche de la Sesia, sur la route de Turin à Milan par Novare. On remarque la cathédrale et la bibliothèque, qui renferme une collection curieuse de manuscrits. — Hôtels : *du Grand d'Or*, *de la Poste*.

VÉRONE. 65,000 hab. Vérone, qui est reliée avec Venise par un chemin de fer, est dans une position pittoresque sur l'Adige. Une grande quantité de ses constructions sont en marbre. Son plus beau monument est l'amphithéâtre. — Hôtels : *des Deux Tours*, *de la Tour de Londres*.

VICENCE. 30,000 hab. Ville bien située, renfermant une belle place, la place des Seigneurs. — Hôtels : *de Paris*, *Cap. del Rosso*.

VITERBE. 13,000 hab. Ville épiscopale célèbre par ses jardins et ses villas : ses églises sont aussi dignes d'être remarquées.

VOGOGNE. Petite ville sur la route du Simplon, qui offre de grandes facilités pour des excursions dans les montagnes. — Hôtel *de la Couronne*.

# CHEMINS DE FER ITALIENS

### Turin à Cuneo, par Cavallermagiore et Tavigliano (87 kilom.).

TURIN, départs à 5 15, 9 25 mat. 1 25, 6 40 soir. || CUNEO, départs à 5 70, 9 30 mat 1 25, 6 45 soir.
CUNEO, arrivées à 7 55 mat. 12 05, 4 05, 9 20 soir. || TURIN, arrivées à 7 50 mat., midi, 3 58, 9 15 soir.

### Turin à Génes, par Asti, Alessandria et Novi (166 kilom.).

TURIN, dép. à 5 55, 9 50, 11 20 mat., 3 20, 5 35, 9 05 soir. || GÉNES, dép. à 5 45, 9 55 mat., 3 10, 5 25, 7 55 soir,
GÉNES, arr à 11 18 mat., 2 h, 9 05, 10 10 soir. || TURIN, arr. à 7 h., 8 25, 11 25 mat., 2 02, 8 55, 9 45 soir.

### Turin à Milan, par Chivasso, Santhio, Vercelli, Novara, Ticino et Magenta (000 kilom.).

TURIN, dép. à 5 15, 8 45 mat, 1 55, 7 20 soir. || MILAN, dép. à 5 10, 8 20 mat., midi 40, 8 h. soir.
MILAN, arr. à 7 45, 9 50 mat., midi 15, 6 40, 11 25 soir. || TURIN, arr. à 10 h. mat. midi 10, 5 30, 10 50 soir.

### Arona à Alexandrie, par Novara, Mortara et Valencia (102 kilom.).

ARONA, dép. à 4 55, 8 30 mat., midi 35, 4 15 soir. || ALEXANDRIE, dép. à 4 h, 8 05 mat. midi 20, 8 h soir.
ALEXANDRIE, arr. à 7 55, 11 25 mat, 5 20, 7 20 soir. || ARONA, aar. à 8 20, midi 05, 3 24, 11 07 soir.

### Florence à Livourne, par Prato, Pistoja, Pescia, Luca et Pisa (000 kilom.).

FLORENCE, dép. à 4 20, 7 15, 9 20 mat. midi 15, 4, 7 h. soir || LIVOURNE, dép. à 4, 6, 9 15 mat. 1 15, 5 15 soir.
LIVOURNE, arr. à 10 h. mat., midi, 1 40, 5, 9 h. soir. || FLORENCE, arr. à 9 50, 11 h. mat. 1 50, 6 30, 9 50 soir.

### Rome à Frascati.

ROME, dép. à 7 50, 11 h. mat., 3 30 soir. || FRASCATI, dép. à 8 20, 11 50 mat., 4 20 soir.
FRASCATI, arr. à 8 05, 11 35 mat, 4 05 soir. || ROME, arr. à 8 55 mat., midi 25, 4 55 soir.

### Rome à Civita-Vecchia.

ROME, dép. à 7 h. 11 20 mat., 3 10 soir. || CIVITA-VECCHIA, dép. à 6 45, 11 30 mat, 3 45 soir.
CIVITA-VECCHIA, arr. à 9 20 mat., 1 40, 5 20 soir. || ROME, arr. à 10 10 mat., 1 50, 6 05 soir.

### Naples à Presenzano, par Capua.

NAPLES, dép. à 7 50, 10 30 mat, 12 45, 3 h, 4 15 soir. || PRESENZANO, dép. à 6 45, 9 45 mat., midi 15, 2 30 soir.
PRESENZANO, arr. à 10 39 mat., 1 30, 3 54, 9 h. soir. || NAPLES, arr. à 9 55 mat., midi 26, 3 25, 5 57 soir.

# PAQUEBOTS-POSTE FRANÇAIS
## SERVICES DE LA MÉDITERRANÉE

ADMINISTRATION CENTRALE A PARIS : *rue Notre-Dame des Victoires*, 28.
EXPLOITATION A MARSEILLE : *quai de la Joliette*, 2.
AGENCE GÉNÉRALE A BORDEAUX : *quai de Bacalan*, 36.

NOURRITURE. — Le prix de la nourriture des voyageurs de 1re et de 2e classe est compris dans le montant du prix de passage. Il est invariable, quel que soit le nombre des jours ou des heures de la traversée.

Les passagers de 3e et 4e classes traitent de gré à gré pour leur nourriture avec le restaurateur du bord.

BAGAGES. — Il est accordé à chaque voyageur sur ses bagages une franchise de poids de 100 kil. pour les premières, 60 kil. pour les deuxièmes, et 30 kil. pour les troisièmes. L'excédant est payé selon le tarif de chaque localité.

ENFANTS. — Les enfants de deux à dix ans payent moitié place et moitié nourriture. Ils doivent coucher avec les personnes qui les accompagnent. Il est accordé un lit pour deux enfants. Ceux au-dessous de deux ans sont admis gratis.

VOITURES ET CHEVAUX. — Le transport des voitures, des chevaux et des chiens a lieu d'après le tarif établi pour chaque localité. Les chiens doivent être muselés et attachés sur le pont.

PASSE-PORTS. — MM. les voyageurs qui prennent passage sur les Paquebots-Poste doivent se présenter au moins quatre heures avant le départ, au bureau de la Compagnie, à Marseille, place Royale, 1, pour y déposer leurs passe-ports. Les Agents de la Compagnie se chargent gratuitement de toutes les formalités à accomplir à Marseille pour l'embarquement, ainsi que des démarches auprès des différents consulats pour l'obtention des visa nécessaires. — Le déboursé du prix des visa est seul réclamé aux voyageurs.

VOYAGE PAR ESCALE. — MM. les voyageurs ont la faculté de s'arrêter dans un ou plusieurs ports intermédiaires, et de continuer leur voyage par les Paquebots suivants de la Compagnie dans le délai de quatre mois.

BILLETS DE RETOUR. — MM. les voyageurs autres que ceux de pont qui acquitteront d'avance le prix des voyages aller et retour, jouiront d'une remise de 20 0/0 sur la totalité du prix de passage, nourriture et débarquement non compris. Les billets de retour sont valables pour 4 mois.

BILLETS DE FAMILLE. — Les familles composées de trois personnes au moins jouiront également de la remise de 20 p. 0/0. Dans le cas de combinaison de famille et retour, la réduction sera de 30 p. 0/0.

La bonification de 20 ou 30 p. 0/0 ne porte que sur le prix proprement dit du passage, et non sur la portion de ce prix qui représente les frais de nourriture et d'embarquement.

Les remises relatives aux billets de retour et aux billets de famille ne sont pas faites sur nos lignes d'Algérie.

**DISPOSITIONS GÉNÉRALES.** — L'arrière du bâtiment est exclusivement destiné aux voyageurs de 1re classe, qui peuvent d'ailleurs se promener dans toute la longueur du navire.

MM. les voyageurs ne peuvent entrer dans la chambre des dames. Chaque cabine est réservée à l'usage exclusif de ceux qui l'ont louée.

Les domestiques qui occuperont des couchettes de 2e classe ne pourront prendre leurs repas à la table commune de cette classe. Dans le cas où d'une classe inférieure ils passeraient aux premières pour le service de leurs maîtres, ils n'y pourront rester que le temps rigoureusement nécessaire.

### LIGNE D'ALGER.

Marseille à Alger, *départ* mardi et samedi, 2 h. s. — *Arrivée* jeudi et lundi, 4 h. s.
Alger à Marseille, *départ* mardi et samedi à midi. — *Arrivée* jeudi et lundi à 4 h. s.

### LIGNE D'ORAN PAR VALENCE.

Marseille (*a*) à Valence, *départ* le mercredi, 4 h. s. — *Arrivée* le vendredi, 7 h. m.
Valence à Oran, *départ* vendredi, 10 h. m. — *Arrivée* samedi 2 h. s.
Oran à Valence, *départ* mercredi, 10 h. m. — *Arrivée* jeudi 2 h. s.
Valence à Marseille, *départ* jeudi 5 h. s. — *Arrivée* samedi 8 h. m.

### LIGNE DE TUNIS PAR STORA ET BONE.

Marseille à Stora, *départ* vendredi, 2 h. s. — *Arrivée* dimanche, 6 h. s.
Stora à Bône, *départ* mardi, 8 h. s. — *Arrivée* mercredi, 3 h. m.
Bône à Tunis, *départ* mercredi, 2 h. s. — *Arrivée* jeudi 11 h. m.
Tunis à Bône, *départ* dimanche à midi. — *Arrivée* lundi, 9 h. m.
Bône à Stora, *départ* lundi 6 h. s. — *Arrivée* mardi, 1 h. m.
Stora à Marseille, *départ* mercredi à midi. — *Arrivée* vendredi, 4 h. s.

### LIGNE D'ITALIE, service indirect hebdomadaire.

Marseille à Gênes, *départ* jeudi. 2 h. s. — *Arrivée* vendredi, 11 h. m.
Gênes à Livourne, *départ* vendredi, 8 h. s. — *Arrivée* samedi, 5 h. m.
Livourne à Civita-Vecchia, *départ* samedi. 5 h. s. — *Arrivée* dimanche, 5 h. m.
Civita-Vecchia à Naples, *départ* dimanche, 4 h. s. — *Arrivée* lundi, 6 h. m.
Naples à Messine (*b*), *départ* lundi à midi. — *Arrivée* mardi, 7 h. m.
Messine à Malte, *départ* mardi, 6 h. s. — *Arrivée* mercredi, 10 h. m.
Malte à Messine, *départ* dimanche, 3 h. s. — *Arrivée* lundi, 7 h. m.
Messine à Naples, *départ* lundi, 5 h. s. — *Arrivée* mardi à midi.
Naples à Civita-Vecchia, *départ* mardi, 5 h. s. — *Arrivée* mercredi, 5 h. m.
Civita-Vecchia à Livourne, *départ* mercredi, 5 h. s. — *Arrivée* jeudi, 5 h. m.
Livourne à Gênes, *départ* jeudi, 5 h. s. — *Arrivée* vendredi, 2 h. m.
Gênes à Marseille, *départ* vendredi, 3 h s. — *Arrivée* samedi à midi.

### SERVICE DIRECT SUR NAPLES, hebdomadaire.

Marseille à Civita-Vechia, *départ* lundi, 10 h. s. — *Arrivée* mercredi, 5 h. m.
Civita-Vecchia à Naples, *départ* mercredi, 3 h, s. — *Arrivée* jeudi, 6 h. matin.
Naples à Civita-Vecchia, *départ* samedi, 4 h. s. — *Arrivée* dimanche, 7 h. m.
Civita-Vecchia à Marseille, *départ* dimanche, 5 h. m. *Arrivée* lundi, 8 h. s.

### LIGNE DE CONSTANTINOPLE, un départ par semaine *c*)

Marseille (*d*) à Messine, *départ* samedi, 5 h. s. — *Arrivée* mardi, 2 h. m.
Messine (*e*) au Pirée, *départ* mardi, 9 h. m. — *Arrivée* jeudi à midi.
Le Pirée aux Dardanelles, *départ* jeudi, 5 h. s. — *Arrivée* vendredi, 2 h. s.
Les Dardanelles (*h*) à Constantinople, *départ* vendredi, 3 h. s. *Arrivée* samedi, 6 a. m.
Constantinople (*i*) aux Dardanelles, *départ* jeudi, 4 h. s. — *Arrivée* vendredi, 7 h. m.
Les Dardanelles (*f*) au Pirée, *départ* vendredi, 8 h. m. — *Arrivée* samedi, 5 h. m.
Le Pirée (*g*) à Messine, *départ* samedi, 10 h. m. — *Arrivée* lundi 1 h. s.
Messine à Marseille, *départ* lundi 8 h. s. — *Arrivée* jeudi, 5 h. m.

### LIGNE D'ALEXANDRIE (*j*).

Marseille à Messine, les 9, 19 et 29 de chaque mois, à 2 h. s. — *Arrivée* les 12, 22 et 2.
Messine à Alexandrie, les 12 22 et 2 de chaque mois, à 2 h. s. — *Arrivée* les 16, 26 et 6.
Alexandrie à Messine, les 19, 29 et 9 de chaque mois. — *Arrivée* les 23, et 13
Messine à Marseille, les 23, 3 et 13 de chaque mois. — *Arrivée* les 25 5 et 15.

(*a*) Après l'arrivée du courrier de Paris.
(*b*) Correspondance toutes les semaines avec le paquebot de la ligne de Constantinople, et une fois chaque deux semaines avec le paquebot de la ligne de Syrie. — Correspondance avec les paquebots de la ligne d'Egypte.
(*c*) Les durées indiquées ci-dessus pour les trajets du service de Constantinople, sont les durées réglementaires, mais la Compagnie, affectant à cette ligne des paquebots à très-grande vitesse, et le stationnement dans les escales pouvant être abrégé, les traversées s'effectuent le plus habituellement en six jours.
(*d*) Après l'arrivée du courrier de Paris.
(*e*) Coïncidence avec les paquebots de la ligne d'Italie.
(*f*) Le paquebot venant de Constantinople s'arrête sous vapeur une heure aux Dardanelles, pour coïncider avec le bateau de la ligne de Thessalie allant à Salonique ou en revenant.

La ligne de Syrie et d'Égypte a deux départs par mois. — La ligne de l'Archipel a un départ chaque deux semaines le Constantinople. — Les lignes du Danube et de Trébizonde, service de la mer Noire, ont un départ chaque semaine de Constantinople.

(*) Coïncidence avec le paquebot de la ligne de l'Archipel, chaque deux semaines.
(*) Correspondance avec le paquebot de la ligne de Thessalie.
(†) Correspondance avec les paquebots des lignes du Danube et de la mer Noire. *
(†) Les paquebots de la ligne d'Alexandrie devant arriver le plus promptement possible à leur destination, ne sont soumis à aucune prescription réglementaire quant à la durée de leur stationnement dans le port d'escale de Messine. — Ces paquebots peuvent quitter ce port aussitôt qu'ils ont accompli leurs opérations commerciales. — La Compagnie a notamment la faculté de profiter de l'avance qui résulte du retour périodique des mois de 31 jours.

---

## FLORENCE — MAISON DE SANTÉ — FLORENCE

Cette maison est dirigée par le chevalier CASTELNOVO, médecin du roi, avec la coopération du professeur chevalier Zanetti. — Ce grandiose établissement hydrothérapique, heureusement placé à l'extrémité de la ville, vers Fiesole, par l'aménité et la salubrité du site, le confortable des logements, les meubles au dernier goût, le service soigné de la table, l'abondance de ses eaux, joints à la plus grande modicité des prix, offre aux baigneurs des avantages réels et incontestables qu'ils ne sauraient trouver réunis ailleurs.

---

## GÊNES

### GRAND HOTEL DE LA VILLE

**Giovanni Schmitz**, PROPRIÉT. — Établissement de premier ordre, admirablement situé dans la plus belle partie de la ville et en face du port. — 200 chambres. — 20 appartements grands et petits. — Table d'hôte à dix heures et à cinq heures.

## GÊNES

### GRAND HOTEL DES QUATRE NATIONS

Propriétaire, M. Charles CEVASCO

Établissement de premier ordre. — Superbe vue sur le port. — Palais sur le bord de la mer, à louer.

## GÊNES

### HOTEL DE FRANCE, sur le port, à Rianchi

**Tenu par les Frères ISOTTA**

Appartements, Chambres, Table d'hôte, Restaurant. Omnibus pour les Chemins de fer.

## GÊNES

### HOTEL NATIONAL, vis-à-vis la Gare

PLACE ACQUAVERDE ET RUE BALBI
**Tenu par les frères ISOTTA**
Appartements, Chambres, Restaurant, Bains.
Vue sur la mer.

## VERONE (Verona)

### HOTEL I. R. DEI DUE TORRI
(Grand Hôtel des Deux-Tours)

Tenu par M. PAUL BARBESI, propriétaire, situé sur la place Sainte-Anastasia.

This hotel is the most central in Verona. Elegant sitting rooms and sleeping apartments furnished in the most comfortable manner. — Large and small apartments for families and single gentlemen. — Table d'hôte at 3 and 5 o'clock. — Omnibuses to and from the Stations.

## TURIN

# HOTEL FEDER

### Tenu par GULIANO

ANCIENNEMENT LE PALAIS DE SONNAZ
RUE SAINT-FRANÇOIS DE PAULE, AU COIN DE LA RUE DU PO

La position de cet établissement, de premier ordre sous tous les rapports, est magnifique et supérieurement aérée. La distribution des grands appartements est admirable, et la plus modeste chambre de l'hôtel est confortable et meublée à neuf. — La table d'hôte est justement renommée pour son excellence : le service et la propreté qui règnent dans l'hôtel en font un séjour des plus agréables. — On parle toutes les langues dans l'hôtel. — Omnibus à l'arrivée des trains.

---

## TURIN

### GRAND HOTEL DE L'EUROPE

Connu sous le nom de l'*Hôtel Trombetta*, tenu par MM. BORATTI et CASALEGGIO.

Situé **place du Château**, vis-à-vis le Palais du Roi. — Établissement de premier ordre. — Table d'hôte supérieure, bon service. — Omnibus dans l'hôtel.

---

## BELLAGIO (Lac de Come)

### Ancien Hôtel et Pension GENAZZINI

Tenu par M. MELCHISEDECCO GANDOLA, propriétaire.

Is situated in the vicinity of the villas Serbelloni, Rei dei Belge, Melgi, and Carlotta, the most beautiful part of the Lake. — There is a small pier or landing-place at the hotel leading to the gardens, and a large terrace overlooking the lake. — Large and small apartments. — Baths in the Hotel. — An excellent cuisine, and moderate prices. — English, French, and German Newpapers. — This Hotel is much frequented for its delightful situation.

---

## BELLAGIO (Lac de Como)

# HOTEL DE LA GRANDE-BRETAGNE

### Tenu par ANTONIO MELLA

Pendant la belle saison, la Chapelle anglaise est ouverte, pour le service d'vin tous les dimanches. — Pension à des prix modérés. — Bains dans l'hôtel, Bains froids du Lac. Salon de lecture. Salle de billards. Beau jardin. — On parle français, allemand et anglais.

# VOYAGE DE PLAISIR A PRIX RÉDUITS

## DANS
### L'EST DE LA FRANCE, L'ALLEMAGNE & LA SUISSE
**Du 1er Juin au 30 Septembre**

## EN
### SUISSE ET DANS LE GRAND-DUCHÉ DE BADE
**Du 1er Juin au 30 Septembre inclus**

### OBERLAND-BERNOIS

Billets de 1re et 2e cl. valables un mois, avec faculté de séjour à Troyes, Chaumont, Langres, Vesoul, Mulhouse, Colmar, Schlestadt, Strasbourg, Nancy et Châlons-sur-Marne, Bâle, Olten, Herzogenbuchsee, Berne, Thunn, Nouhaus, Interlaken, Alpnach, Beggenried ou Fluelen et Lucerne.

Prix des Billets : 1re cl. **121** fr. **40**—2e cl. **94** fr. **10**

On peut séjourner à toutes les stations des lignes de l'Est, en ayant soin de déposer son billet à la gare. On peut indifféremment partir par la ligne de **Mulhouse,** et revenir par celle de **Strasbourg,** *et réciproquement.*

Nota. — Les billets pour ce voyage n'ont pas de coupons pour le trajet d'**Interlaken** aux trois ports du lac des Quatre-Cantons (*Fluelen Beggenried* ou *Alpnach*). MM. les Voyageurs devront faire ce voyage à leurs frais.

Billets valables un mois, avec faculté de séjour à Troyes, Chaumont, Langres, Vesoul, Mulhouse, Strasbourg, Nancy, Châlons-sur-Marne, Bâle, Olten, Lucerne, Zurich, Rupperschwyl, Glaris, Ragatz, Coire, Romanshorn, Schaffouse, Waldshut, Constance, Mulheim (Baden-Weiler), Fribourg, Baden-Baden.

Prix des Billets : 1re cl. **159** fr. **50**—2e cl. **119** fr. **35**

On peut indifféremment se rendre en SUISSE par **Strasbourg** et le **Duché de Bade**, et revenir par la ligne de **Mulhouse,** *et réciproquement.*

MM. les Voyageurs peuvent s'arrêter à toutes les stations des lignes de l'Est, en ayant soin de déposer leurs billets à la gare où ils veulent s'arrêter.

Il est délivré des billets directs, pour les localités ci-dessus, de ces **2** voyages, à Paris, à la gare des chemins de fer de l'Est, au bureau central, 50, rue Basse-du-Rempart, (boulevard des Capucines), près le Grand-Hôtel, et, pour le duché de Bade, à Baden-Baden.

# PENSIONNAT DE FAMILLE

## Charles-Hippolyte CHELARD, Professeur de Langues
### à WEIMAR, grand-duché de Saxe-Weimar
#### (EN ALLEMAGNE)

Ce Pensionnat se recommande aux personnes qui voudraient faire un séjour prolongé en Allemagne ainsi qu'aux parents qui désireraient envoyer leurs fils dans ce pays, soit pour y apprendre l'allemand, soit pour y faire des études d'un autre genre, projet que le renom littéraire et artistique de Weimar, capitale du grand-duché, rend d'autant plus réalisable.

Le but principal de cet Etablissement est de procurer aux jeunes étrangers tous les avantages de la vie de famille, de se charger de leur entretien complet, de les diriger et de les surveiller, tout en leur laissant une liberté proportionnée à leur âge.

On voudra bien s'adresser, pour les conditions, directement au propriétaire de l'Etablissement, M. CHARLES-HIPPOLYTE CHELARD, professeur de langues à WEIMAR.

## ITINÉRAIRE
### DE PARIS AUX PRINCIPALES VILLES D'ALLEMAGNE
#### OU L'ON TROUVE DES EAUX MINÉRALES

AIX-LA-CHAPELLE (Prusse), p. Erqueline, Liége.

BADEN-BADEN (Bade), par Cologne, Mayence, Darmstadt, Oos.

CARLSBAD (Bohême), par Cologne, Leipzig, Zwickau, Schawenberg.

CREUTZNACH (Prusse), par Cologne, Coblentz, Bingerbrück.

EGER (Bohême), par Cologne, Leipzig, Plauen.

EMS (Nassau), par Cologne, Coblentz, Lahnstein.

FRANZENSBAD (Bohême), par Cologne, Leipzig, Plauen.

GASTEIN (Autriche), par Cologne, Mayence, Bruchsal, Munich, Salzbg.

HOMBOURG (Hesse), p. Cologne, Mayence, Francfort.

ISCHL (Autriche), par Cologne, Mayence, Bruchsal, Munich, Lambach, Gmunden.

KISSINGEN (Bavière), par Cologne, Mayence, Wurtzbourh, Schweinfurt.

KREUTH (Bavière), par Cologne, Mayence, Bruchsal, Munich, Rosenh.

MARIENBAD (Bohême), par Cologne, Leipzig, Schwarzenberg, Carlsbad.

NAUHEIN (Hesse), p. Cologne, Mayence, Francfort.

PYRMONT (Han.), par Cologne, Minden, Paderborn.

SALZBRUNN (Prusse), par Cologne, Berlin, Breslau.

SCHLANGENBAD (Nassau), par Colonne, Coblentz, Lahnstein, Rudesheim.

SCHWALBACH (Nassau), même route que pour Schlangenbad.

SODEN (Nassau), par Cologne, Mayence, Francfort.

TOEPLITZ (Bohême), par Cologne, Leipzig, Dresde, Aussig.

WIESBADEN (Nassau), par Cologne, Coblentz, Mayence.

WILDBAD (Wurtemberg), par Cologne, Mayence, Bruchsal, Carlsruhe, Pforzheim.

## BADEN-BADEN

# HOTEL DE RUSSIE

### Propriétaire : M. G. JUNG.

Etablissement de premier ordre, une des plus belles situations de Bade. — Appartements nouvellement et richement meublés. — La nouvelle entrée principale de l'hôtel, au milieu d'un beau jardin, donnant sur la promenade de la Maison de conversation. Réputation européenne pour l'excellence de la table et des vins. — Prix modérés.

## BADEN-BADEN

# HOTEL ROYAL

### Propriétaire : M. VAL KAH.

Cet excellent établissement, récemment bâti, et réunissant toutes les améliorations nouvelles, est situé à proximité de la Trinkhalle et du Kursaal. — Table d'hôte à 1 heure et à 5 heures.

## BADEN-BADEN

# HOTEL D'ANGLETERRE

### Tenu par M. STADELHOFER, propriétaire

Ce magnifique établissement est près le théâtre, la conversation, la promenade de Lichenthal, et dans une situation admirable. — Table d'hôte à 5 heures. — Journaux. — On y parle toutes les langues.

## BADEN-BADEN

# HOTEL ET BAINS DE St-PÉTERSBOURG

### Ci-devant hôtel du Soleil, vis-à-vis de la nouvelle Promenade, Tenu par MM. STAMBACH frères

Entièrement reconstruit et meublé à neuf. — Table d'hôte à 1 heure et à 5 heures : cuisine française, service particulier. — Appartements à prix modérés et chambres de 1 à 5 fr. Un café-divan avec billard servant de fumoir. Journaux allemands, français et anglais. Voitures à l'hôtel.

## BADEN-BADEN

# HOTEL DE LA COUR-DE-BADE

### (*Badischer-Hof*)

### Gérant : M. François ZIEGLER

### (Ne pas confondre avec l'hôtel de la Ville-de-Bade)

L'hôtel de la Cour-de-Bade est un établissement de premier ordre. Il possède un vaste jardin, des bains d'eau minérale et naturelle. Les cabinets sont avec ou sans salle d'attente. On y trouve également les différentes douches. — Table d'hôte à 1 heure et à 3 heures. — L'hôtel se recommande par son service exact et prévoyant et par la composition distinguée de sa clientèle.

## BADEN-BADEN

# HOTEL DE HOLLANDE

### A. ROESSLER, proprietor

This favourite and first-class Hotel, situated near the Kursaal commands one of the most charming views in Baden. The increase of business rendering it necessary to enlarge the Hotel, the Proprietor, in extending the premises, has introduced additional improvements, and has placed conveniences (i. e., V. C.) upon every floor.

The Hotel now consists of more than a hundred sleeping apartments, elegant sitting-rooms, and a garden for the use of visitors. It is conducted under the immediate superintendence of the Proprietor, who endeavours, by the most strict attention and exceedingly moderate prices, to merit the continued patronage of English visiters. Galignani's and other Journals. The Wines of this hotel are reputed of the best quality in Baden, Fixed moderate charges for every thing.

Breakfast, Cafe, 36 kreutzers; Tea, 42 krs. Table d'hote at *One*, 1 fr. 24 kr.; at *Five*, 1 fl. 48 fr. — Mr ROESSLERS remaining sole Proprietor, Wil spare no pains to deserve the confidence of English Travellers.

## BADEN-BADEN

# HOTEL VICTORIA

### Propriétaires : MM. H. et Ph. GROSSHOLZ

Magnifique établissement, meublé avec une grande richesse. — Résidence ordinaire des têtes couronnées. Tout ce qui peut charmer l'étranger y est réuni. Malgré son immensité, cet hôtel est rempli de l'élite de la société européenne pendant la saison. — Excellente table et vins exquis. Prix modérés.

## WIESBADEN

# HOTEL VICTORIA

### PROPRIÉTAIRES : MM. HELBACH ET HOLZAPFEL

Etablissement de premier ordre, situé près la station du chemin de fer et sur la belle promenade du Kursaal. Ameublement très-confortable. Véritable cuisine française. Table d'hôte à 1 et 5 heures, — Restaurant pendant toute la journée. Estaminet et billard. Bains froids et chauds. Voitures élégantes. Arrangements avantageux pour la saison d'hiver.

# WILDBAD

A 5 lieues de Pforzheim. A 7 lieues de Baden-Baden. **HOTEL KLUMPP**
33 Salons, 160 Chambres à coucher, avec 320 lits    ci-devant *Hôtel de l'Ours, 1*

Cet établissement de premier ordre et en même temps des plus grandioses de l'Allemagne, situé en face des Bains et de la Maison de Conversation, tout près de la Promenade, avec une charmante terrasse derrière l'hôtel et deux salles à manger disposées avec un goût exquis, renommé pour ses appartements élégants, son excellente cuisine et la qualité supérieure de ses vins, mérite à juste titre sa réputation distinguée. — Table d'hôte à 1 et 5 heures. — Bureau de Banque. — Agence des Maisons de Bains les plus renommées d'Angleterre, de France, de Russie et d'Allemagne. — Départ de la diligence de Pforzheim immédiatement après l'arrivée des trains de courrier et de vitesse.

# UN MOIS SUR LES BORDS DU RHIN

## L'ALLEMAGNE, LA BELGIQUE ET LA HOLLANDE

Voyager, ce mot renferme tout un monde de séductions. Cette passion tumultueuse, ce désir impétueux de déplacement se généralise et pénètre de plus en plus dans toutes les classes de la société, chez tous les peuples. Aussi, n'est pas homme accompli celui qui n'a pas encore parcouru l'Allemagne et les bords du Rhin, la Suisse, ses beaux lacs et ses magnifiques hôtels, la France, l'Angleterre, l'Espagne, l'Italie, etc.

Le chemin de fer de l'Est se relie aux voies ferrées de l'Allemagne et de la Suisse : à Luxembourg, où il franchit la frontière, il rencontre la ligne qui aboutit, à Namur, aux réseaux de la Belgique et de la Prusse ; il est, pour les contrées de l'Est, la grande route de Bruxelles, Aix-la-Chapelle, Cologne et la Hollande. L'embranchement de Metz et de Forbach conduit en ligne presque directe de Paris à Francfort, à Leipzig, à Berlin, et de là à Kœnigsberg et à Stal-

luponen. A Strasbourg, il se soude aux lignes badoises, et devient ainsi le point de départ des voyages sur les bords du Rhin, si remplis d'impressions fécondes, et dont Baden, Carlsruhe, Mannheim, Mayence, Wiesbaden, Coblenz, Cologne, sont les stations principales.

De Paris, on peut aller en dix heures, par trains express, à *Strasbourg*, et visiter sa cathédrale, le plus haut monument de l'Europe, la bibliothèque, l'arsenal, la place de Gutenberg, le jardin botanique, l'observatoire, les promenades.

Baden-Baden (Allemagne), situé dans une charmante vallée de la Forêt-Noire. Cette ville est bâtie en partie sur le penchant d'une montagne, et entourée de charmantes collines et de gracieux monticules. Depuis le commencement du dix-neuvième siècle, le nombre des étrangers s'y est accru d'année en année, et pour eux on y établit des établissements de tous genres destinés au bien-être, à la santé, au plaisir. Les promenades y sont nombreuses ; nous citerons celle qui longe la Trinkhalle, l'allée de Lichenthal, l'allée des soupirs, le chemin des Turcs, le chemin du château, le chemin de l'Echo, le Balzemberg, le chemin du Friesenberg. Les monuments méritent la peine d'être visités, en commençant par le château grand-ducal sur le sommet de la colline ; le palais de la grande duchesse ; le pavillon sur le Retteg ; les différentes églises catholiques et protestantes ; le couvent du Saint-Sépulcre ; le Bailliage ; la Maison de Conversation dont les appartements sont d'une grandeur et d'une richesse extrême, et qui renferment la Roulette, à laquelle on joue de onze heures du matin à la nuit ; le théâtre, les cimetières et la place Léopold. Les excursions dans les environs sont assez variées, et l'on trouve voitures, guides et mulets pour les faire : le vieux château, avec ses masses gigantesques de rochers traversés par des ponts où l'on jouit d'un beau point de vue ; Eberstembourg et ses ruines ; le grand Staufenberg à 2,500 pieds ; la chaire du Diable ; la gorge du Loup, les villages de Gaggenau, Rottenfels, Gernsbach, Unterhenern, Geroldsau, Neuwiur, Steinbach, Buhl, Achern et les villes de Rastatt, Niederbull et Kuppenheim, où l'on trouve fonderies, verreries, sources, salines, antiquités, ruines, châteaux, chapelles, cascades, casernes, tours, jolies vues, charmantes promenades, et toutes sortes de beautés d'une nature ravissante. Ne pas oublier la Favorite, château de plaisance à deux lieues de Bade. Puis, Wildbad. Bains Sauvage, à huit lieues de Baden, qui mérite d'être vu. — Hôtel des *Bains*, de l'*Ours*.

CARLSRUHE. 21,000 hab. Résidence du grand-duc. Visiter la chambre des députés ; le château et son beau parc ; la Pyramide, tombe du fondateur de Carlsruhe ; l'Ecole polytechnique, la bibliothèque ; Biertheim, agréable lieu de plaisance. — Hôtel d'*Angleterre*.

HEIDELBERG. 13,000 hab. Ville agréable dans un site admirable. Université célèbre (800 étudiants). Visiter le vieux château avec son grand tonneau, l'église, la bibliothèque. Excursions à Wolfs-Brunn, à Necker-Steinach et au château de Schwetzingen. — Hôtel du *Prince-Charles*.

MANNHEIM. 25,000 habit. visiter le parc, le théâtre, l'église des Jésuites. — Hôtels de l'*Europe*, du *Palatinat*, du *Rhin*.

SPIRE. Visiter la cathédrale, l'Antikenhalle. — Hôtel de la *Poste*.

WORMS. Visiter le Dom, belle église byzantine. — Hôtel de la *Poste*.

DARMSTADT, 30,000 hab. Visiter l'église catholique, le nouveau palais, le vieux château, le musée, la bibliothèque et le jardin du palais, casino, environs pittoresques. Excursions dans l'Odenwald, à Erbach. Hôtel du *Raisin*.

FRANCFORT-SUR-LE-MEIN. 65.000 habit. Voir la cathédrale, l'hôtel de ville, l'église de Saint-Léonard, le musée de Staedel, magnifique collection de tableaux, la bibliothèque, la bourse, le Braunfels, la statue de Gœthe par Schwanthaler, le casino, le théâtre, la Mainlust (concert le soir) et le jardin public autour de la ville. — Hôtels de *Russie*, de l'*Union*, de *Bruxelles*.

HOMBOURG. Bains renommés et rendez-vous des amateurs du jeu, château et jardin charmants, promenades délicieuses. — Hôtel de *Russie*.

WIESBADEN. 13,000 hab. Bains très-réputés, endroit agréable et très-gai. Voir le *Kursaal* qui réunit café, restaurant, cabinet de lecture, salle de société et de concert, et le fameux tapis vert des joueurs. Visiter les montagnes du Taunus et le plateau de la Platte, surmonté d'un joli château. — Hôtels et bains de la *Poste*, de l'*Aigle*, de *Duringer*.

MAYENCE. 45,000 hab. La cathédrale, le château de l'électeur converti en musée, et le château du grand-duc, statue, théâtre et jardin. — Hôtel du *Rhin*.

BIBERICH. Résidence d'été du duc de Nassau. Parc et le château, bateaux à vapeur. — Hôtel du *Rhin*.

BINGEN. Charmante ville de 6,000 hab. Environs superbes, belle vallée du Rheingau, montagnes du Niederwald, vins du Rhin de Johannisberg, château de Rheisten au prince Fr. de Prusse. — Hôtel *Victoria*.

KREUZNACH. 9,000 hab. Bains et sources salines, séjour très-agréable. — Hôtel de l'*Angleterre*.

BOPPART, sur le Rhin, à 5 lieues de Coblentz.

<table>
<tr><td>SPA</td><td>Hôtel d'Orange. Propriétaire M. MULLER, de l'Hôtel de la Paix, rue de la Paix, à Paris.<br>Cet Hôtel, à côté de la Redoute, est fréquenté par la meilleure société et jouit de la réputation d'une bonne table d'hôte.<br>Omnibus à la station.</td></tr>
<tr><td>SPA</td><td>Hôtel de Flandre. — Le propriétaire, M. SURY père, a l'honneur d'annoncer à sa nombreuse clientèle que, par l'addition de plusieurs beaux et vastes appartements qu'il a récemment construits, il est à même de recevoir les plus grandes familles, à n'importe quelle époque de la saison.<br>Omnibus à l'arrivée et au départ de chaque train.<br>On parle anglais, allemand et français.</td></tr>
</table>

<table>
<tr><td>MAYENCE</td><td>Hôtel du Rhin<br>Tenu par M. HAMELIN, propriétaire.</td></tr>
<tr><td>MAYENCE</td><td>Hôtel d'Angleterre, de 1er ordre, en face le pont, près le chemin de fer.</td></tr>
<tr><td colspan="2">EMS-LES-BAINS<br>Hotel des Quatre-Saisons et de l'Europe<br>Propriétaire : M. HUYN.<br>Admirablement situé. — Cuisine et service français. — Fréquenté surtout par les familles françaises. — 150 chambres et salons. Appartements réservés sur commande et à l'avance.</td></tr>
</table>

Etablissement de bains froids, un des meilleurs de toute l'Allemagne.

COBLENTZ. 28,000 hab. Les églises Saint-Castor, de Notre-Dame, le palais du roi, le vieux pont, envi·rons très-remarquables. Stolzenfels et son vieux château, Lahnstein et les ruines pittoresques d'un vieux castel, la grande usine de fer et le château de Sain, Ehreinbreitenstein, avec ses fortifications gigantesques. — Hôtel du *Géant*.

EMS. Bains et source très-fréquentés; la Maison de Conversation, vaste édifice où tout est réuni ; environs avec tous les charmes de la nature, Braubach avec le château de Marksbourg, les châteaux de Nassau et de Stein, l'établissement thermal *Langen-Scwalbal-bach*. — Hôtels d'*Angleterre*, des *Quatre-Saisons*.

NEUWIED, 6,000 hab. Charmante petite ville, résidence du prince, château, beau parc, musée du prince. — Hôtel des *Gemeinde-Lopis*.

REMAGEN. L'église de Saint-Apollinarius, belles peintures, belle vue sur la plate-forme. Visiter la *pittoresque vallée de l'Ahr*, le château de Rheineck. — Hôtel du *Roi de Prusse*.

ROLANDSECK, au pied de la montagne du même nom, établissement de bains froids. — Hôtel de la *Rolansbourg*.

BONN. 18,000 h. Université (700 étudiants), la cathédrale, le château, l'Université, le château de Poppelsdorf, le musée, le jardin botanique, l'Observatoire, le Creutzberg, les belles promenades de l'Alle-Holl, Kessenich et la montagne de Rosenau. — Hôtel de l'*Etoile d'Or*. Excursion aux ruines de

GODESBERD, source therm., bains, jardins et promenades délicieuses. — Hôtel *Blinzier*.

KOENIGSWINTER, en face de Godesberg, au pied des sept montagnes. Voir le Drachenfels et la Lœwebnurg, voir aussi Kœnigsuruter et la vallée de l'Ahr et le Saint-Apolinariusberg. — Hôtel de *Berlin*.

COLOGNE. 100,000 h. Voir la Cathédrale, vitraux, tableaux, architecture, vases sacrés, les différentes églises, le Gurzenich, l'Hôtel de ville, la maison des Templiers, la Bourse, le Casino, avec son Panorama et son Diorama. *Excursion* à BRUHL, joli village à deux lieues de Cologne, château entouré d'un beau parc. — *Hôtel Disch, Grand-Hôtel de Bellevue, Hôtel de Mayence, Hôtel du Rhin, Hôtel Clément, Hôtel du Prince Charles.*

AIX-LA-CHAPELLE. 56,000 h. Voir la Cathédrale, où ont été couronnés 37 empereurs d'Allemagne,

l'Hôtel de ville, la Fontaine d'Elise, la Redoute, le Théâtre, les Promenades, le Belvédère sur la montagne de Saint-Louis, la Source chaude à Borcelle. — Hôtel et Bains du *Grand-Monarque*.

VERVIERS. Ville très-industrielle. 30,000 hab. — Hôtel des *Pays-Bas*.

SPA. Séjour délicieux et agréable. Visiter la Redoute, Etablissement de plaisirs, la source et la Cascade. — Hôtels de *Flandre*, d'*Orange*.

CHAUDE-FONTAINE. Bains et lieu de plaisance, position charmante, près de Liége. — Hôtel des *Bains*.

LIÉGE. 75,000 hab. La Cathédrale de Saint-Paul, l'Université, la Statue de Grétry, le Casino et son beau Jardin. Fabrique d'armes et fonderie de canons. — Hôtel de *Suède*.

LOUVAIN. 25,000 h. L'Hôtel de ville, le plus riche monument gothique du monde, la Cathédrale de Saint-Pierre, l'Université, l'Hôtel des Tisserands, les Tableaux de l'Eglise Sainte-Gertrude, la Tour de Jasenius. — Hôtel de *Suède*.

MALINES. 26,000 h. La Cathédrale, l'Hôtel de Ville, l'Eglise Saint-Jean avec Tableaux de Rubens. — Hôtel *Saint-Jacques*.

ANVERS. 80,000 h. La Statue de Rubens, vis-à-vis de la cathédrale, la Cathédrale avec les meilleurs Tableaux de Rubens, l'Hôtel de ville, la Bourse, les Eglises St-Jacques. St-André, St-Charles-Borromée, St-Joseph, St-Antoine et St-Augustin, où l'on trouve de nombreux Tableaux de Rubens, de Van-Dyck, etc., l'Académie avec le Musée, le Palais du Roi, le Théâtre, le Port, les Quais et les Bassins. — Hôtel du *Grand-Laboureur, St-Antoine*, de l'*Europe*.

BRUXELLES. 250,000 h. — Hôtel de *Flandre*, Hôtel de la *Grande-Bretagne, Grand Hôtel de Saxe*, Hôtel de *Windsor*, Hôtel de *Groenenduel*. — Visiter la Chambre des Députés, le Palais du Roi, le Palais du prince d'Orange, le Musée, la Bibliothèque de Bourgogne, le Palais de l'Industrie, l'Hôtel de ville, le grand théâtre, la Cathédrale Sainte-Gudule, l'Eglise de Notre-Dame et de la Chapelle, le Palais de Justice, la Porte de Hal, le Port. *Dans les environs* : le Château de Laeken et son beau Jardin. — Excursion à WATERLOO et la montagne par Saint-Jean et Hougoumont.

GAND. 97,000 h. La Tour du Beffroi, la Cathédrale de St-Bavon, beaux tableaux, les Eglises de St-Michel et de St-Nicolas, l'Hôtel de Ville. les Galeries de Tableaux et les collections d'antiquités, le

Musée, le Marché du Vendredi, la belle Promenade, le grand Théâtre, le Jardin des Plantes, l'Université, le Casino, le Palais de Justice, la Maison des Bateliers.

BRUGES. 45,000 h. La Halle, la Maison de Charles II, la Prison de l'empereur Maximilien, la Cathédrale de St-Sauveur, Notre-Dame, l'Hôtel de ville, la Bibliothèque, le Palais de Justice, l'Académie de peinture, le Couvent des Béguines, le Princen-Hof, ancien Palais des comtes de Flandre. — Hôtel de *la Fleur-de-Blé*.

OSTENDE. 15,000 h. Bains de mer. Ostende offre, pendant la saison, beaucoup d'agréments. La ville est fortifiée, et les remparts servent de promenade. La vue qui donne sur la mer est superbe. Casino ouvert aux étrangers. — Visiter le village des pêcheurs, nommé *Blankenberg*, avec ses bains de mer et l'hôtel de l'*Empereur*. — Hôtel *Fontaine*.

Revenir par la Hollande et visiter :

DORDRECHT. 25,000 h. Une des villes les plus anciennes de la Hollande. — Hôtel de *Valb*.

ROTTERDAM. 90 h. L'Eglise de St-Laurent avec ses Tableaux, la Bourse, la Statue d'Erasme, l'Amirauté, l'Académie et les grandioses bâtiments de la Compagnie des Indes. — *New-Bath-Hôtel*.

LA HAYE. 70,000 h. Résidence du roi. Voir le Château royal avec ses jardins, la Maison de ville avec sa Galerie de peintures et sa Collection de tableaux dans la *Maison de Moritz*. Excursion à SCHEVENINGEN, renommé pour ses bains de mer. — Hôtel : de *Belle-Vue*, de *l'Europe*, de *Paulez*, du *Vieux-Doelen*, de la *Grande-Cour-Impériale*.

LEYDE. 40.000 h. Voir la première Université de Hollande, le Musée Japonese du docteur Siebold et le Jardin botanique. — Hôtel du *Soleil-d'Or*.

HAARLEM. 50,000 h. Renommé par son grand orgue de 5,000 tuyaux.

AMSTERDAM. Capitale de la Hollande, 250,000 h. Le Palais, construit sur 13,695 piloris, la Bourse, les Dépôts de la Compagnie des Indes, les Docks, le Felix-Meritis, le Jardin des Plantes, et les grandes digues qui garantissent la Hollande contre les inondations. Puis, en une matinée, on peut visiter SAARDAM, remarquable par le séjour du czar-ouvrier.

UTRECHT. 60,000 h. La Cathédrale avec sa tour, l'Université, les bois de Zeist, et ses maisons de campagne hollandaises. — Hôtel des *Pays-Bas*, très-bien tenu par M J. G. Schrederhof.

ARNHEIM. 20,000 h. Voir l'Eglise d'Eusebius, avec le tombeau d'*Egmont*. — Hôtel de la *Tête-de-Sanglier*.

---

# BAINS DE NAUHEIM

Ouvert du 1er avril au 30 novembre. — 19 heures de Paris, 1 heure et demie de Francfort et de Hombourg. — Ligne de Cassel. — Eaux salines muriatiques très-renommées. — Lac immense et abondamment peuplé. — Pêches et courses en bateaux. — Iles pour les baigneurs d'eau douce et les amateurs de natation. — Chasses superbes. — Kursaal. — Orchestre excellent. — Salons de jeux. — Salons de conversation et de lecture. — Journaux et revues.

## NAUHEIM
### HOTEL DE L'EUROPE
Propriétaire, M. Chr. HORSTMANN.

Etablissement de premier ordre, construit et meublé dans le goût le plus moderne ; à la porte du Kursaal, sur la principale place de Nauheim. — Confortable. — Table d'hôte à 1 heure et à 5 heures. — Restaurant à toute heure. — Voiture de l'hôtel à la gare. — Prix modéré.

## NAUHEIM
### HOTEL BELLE-VUE
Tenu par M. MORITZ-ABRIE, propriétaire, en face du nouveau Kursaal.

Belle situation. — Café. — Billard. — Table d'hôte à 1 heure et à 5 heures.
On parle français et anglais.

**VISITER** : Le Château. — L'Université. — L'Anatomie. — Le Cabinet de l'histoire naturelle. — La Bibliothèque. — L'Etablissement du petit lait. — Jardin des Plantes. — Eglises : St-Esprit St-Pierre.

# HEIDELBERG

**VISITER** : Jardin Botanique. — Le Philosophenweg. — Le Wolfsbrunnen. — Le Heiligenberg. — Le Kaiserstuhl. — Le Riesenstein. — Le Jardin de Schwetzingen. — Neckarsteinach et ses ruines.

**HEIDELBERG** (Rhin.) — **Grand hôtel et pension Victoria.**

Propriétaire, M. MULLER. — Situé près du chemin de fer dans la partie la plus fashionable de la ville ; vue splendide sur les montagnes et le château (*les plus belles mines du monde.*) — Cet hôtel, de premier ordre, se recommande par l'excellence de sa table, la propreté de ses appartements et la jouissance, pour les voyageurs, d'un très-beau jardin. — Journaux étrangers. — Services anglais et allemands. — Termes modérés.

**HEIDELBERG** (Rhin). — **Hôtel du Prince Charles,** place du Marché, en face et le plus près du château. — Des fenêtres de l'Hôtel, on jouit de la vue majestueuse de la façade et des ruines du célèbre château d'Heidelberg. — Propriétaire, M. SOMMER FRANK. — Cet Hôtel de premier ordre est fréquenté par les touristes de distinction. — Grands et petits appartements bien meublés. — Service bien organisé. — Cuisine et vins de qualité supérieure. — Salon de lecture. — Journaux étrangers. — Table d'hôte à 1 heure et à 4 heures. — Commerce de vins du Rhin.

# CHEMIN DE FER DU NORD
## VOYAGES A PRIX RÉDUIT
### EN HOLLANDE, EN BELGIQUE, DANS LES PROVINCES RHÉNANES ET LE NORD DE LA FRANCE.
*Billets valables pour un mois, en 1re classe*

L'Itinéraire circulaire tracé ci-dessous peut être parcouru dans un sens ou dans l'autre, au choix les touristes. — Séjour facultatif dans toutes les villes du parcours, et notamment

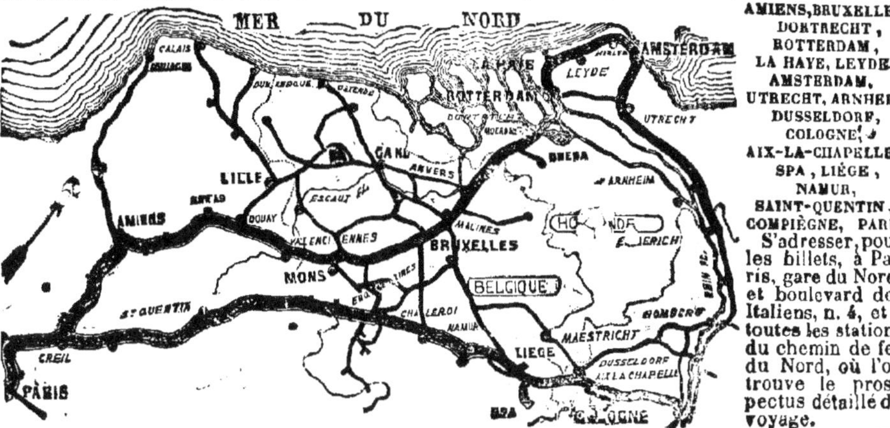


A AMIENS, BRUXELLES DORDRECHT, ROTTERDAM, LA HAYE, LEYDE, AMSTERDAM, UTRECHT, ARNHEIM DUSSELDORF, COLOGNE, AIX-LA-CHAPELLE, SPA, LIÉGE, NAMUR, SAINT-QUENTIN, COMPIÈGNE, PARIS

S'adresser, pour les billets, à Paris, gare du Nord, et boulevard des Italiens, n. 4, et à toutes les stations du chemin de fer du Nord, où l'on trouve le prospectus détaillé du voyage.

---

**LILLE** — **HOTEL DE GAND.** Au centre de la ville cet hôtel est situé au n° 15 de la Grand'-Place, à proximité du théâtre, du chemin de fer et des musées. — Table d'hôte.

## LILLE (Nord)
# GRAND HOTEL DE L'EUROPE

Cet important établissement, un des meilleurs du continent, vient d'être acquis par M. ARNOUX, qui tient déjà le BUFFET-HÔTEL de la gare de Lille. Ce nouveau propriétaire, ayant à cœur de continuer les traditions de comfort de son prédécesseur, vient de faire restaurer entièrement et remeubler à neuf l'*Hôtel de l'Europe*, qui est situé au centre et dans le plus beau quartier de la ville.

Grands et petits appartements. — Salons particuliers, de lecture et de jeux. — Restaurant à la carte. — Table d'hôte. — Bains chauds. — Voitures. — Omnibus spécial desservant tous les trains.

## BRUXELLES
# HOTEL ROYAL

DEUTSCHER-GASTHOF, ENGLISH FAMILY HOTEL

Rues Fossés-aux-Loups, 22, et de la Fiancée, 4, près du Théâtre-Royal et de la place de la Monnaie
Propriétaires : P. et C. MOLENSCHOT. — Chambres de 1/2 fr. à 3 fr. — Diners, 3 fr. — Ecuries et remises. — Table d'hôte à 4 h. 1/2.
On traite avec les familles pour l'hiver.

---

**BRUXELLES** — **HOTEL DE VIENNE.** — Cet hôtel, situé rue de la Fourche, 24, au centre de la capitale, offre tout le confortable possible. — Grande propreté. Bon service. — Déjeuner à 1 fr. — Diner à 2 fr. Chambres depuis 1 fr. jusqu'à 5 fr. — Excellents vins. — Grande cour et remise.

**BRUXELLES** — **HOTEL DE RUSSIE**, rue Neuve, tenu par A. FUCHS. — Cet hôtel, situé près des boulevards, entre la station du Nord et la place de la Monnaie, offre à MM. les voyageurs tous les avantages qu'ils peuvent désirer. Charmant jardin, table d'hôte, diners à la carte à tous prix. — *English spoken. — Man spricht deutsch.*

CONDITIONS AVANTAGEUSES POUR UN SÉJOUR

**BRUXELLES** — **HORLOGERIE.** — J.-H. WITTFELD, rue des Fripiers, 42. — Le propriétaire de cet établissement a fait son apprentissage en Suisse et a acquis la connaissance de chaque branche de son commerce. Il a un assortiment des meilleures montres de chaque espèce, tels que : *chronomètre, duplex, annexe, cylindre.* — Système Patek se remontant sans clef, montres de dames émaillées et enrichies par les premiers fabricants de Genève et de Locle. Bijouterie du dernier genre et du meilleur goût. Grand assortiment de chaînes et de clefs de montres, etc. — On achète et on échange les montres d'occasion.

## BRUXELLES
# HOTEL WINDSOR
### 14, rue de la Régence, place Royale.

Une des meilleures maisons de la Belgique. — Soins confortable, bonne situation, propreté, cuisine et cave excellentes. — Honorabilité et prix très-modérés. — Avis aux familles et surtout aux négociants.
**On y parle toutes les langues.**

---

**PHOTOGRAPHIE**    **12, rue Grange-Batelière, 12** — inaltérable au charbon.    **CHARAVET**

AU PROPHÈTE.
AU PROPHÈTE.
EXPORTATION.
EXPORTATION.
VÊTEMENTS CONFECTIONNÉS
VÊTEMENTS CONFECTIONNÉS.
SUCCURSALE 29, RUE DE LA MADELEINE
SUCCURSALE: 29, RUE DE LA MADELEINE.
EXPOSITION PUBLIQUE AU PROPHÈTE VÊTEMENTS CONFECTIONNÉS
EXPOSITION PUBLIQUE AU PROPHÈTE VÊTEMENTS CONFECTIONNÉS

BRUXELLES
HOTEL DE L'EUROPE
Place Royale


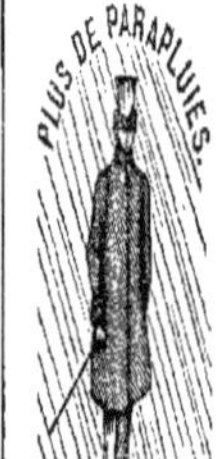

PLUS DE PARAPLUIES.

# UN MOIS EN SUISSE

L'on peut maintenant atteindre, par le moyen des chemins de fer, tous les points les plus importants de la Suisse, tels que Bâle, Schaffouse, Constance, Zurich, Glaris, Coire, Lucerne, Soleure, Berne, Fribourg, Neufchâtel, Lausanne, Genève, Martigny, Sion.

De là, le voyageur est aux portes de l'Italie, où il peut entrer en traversant le Saint-Gothard ou le Simplon, et arriver à Milan, Venise et Turin. Le trajet direct de Paris à Milan, à travers l'une des parties les plus intéressantes de la Suisse, se fait en 46 h. Le chemin de fer de la *ligne d'Italie*, par Genève, côtoiera le Lac Léman et traversera le Simplon, pour se rattacher, sur les bords du lac Majeur, au réseau milanais.

La route que nous conseillons de suivre, et que nous venons de suivre nous-même, demande un bon mois, pendant chaque jour duquel on éprouve des impressions grandioses et fécondes.

Ainsi, en prenant la ligne de Strasbourg, Colmar, Mulhouse, Saverne, etc., vont vous donner un avant-goût des beautés dont vous êtes appelés à jouir.

A Bâle, vous entrez en Suisse et suivez par Bienne, Neuchâtel, Lausanne, Genève, Sallanche, Chamounix, d'où vous voyez le mont Blanc et ses glaciers, Martigny, le Pissevache, les gorges du Trient, Saxon et sa Pierre-à-voir, Sion, Louèche, la Gemmi, Thoune, Berne, Fribourg, le Giessbach, Interlaken, Lauterbrunnen, le Staubbach, la Wengernalp, Grindelwald, le Faulhorn, Rosanlauï, le Grimsel, la Furka, le Saint-Gothard, Lucerne et le lac des Quatre-Cantons, le Rigi, Zurich, Baden, etc.; et vous complétez, si vous avez le temps, votre tour en Suisse par Schaffhouse, le lac de Constance, Saint-Gall, Appenzel, Glaris, les Grisons, le Tessin et le lac de Côme.

Dans cette tournée, vous avez à votre portée les points de vue les plus magnifiques de la Suisse, tels que : le *Weissenstein*, près de Soleure ; le *Chasseral*, près de Bienne ; la *Dôle*, canton de Vaud ; la *Molèson*, canton de Fribourg ; l'*Uetliberg*, près Zurich ; le *Komor* et le *Sentis*, près d'Appenzel ; le *Speer*, près de Wésen ; le *Rautispitz*, près de Glaris ; le *Rigi*, près d'Arth ; le *Pilate*, près de Lucerne ; le *Faulhorn* et la *Wengernalp*, près de Grindelwald ; le *Niesen* et le *Stockhorn*, près de Thoune : le *Titlis*, près d'Engelberg, le *Schildhorn*, près de Murrem ; le *Siedelhorn*, près du Grimsel ; l'*Aeqischorn*, la *Bella-Tola* et l'*Arpitella*, canton du Valais ; la *Pierre-à-Voir*, près de Saxon-Valais ; le *Piz-Languard*, près de Pontresina ; la *Fabia* et la *Prosa*, sur le Saint-Gothard ; le *Badus*, près d'Autermatt ; le *Gamoghé*, près de Bellinzola ; le *Generoso*, près de Mendrisio ; le *Salvador*, près de Lugano ; le *Col de Balme*, la *Tête-Noire* et la *Flégère*, près de Chamounix.

---

Bâle, chef-lieu de canton, grande et belle ville de 45,000 h., divisée par le Rhin, des hauteurs de laquelle l'œil se promène agréablement sur la forêt Noire et le Jura. Visiter l'hôtel de ville, l'arsenal, le musée, les fontaines, la cathédrale. Hôtels des *Trois-Rois* et de la *Cigogne*. — Dans le canton, Liestal, hôtel du *Faucon* ; Muttenz, situation agréable, hôtel de la *Clef* ; Oltingen, sources minérales, glacières naturelles, hôtel du *Bœuf* ; Langenbruck et ses pétrifications, hôtel de l'*Ours* ; Schweizerhall, ses gisements de sel gemme, bains d'eau saline.

---

Berne, ville fédérale, dont le canton forme un cinquième de toute la population suisse, est bâtie sur un roc ; des arcades longent les maisons, et les fontaines publiques sont ornées de statues. Visiter la cathédrale, le musée, le palais fédéral, le pont du Nydeck, la fosse aux Ours, la plate-forme avec vue sur les Alpes, etc. Hôtel du *Faucon*. — Dans le canton, Bienne : avec son lac, ville industrielle, points de vue, source remarquable, pétrifications. Hôtel du *Jura* ; Neuville et la cascade de Bronbach. Hôtel du *Faucon* ; la vallée de la Birse, riche en belles hor-

---

<table>
<tr><td colspan="2" align="center">BALE</td><td align="center">BALE</td></tr>
<tr><td colspan="2" align="center"><h2>HOTEL DES TROIS-ROIS</h2></td><td align="center"><h2>HOTEL DE LA CIGOGNE</h2></td></tr>
<tr><td colspan="2" align="center">Tenu par M. J. J. SENN, propriétaire</td><td align="center">(MARCHÉ AU POISSON)<br>Propriétaire : J. KLEIN-WEBER</td></tr>
<tr>
<td valign="top">Cet Hôtel, l'un des plus beaux de toute la Suisse, est aménagé pour recevoir les familles comme les simples touristes. — Bains dans l'hôtel. — Service français et anglais. — Pension durant la saison d'hiver.</td>
<td valign="top">Three kings Hotel. The largest in the town. First prate accommodation for families y single gentlemen. — Bath in the house. — English church service in town. — Pension during the wintes months.</td>
<td valign="top">Hôtel nouvellement restauré, contenant quatre-vingts chambres avec cent lits de maître. — Prix modérés. — Table d'hôte à midi et demi, avec vin, 3 fr.; à cinq heures, 4 fr. — Dîners et soupers à toute heure. — Service et correspondances des omnibus de l'hôtel avec tous les convois des chemins de fer. — Voitures de familles à l'hôtel.</td>
</tr>
</table>

reurs ; le Val-de-Moutiers, très-curieux. Hôtel du *Cerf*; l'Oberland bernois, magnifique chaîne de hautes montagnes renfermant des magnificences naturelles qui attirent tous les ans une foule d'étrangers ; Thoune et ses magnifiques points de vue, ses excursions aux bains minéraux et sulfureux très-fréquentés des environs, son beau lac dont les bateaux à vapeur transportent plus de 60,000 personnes chaque année. Hôtels *Bellevue*, du *Faucon*, à côté du Casino ; Oberhofen et ses grottes ; le passage de la Gemmi, admirable vue, élévation rocheuse qui conduit aux bains de Louèche ; Interlaken, charmante colonie d'étrangers dont l'animation vous surprend, rendez-vous d'excursions nombreuses aux environs. Hôtels d'*Interlaken*, *Victoria*, des *Alpes*, du *Belvédère*. D'Interlaken visiter le Staubach, la Jungfrau et le glacier de Grindelwald ; faire l'ascension du Faulhorn, aller au glacier de Rosenlaui et aux cascades du Reichenbach, ainsi qu'à l'hospice du Grimsel par la Handeck ; le lac de Brienz et son village ; la vallée de Lauterbrunnen et le village de ce nom situé en face la cascade du Staubach ; visiter la Jungfrau, son éternel manteau de neige et les autres montagnes qui l'avoisinent ; les chutes du Reichenbach qui se précipitent en plusieurs cascades avec un bruit de tonnerre ; le Brünig ; le glacier de l'Aar, et aussi le glacier du Rhône avec son effrayante voûte gelée.

---

Neuchâtel, chef-lieu de canton, petite ville tenue avec luxe. Visiter son musée, la cascade du Seyon et faire l'ascension du Chaumont. Le lac, au bord duquel est l'hôtel Bellevue, a 8 lieues de long. — Dans le canton : le Val-de-Travers et la Chaud-de-Fonds qui possède casino, théâtres, et fabrication d'horlogerie célèbre. Hôtel de *France*; les moulins souterrains du Locle et le saut du Doubs, curiosités remarquables.

---

Lausanne, chef-lieu du canton de Vaud. Charmante petite ville dont la banlieue (Ouchy) possède le splendide *hôtel Beau-Rivage*. Visiter la cathédrale, le grand pont viaduc, le musée cantonal et le magnifique point de vue du Signal qui jouit d'une réputation méritée. Hôtel Gibbon. — Dans le canton : visiter le Vevey, rendez-vous animé d'étrangers, hôtel *Monnet*; Montreux, au pied du Jamau, l'excursion de la dent de Jamau, hôtel *du Pont*; le château Chillon ; Bex et ses salines ; le Val-de-Joux ; Yverdon et sa fabrique de cigares, d'où l'on peut faire l'ascension du mont Chasseron. *Hôtel de Londres*.

---

Genève, chef-lieu de canton, la plus grande et la plus riche ville suisse, qui reçoit chaque année environ 25,000 étrangers et touristes, a un nom européen comme place de commerce. Visiter l'île Rousseau, le jardin anglais, le musée académique, le musée Rath. Excursion à Ferney, ancien séjour de Voltaire ; le grand Salève, le Piton, le Voiron, et Cologny d'où l'on découvre la vallée de l'Arve, le mont Blanc, et une partie du lac, le pays de Vaud et la Savoie. Le lac Léman, long de 17 lieues, est le plus beau de toute la Suisse, et sa couleur bleu foncé surprend l'étranger qui, pour la première fois, parcourt la Suisse. — Visiter Evian, Amphion et ses bains, et ne pas oublier l'excursion de la dent d'Oche (7,590 pieds) d'où l'on découvre une vue immense, ainsi que la grotte et la source de Saint-Gingolphe. Hôtel de *la Poste*.

---

Sion, chef-lieu de canton du Valais, résidence de l'évêque, la plus ancienne ville suisse, ressemble à une cité du moyen âge. Visiter les rochers et le château du Tourbillon, l'antique église de Tous-les-Saints, la cathédrale. — Dans le canton : faire l'ascension de l'Aegischhorn en 5 heures. Voir une partie de la route du Simplon, œuvre gigantesque de Napoléon I<sup>er</sup>, en partant de Brigues jusqu'à l'hospice du mont Saint-Bernard, voir Viége, la vallée Saint-Nicolas, Zermatt et ses excursions d'où l'on découvre des glaciers gigantesques et le mont Rosa. Revenir à Louèche-les-Bains, voir le glacier de la Dola, aller à Albinen par les échelles et traverser le Gemmi. Si on est en société et hardi grimpeur, faire l'excursion du col de Trift qui offre assez d'émotions et de dangers. Visiter le val d'Erin, le val d'Hérémence, Martigny, la cascade vraiment remarquable de Pissevache, les *gorges effrayantes du Trident* où on arrive par une échancrure de rocher et où on a devant les yeux un spectacle dont l'équivalent n'existe nulle part au monde, car l'on marche, non sans frissonner, sur une galerie suspendue, élevée de 20 pieds au-dessus d'un torrent tumultueux, et qui se prolonge à environ 1,000 mètres dans les profondeurs du gouffre en suivant les sinuosités des rochers qui ne sont éclairés que par un jour douteux qui vient d'en haut à plus de 300 mètres d'élévation.

S'arrêter quelques jours à Saxon pour faire l'excursion du fameux piton nommé Pierre-à-Voir dont la montée est de 6 heures et d'où l'on descend, sans danger, en moins d'une heure, en traîneau et avec une rapidité qui rappelle les montagnes russes.

Faire l'excursion de la Dent du Midi par Champerie, val d'Illier en 7 heures. Magnifique vue du mont Blanc, des Alpes et du lac de Genève. Hôtel *de la Dent du Midi*.

Visiter la vallée de Chamounix par le col de Balme ou la Tête Noire et la galerie du Rocher percé, la Barberine et le glacier d'Argentières. Hôtel *de la Tête-Noire*. — Les points qui reçoivent le plus de curieux de Chamounix, sont le Montanvers, la Flégère, le Chapeau, la Cascade, le glacier des Bossons, le Brevent. Visiter les bains de Saint-Gervais, les sources de l'Aveyron, le Buet d'où on a la perspective la plus étendue du mont Blanc, le Valais et le Saint-Gothard. Le grand tour du mont Blanc, très-intéressant, peut être fait en plusieurs jours.—L'on va de Genève à Chamounix par diligence, en 12 heues, par Sallanche et Servaz. Hôtel *de l'Univers*.

---

Zurich, chef-lieu de canton, ville d'une beauté hors ligne, située le long du lac qui porte son nom. Cette terre hospitalière a été de tout temps foulée par de nobles proscrits qui ont trouvé dans le canton un asile inviolable. Les monuments de Zurich sont nombreux, ainsi que les sociétés scientifiques et artistiques. Les points de vue des environs sont charmants. Il se fait beaucoup d'excursions sur les hauteurs autour de la ville. Hôtels *Baur*, de *l'Épée*, *Bellevue*. Visiter l'Uetliberg, d'où la perspective est admirable, et revenir par les ruines de Maneg. — Le lac a 8 heures d'étendue et sur ses bords fleurissent une quantité de charmants endroits parmi lesquels il faut citer Richterwyl et sa cure de petit lait (*Hôtel des Trois-Rois*). Dans le canton visiter Winterthoun et autres endroits charmants qui en font une des plus belles contrées de la Suisse.

---

Aarau, chef-lieu du canton d'Argovie, bâtie sur un vaste plateau, fut pendant longtemps le siége du gouvernement helvétique. Hôtel *de Sauvage*. — Baden, dans le canton, possédant des thermes très-renommés pour leur efficacité médicale, et 19 sources d'eaux chaudes, est visité annuellement par plus de 15,000 baigneurs. Hôtels de *la Fleur*, de *l'Ours*, du *Bateau*. — Brestenberg, établissement hydrothérapique, cures de raisin. — Zofingen, qui possède des tilleuls avec salle de danse; Aarburg, avec ses forteresses bâties sur rocher; Rheinfelden et ses salines, ses antiquités et ses bains salins; Frick et son cimetière dont on parle beaucoup.

Lucerne, chef-lieu de canton, dans une agréable situation, est le séjour de nombreux étrangers. Sur la grande route du Saint-Gothard, elle a en perspective un magnifique rideau des plus grandioses montagnes de la Suisse. Il faut visiter l'arsenal, rempli de curieux trophées, le célèbre monument du Lion, les sculptures en bois de l'hôtel de ville, les beaux points de vue des environs, et surtout les bords du lac des Quatre-Cantons. Hôtels d'*Angleterre*, du *Cygne* et du *Rigi*. — Excursion au Rigi en quatre heures et au mont Pilate en cinq heures. — Voir les bains de Sonnenberg et ses cures de petit lait. — Dans le canton, visiter le gracieux lac de Sempach (*Hôtel de l'Aigle*); Münter (*Hôtel du Bœuf*); le lac de Baldegg et Saint-Urbain.

Fribourg, chef-lieu de canton, vallée d'un aspect très-pittoresque sur la pente d'un rocher coupé à pic à plusieurs endroits, surmonté d'édifices et de verdure, et où des escaliers très-escarpés conduisent du haut en bas de la ville, ce qui lui donne un cachet excessivement romantique. — Visiter la cathédrale et l'orgue extraordinaire qu'elle contient, l'hôtel de ville et son tilleul, les fameux ponts suspendus, les quatre maisons de la rue Court-Chemin, au-dessus desquelles est le pavé d'une autre rue, la gorge du Gotteron. Hôtels de *Fahringen*, tenu par M. J. KUSSLER; du *Faucon* et de *Zæhringerhof*. Excursion au Schönenberg, à Tory, à l'ermitage de la Madeleine taillé dans le roc, à Burgerwald, voir le gaz inflammable de mine sur le Moléson et à Morat. Hôtel de la *Couronne*. — Dans le canton : le lac Morat, Estavalar, Bulle, Gruyère, Rue, Chatel-Saint-Denis et Monthovon, tous charmants paysages.

Schaffhouse, chef-lieu de canton, bâtie sur le penchant d'une colline du Rhin, avec maisons d'architecture antique, offre la curiosité toujours nouvelle de la fameuse chute du Rhin, la plus imposante cataracte de l'Europe, qui se précipite de quatre-vingts pieds de haut avec bruit de tonnerre étourdissant.— Visiter la cathédrale, l'hôtel de ville, l'arsenal, le cabinet d'histoire naturelle, le fort Munoth (très-curieux) et le Fassistaud, au-dessus de la ville. Hôtel de la *Couronne*. Au-dessus et en face de la chute du Rhin, on trouve un bon hôtel, l'hôtel *Bellevue* où nous avons passé une nuit délicieuse à voir tomber cette cataracte, qui n'a pas sa rivale en Europe. Dans le canton : visiter l'abbaye de Rheisneau, Hallau, Thayngen, Neunkirch et Stein (*Hôtel du Cygne*).

---

Le lac de Constance, chef-lieu de canton. La ville offre peu de curiosités. Beau port avec jetée et phare. Célèbre fonderie de cloches. Les environs sont bien cultivés. Les promenades du lac sont charmantes.

Hôtels du *Brochet*, de *Bade*, la *Couronne*. — Dans le canton : visiter Breguez, sur les rives allemandes, et particulièrement Lindeau (hôtels de *Bavière* et de la *Couronne*), une Venise aux petits pieds, se baignant dans le lac et qui contient des villas ravissantes, entre autres, celle de la princesse Lintpold de Bavière ; les bains de Schachenbad ; Friedrichshafen, Meersbourg, Arenenberg, où vivait Napoléon III dans la plus profonde retraite, Ermatingen, Horn et sa cure de petit-lait ; et enfin, Borschach, la localité la plus vivante du lac de Constance, extrémité du chemin de fer conduisant aux cantons de Saint-Gall et Glaris.

Saint-Gall, la ville la plus élevée de l'Europe, elle est renommée pour son commerce de broderies, bien bâtie, très-animée et proprement tenue par ses habitants. Nombreuses curiosités intellectuelles et associations scientifiques. Partout les points de vue sont ravissants, ils offrent toutes les magnificences des Alpes, du lac, de la Turgovie : visiter le viaduc grillé du chemin de fer, ouvrage remarquable. Hôtels du *Lion*, du *Brochet* du *Cerf*, de l'*Ours*, du *Bœuf*. — Les environs sont charmants en excursions. — Dans le canton : visiter Reineck, le saut du Cerf, le magnifique panorama des montagnes, Ragatz, les eaux chaudes de Pfäfers, les ruines de Frudenberg, le sommet du majestueux Falkins, le Zeezthal, Wallenstadt, le lac de Wallenstadt, Wesen, ville historique, Lichtensteig, sur une hauteur rocailleuse, Wyll, dans une belle situation. Les bains de Pfeffers sont situés dans une gorge profonde où le soleil ne pénètre que quelques heures en été. Pour y pénétrer, il faut passer sur un pont effrayant, la lumière disparaît à mesure que l'on s'enfonce dans cet antre, et la couleur noire des rochers, le froid et l'humidité qu'on y ressent vous saisissent d'une horreur indomptable. C'est un tableau effrayant et grandiose, unique en Suisse et peut-être en Europe.

Canton d'Appenzell. Il est divisé en Rhodes extérieur et intérieur. Rhodes extérieur a une population des plus compactes de l'Europe, et Trogen en est le chef-lieu. Trogen renferme des palais massifs en pierre de taille, un hôtel de ville et une jolie église, dont le presbytère est le plus beau de la Suisse. Hôtel de la *Couronne*. — Dans le demi-canton on trouve Heiden, avec beau point de vue à la chapelle Saint-Antoine ; Teufen, Gais, Hériseau, les bains de Henrichsbad. — Rhodes intérieur n'est presque point habité. Grands massifs montagneux, il a des sommets aux vues magnifiques, des champs de neige éblouissants, des fissures effrayantes et des rocs rocailleux. Dans ce canton, on trouve Appenzell, lieu de cures, les bains ferrugineux de Gouten, les bains de Wiessbad. — Excursions nombreuses dans les montagnes qui sont d'un aspect grandiosement sauvage et extrêmement intéressantes.

Glaris, ce canton forme une étroite vallée d'une dizaine de lieues, dont Glaris est le chef-lieu. Entouré d'effrayantes et parfois abruptes montagnes, qui ont plus de 12,000 pieds de haut, il offre aux touristes des émotions saisissantes. Visiter le vallon romantique du Klœenthal et la vallée de Linththla. Glaris se relève, grâce aux secours patriotiques, d'un incendie qui lui dévora six cents maisons et monuments publics le 10 mai 1861. Les Glaronnais sont très patriotiques, ils conservent un précieux souvenir de la célèbre bataille de Nafels. Hôtels : le *Glarnerhof*, le *Corbeau*. — Dans le canton : visiter Nafels, les bains de Stachelberg, source sulfureuse parfaitement établie. Voir les cascasdes de Stachelberg et les solitudes rocheuses des Saudalpen, ainsi que la majestueuse et sauvage perspective des glaciers du Selbsauft.

Le canton des Grisons est le plus montagneux, le plus grand et le moins peuplé de toute la Suisse, il contient de hauts et remarquables sommets. — Coire, le chef-lieu, est assez remarquable, surtout pour son Dôme épiscopal, construit dans le huitième siècle, et renfermant des antiquités religieuses. Visiter le château, la tour Marsoel, l'hôtel de ville, les points de vue du Mittenberg, du Galanda et du Faulhorn. Hôtel du *Steinbock*. — Dans le canton : voir le château de Reicheneau converti en pensionnat, et où Louis-Philippe fut professeur de mathématiques. Voir le petit village de Ems, la petite ville de Hauz sur le Rhin, Dissentis et ses magnifiques points de vues. Faire une excursion dans la vallée de Domiesch, qui contient une trentaine de villages et vingt châteaux. Voir la belle montagne du Heitzenberg si renommée. Visiter Thusis et la Via-Mola, gorge sauvage et grandiose de plus d'une lieue de long, au fond de laquelle mugit le Rhin. Voir le Trou-Perdu et visiter la vallée de Schams et ses charmants petits hameaux. Voir Splugen, la vallée de Davos, la vallée de Pratigan, la longue vallée de l'Egandine, Sils et son lac, Saint-Moritz, renommé pour ses bains, Smaden, Scaufs, Zernetz, Sus et ses antiquités romaines, Fettan avec ses grottes de stalactites, Schuls, Remus. Voir la Bernia, groupe élevé de montagnes et de glaciers, Poschiavo et Brusio, Vico-Soprano au val de Bregaglia, et la belle cascade de l'Albigna. Visiter aussi le val Misocco, les ruines du château de Sax et la cascade de Buffaloro.

Canton du Tessin. Ce canton, d'un cachet tout à fait italien, a pour chef-lieu Bellinzona, la clef de la Suisse du côté de l'Italie. Cette ville, favorisée par un climat méridional, est peu remarquable, à part ses fortifications de puissantes murailles et sa digue de 2,400 pieds. Hôtel *Angelo*. — Locarno, aussi chef-lieu, est bâti en amphithéâtre sur le Verbano, au bord du lac Majeur. Cette ville attire, les jours de marché une foule de montagnards à la physionomie et au costumes pittoresques. Faire une excursion à la Madonna del Sarro, à Ascona, à Tenero et à Lasone au-dessus de la ville. Hôtel de la *Couronne*.— Lugano, belle et agréable ville, riche en végétation assise qu'elle est au bord du lac. Voir ses édifices qui sont remarquables, l'église de Saint-Laurent, surtout d'où on a un beau point de vue, le parc Ciani. Excursions aux caves de Caprino en bateau. Hôtels du *Parc* et du *Belvédère*. Visiter le lac Majeur, sur lequel des bateaux à vapeur desservent plusieurs contrées florissantes. Voir les îles Borromée, l'Isola-Bella, bâtie en amphithéâtre, belles végétations, grottes, palais, tableaux remarquables, vue magnifique. Hôtel du *Delfino*.— L'Isola Madre et Magadino, et le monte Cenero. Nombreuses excursions sur le monte Caprino, le Camoghé, le mont Generoso. — Visiter aussi le lac de Lugano, en communication avec le lac Majeur, et parcouru aussi par des vapeurs.

Le lac de Come, chanté par Virgile, est dominé par une ceinture de montagnes aux végétations luxuriantes italiennes, ses bords sont escarpés d'une magnificence de paysages, ornés de gracieuses et aristocratiques villas aux nombreuses cascades. Il est sillonné par quatre bateaux a vapeur, et de nombreuses barques qui desservent ses villages. Les bourgs et villas, ainsi que les villes de Come, Torno et autres. Parmi les nombreuses villas, nous citerons la villa Bocarmé, palais d'un ameublement merveilleux, la villa Balbianelta, la villa Carlotta, la villa Frizzoni, la villa Giulia, appartenant au roi des Belges. — Visiter Bellagio (hôtel de *Bretagne*); Varenna (hôtel de la *Poste*); la cascade de Fiumedi-Latte, neuf cents pieds au-dessus du lac ; la cascade de Bellano ; le mont de Crocione et autres curiosités innombrables. — Come, charmante ville sur le lac, contient des édifices remarquables en marbre du pays, sa population, de 20,000 habitants, est très-industrieuse et favorable aux étrangers visiteurs. — Hôtels de la *Couronne* et de l'*Italie*. De Come à Milan, on y est en très-peu de temps.

Le canton de Schvytz ne possède pas de ville, cependant les villages de Schvytz, chef-lieu, Brunnen, Seeven, Goldeau, Rœthen et Busingne méritent d'être visités. C'est à ce dernier village que périt 437 personnes en 1806 par la chute de la montagne de Rossberg. Les habitants de ce canton sont renommés pour leur amour ardent de la liberté. — Visiter ART, sur le lac de Zug, et s'arrêter à l'hôtel de l'*Aigle-Noir*, chez Horat, où l'on trouve bains froids et de bons mulets avec guides recommandables pour l'ascension du Rigi ; la chapelle de Guillaume Tell près du pont de l'Immensée, où l'on peut se reposer à l'hôtel du *Rigi*, chez M. Pierre Sidler, qui parle français, avant d'entreprendre l'ascension de la célèbre montagne. Visiter aussi Einsiedeln, lieu de pèlerinage le plus célèbre de la Suisse, sous le nom de Notre-Dame des Ermites, visité tous les ans par plus de 150,000 personnes, son couvent contient une centaine de prêtres, et devant l'église miraculeuse il y a une fontaine où la tradition prétend que Jésus-Christ a bu.

Le Rigi. — C'est dans ce canton qu'est la montagne où l'on jouit du plus célèbre panorama de l'Europe. Le Rigi est visité tous les étés par plus de 20,000 touristes, et présente les points de vue les plus beaux et les plus renommés de la Suisse. L'ascension se fait sans danger par Geldau, Art, Veggis ou l'Immensée. On y jouit, sur le haut, du lever et du coucher du soleil. Hôtel du *Rigikulm*, toujours plein et d'où on est réveillé le matin pour le lever du soleil et non loin, hôtel du *Rigischlaf*. — Visiter Rigistffel, les bains de Kalsbad, le Klosterli, la Rigischeideck.

―――

Canton de Soleure. La ville de ce nom, chef-lieu, est pittoresquement ceinte de tours et de remparts. Le clergé y est nombreux et y possède une douzaine d'églises dont la plus remarquable est la cathédrale de Saint-Ours. L'hôtel de ville contient de nombreux trophées. Le cabinet d'histoire naturelle contient la pétrification du Jura, curiosité unique en son genre. Les environs offrent d'agréables promenades. Hôtels de la *Couronne*, du *Cerf* et du *Faucon*. — Dans le canton : l'église de Sainte-Catherine, route de Bâle ; la grotte de Sainte-Vérone, creusée dans le roc, renferme le tombeau du Sauveur. Voir Verenathal, sa gorge romantique, ses cascades, ses grottes. Visiter la célèbre hauteur le Veissenstein qui offre un séjour agréable et où l'on prend des cures d'air ou de petit-lait. — Olten, ville florissante à cause de la bifurcation des chemins de fer. Dans le voisinage, les bains de Lortof et le château de Wartenfels. Puis Schonenwerth, Granges, les bains hydrothérapiques de Quellenthal, Dorneck, d'où l'on va en pèlerinage à Mariastein.

―――

La Thurgovie. Ce canton est peu visité par les touristes, il n'offre point de curiosités naturelles. Son chef-lieu, Frauenfeld, est une petite ville bien bâtie

INTERLAKEN

# HOTEL ET PENSION
## DES ALPES

Propriétaire, M. KNECHTENHOFER

Ce bel établissement, situé en face la YOUNGFRAU (montagne de la Vierge), au milieu d'un vaste jardin, possède le plus beau salon d'Interlaken, et de grands et petits appartements d'une propreté remarquable. Omnibus de l'hôtel au débarcadère. — Trois tables d'hôte et pensions. — 110 chambres meublées à neuf. — Prix modérés. — *Largest of all capitally situated, and well kept.*

LAUSANNE

# HOTEL GIBBON

Pl. St-François. — RITTER-BOSSEL, propriétaire.

Ce grand établissement de premier ordre, situé dans la meilleure partie de la ville, et jouissant d'une haute réputation bien méritée, se trouve dans une des plus belles situations de la Suisse. De ses vastes appartements et de sa terrasse ornée de marronniers et de pavillons où le célèbre historien GIBBON écrivit son histoire romaine, l'on découvre le plus vaste panorama du lac et des Alpes. Outre la tenue distinguée de cet hôtel, il offre, par sa situation vraiment ravissante, un des séjours les plus agréables qu'on puisse choisir sur les bords du lac de Genève. — Excellente pension pendant la saison d'hiver à un prix réduit.

et bien exposée avec un château sur un rocher élevé. Le canton possède plusieurs châteaux et couvents et quelques ports sur le lac de Constance. Il faut citer Islikon, Weinfelden, Diessenhofen, Bischofzel, Ermantingen, Arbon, etc.

Canton d'Unterwald. Ce double petit pays idyllique, divisé en haut et bas canton, est cerné par de hautes montagnes avec une trouée dans le lac. Il est peu visité à cause de son peu d'accessibilité. L'un de ses chefs-lieux est Stanz dont les environs contiennent de belles cascades et des papeteries mécaniques. L'autre chef-lieu est Sarnem qui n'offre rien d'intéressant. L'on visite le petit lac de Lungern en passant par le Brunig, dans l'Oberland bernois, la vallée d'Engelberg, l'abbaye des Bénédictins, le majestueux Titlis que l'on peut gravir en 5 heures, et sur le versant duquel il existe un établissement pour cure d'eau et de petit-lait nommé Engelberg.— Hôtel de l'*Ange*.

Zug, chef-lieu du canton le plus petit de la Suisse, est très-fertile et gracieux à visiter, quoiqu'il n'offre rien de remarquable que sa gentillesse et son petit lac qui s'étend gracieusement au pied du Rigi et en vue du mont Pilate et des Mythes. Un bateau à vapeur le parcourt. Visiter la crevasse de la Brecchi. Voir les villages de Cham, Baar et les filatures nombreuses des environs. — Hôtel du *Cerf*.— Excursion : le lac d'Argeri et sa vallée.

Le canton d'Uri nous mène à la partie la plus abrupte et la plus sauvage de la Suisse, les montagnes sont d'une grande âpreté et le Föhn (vent d'Italie) exerce souvent ses ravages. Ce pays, qui n'offre aux touristes de remarquable, à par ses montagnes, que le Pont-du-Diable, construction hardie traversant un torrent furieux, et le Trou-d'Uri, galerie de 180 pieds dans le roc, est important comme souvenirs historiques ; c'est le berceau de la liberté et de la gloire nationale de la Suisse. — Altorf, chef-lieu de canton, renferme une fontaine sur l'emplacement même où Guillaume Tell tira sa flèche historique.— Burglen, patrie de Guillaume Tell, où est érigée la chapelle dans laquelle sont représentés les principaux traits de la vie de ce libérateur qui mourut dans une inondation en sauvant un enfant. — Amstag ; les cascades du Maderawerthal et les glaciers de Hufi ; la vallée de Unsernthal ; Andermatt, près de la montagne Sainte-Anne, dangereuse par ses avalanches ; Hospenthal et ses antiquités lombardes. — Visiter le Gothard qui contient une trentaine de petits lacs, une dizaine de glaciers et une foule de vallées ; coucher par curiosité au nouvel hospice où on est tenu d'héberger gratuitement au moins pendant deux jours tous les touristes, étrangers ou voyageurs de passage, et le nombre en dépasse 12,000 chaque année. Voir la chapelle des morts où l'on expose les voyageurs qui périssent dans les montagnes et recherchés continuellement par des chiens du pays. Excursions sur la Fabbia et sur la Prosa pour voir le panorama des hauts sommets.

# CHEMINS DE FER SUISSES.

*Genève à Lyon.* — Meyrin, Satigny, La Plaine, Chancy, Culoz, Ambérieu, Lyon, Paris.

*Genève à Morges.* — Chambéry, Genthod, Bellevue, Versoix, Coppet, Céligny, Nyon, Gland, Gilly-Bursinel, Rolle, Allaman, Aubonne, Saint-Prex, Morges.

*Morges à Saint Maurice.* — Renens, Lausanne, Lutry, Cully, Rivas, Saint-Samphorin, Vevey, Tour-de-Peltz, Burier, Clarens, Verney, Montreux, Veytaux, Chillon, Villeneuve, Roche, Aigle, Saint-Triphon, Bex, Saint-Maurice.

*Saint-Maurice au Bouveret.* — Monthey, Vouvry, Bouveret.

*Saint-Maurice à Sion.* — Evionnaz, Vernaya, (Pissevache, Trient,) Martigny, Saxon, Riddes, Ardon, Sion.

*Lausanne à Neuchâtel.* — Renens, Bussigny, Cossonay, Eclépens, La Serraz, Chavornay, Orbe, Ependes, Yverdon, Grandson, Onnens, Bonvillars, Concise, Vaumarcus, Gorgier, Saint-Aubin, Bevaix, Boudry, Colombier, Anvernier, Neufchâtel.

*Neuchâtel à Pontarlier.* — Auvernier, Noiraigue, Travers, Couvet, Boveresse, Verrières, Pontarlier.

*Neuchâtel au Locle.* — Corcelles, Chambrelieu, Coffrane, Haut-Geneveys, Convers, Chaux-de-Fonds, Eplatures (les), Locle.

*Neuchâtel à Herzogenbuchsee.* — Saint-Blaise, Cornaux, Cressier, Landeron, Feuveville, Douanne, Bienne, Pieterlen, Grenchen, Selzach, Soleure, Subigen, Inkwil, Herzogenbuchsee.

*Herzogenbuchsee à Berne.* — R'edtw, Wyningen, Berthoud, Burgdorf, Luss^ch, Hindelbanck, Schonbü:.l, Zo'likofer, Berne.

*Berne à Thoune.* — Oster, Mündingen, Gümlingen, Rubigen, Münzingen, Kiesen, Uttingen, Thoune.

*Berne à Fribourg.* — Bümplitz, Thœrishaus, Flamat, Schmitten, Fribourg, Balliswel.

*Herzogenbuchsee à Olten.* — Bützberg, Langenthal, Murgenthal, Niederwyl, Aarberg, Olten.

*Olten a Bâle.* — Laüfelfingen, Sommerau, Sissach, Lausen, Liestal, Nieder-Schœnthal, Prateln, Muttens, Bâle, Mulhouse, Paris, Strasbourg, Fribourg, Francfort.

*Olten à Lucerne.* — Aarburg, Zofingen, Reiden, Dagmersellen, Nebikon, Wauwyl, Sursee, Nottwel, Sempach, Rothenbourg, Emmembrucke, Lucerne.

*Olten à Turgi.* — Dænikon, Schœnenwerth, Aarau, Rupperschweil, Willdegg, Schinznach, Brugg, Turgi.

*Turgi-Waldshut-Bâle.* — Siggenthal, Dottingen, (Klingnau), Koblentz, Waldshut, Dogern, Albruck, Lauffenburg, Murg, Sœckingen, Brennet, Beuggen, Rheinfelden, Whyhlen, Greuzach, Bâle.

*Turgi à Zurich.* — Baden, Kilwangen, Dietikon, Schlieren, Alstæten, Zurich.

*Zurich à Wesen.* — Oerlikon, Wallisellen, Dubendorf, Schwerzenbach, Næmkon, Uster, Aathal, Wetzikon, Bübikon, Rüti, Rapperschwl, Bollingen, Schmerikon, Uznach, Kaltbrunn, Scænis, Zügelbrücke, Wesen.

*Wesen à Glaris.* — Næfels, Mollis, Netstall, Glaris.

*Wesen à Sargans.* — Mülhorn, Murg, Unterterzen, Wallenstadt, Flums, Mels, Sargans.

*Zurich à Winterthur.* — Œrlikon, Wallisellen, Effretikon, Kemptthal, Winterthur.

*Winterthur à Schaffouse.* — Hettlingen, Henggart, Andelfigen, Marthalen, Dachsen, Schaffouse.

*Winterthur à Romanshorn.* — Wiesendangen, Isikon, Frauenfeld, Felden, Mülheim, Mærstetten,

Weinfelden, Bürglen, Sulgen, Erlen, Amriswyl, Romanshorn.

*Winterthur à Sargans.* — Ræteshen, Elg, Aaadorf, Eschlikon, Sirnach, Wel, Schw rzenbach, Uzwyl, Flawyl, Gossau, Winkeln, Bruggen, Saint-Gall, Saint-Fiden, Mœrschwyl, Rorschach, Stand, Rheineck, Saint-Margrethen, Au, Herrbrugg, Rebstein, Altstætten, Oberiet, Rüthi, Saletz, Haag, Buchs, Sevelen, Trubbach, Sargans,

*Sargans à Coire.* — Ragatz, Mayenfeld, Landquart, Zizers, Coire, Milan, Turin, Gênes.

# BATEAUX A VAPEUR SUISSES.

*Lac Léman (Côtes suisse)* — Genève, Versoix, Coppet, Nyon, Rolle, Morges, Ouch, Lausanne, Lutre, Culi, Veve, Clarens, Montreux, Villeneuve, Lac Léman (Côte de Savoie), — Genève, Hermance, Nernier, Thonon, Evian, Meillerie, Saint-Gingolphe, Bouveret.

*Lac de Neuchâtel et de Morat.* — Yverdon, Estavaeer, Saint-Aubin, Cortaillod, Neuchâtel, Cudrefin, La Sauge, Sugiez, Morat.

*Lac de Thoune.* — Thoune, Spiez, Neuhaus.

*Lac de Brientz.* — Unterseen, Brientz.

*Lac de Lucerne.* — Lucerne, Stantzstadt, Alpanach, Kussnacht, Weggis, Beckenried, Gersan, Brunren, Fluelen, Altorf.

*Lac de Zug.* — Zug, Cham, Immensee, Arth.

*Lac de Zurich.* — Zurich, Zollikon, Bend ikon, Kussnacht, Rüschliikon, Thalweil, Erlenbach, Herrliberg, Meilen, Ur kon, Horgen, Mænndorf, Stæffa, Weidenschweil, Schirmesee, Rich'erschwyl, Rapperswel, Altendorf, Lachen, Baden, Nuolen-Schmerikon.

*Lac de Constance.* — De Rorschach, de Romanshorn et Schaffhouse, *Bateaux à vapeur pour* Friedrischshhaffen (chemin de fer wurtembergeois ou Lindau) (chemin de fer havarois).

*Lac majeur.* — Magadino, Locarno, Ascona, Arona.

---

NEUCHATEL

# HOTEL DU FAUCON

Cet hôtel, meublé à neuf, est le plus près de la gare. Sa réputation déjà ancienne augmente chaque jour par suite du zèle que M. STAMPFLY apporte à satisfaire MM. les voyageurs. — Chambres de 1 fr. à 1 fr. 50. — Déjeuner à 1 fr. Diner à 2 fr. 50 et au-dessus. Carte variée. — L'omnibus de la poste fait, chaque train, le service de l'hôtel pour MM. les étrangers.

BEAU-RIVAGE

## HOTEL BEAU-RIVAGE

Près Lausanne, tenu par A. RUFENACHT.

Ce bel établissement, récemment construit dans une des plus belles positions, sur les bords du lac Léman, à proximité des débarcadères des bateaux à vapeur, est entouré d'un parc et jardin anglais. Sa belle construction, l'arrangement supérieur de ses appartements, offrent aux voyageurs tout le confort d'un séjour agréable. Prix avantageux pour séjour et pour la saison d'hiver. — Un omnibus, dépendant de l'hôtel, fait le service à la gare des chemins de fer. — Bureau du télégraphe dans l'hôtel. — Bains dans l'hôtel.

GENÈVE

# HOTEL DE LA COURONNE

Grand-Quai, 167, vis-à-vis le débarcadère des bateaux à vapeur, tenu par M. Charles ALDINGER.

Cet hôtel, jouissant depuis longtemps d'une haute réputation parmi les familles étrangères et les touristes de tous pays, se recommande, tant par sa position exceptionnelle, sa rue du lac et des Alpes, à côté de l'embarcadère des bateaux à vapeur, que pour sa bonne administration, son excellente cuisine et ses prix modérés. — Pension à un prix modéré ; du 15 octobre au 15 mai — Un omnibus dépendant de l'hôtel, fait le service à la gare des chemins de fer.

This hotel has long enjoyed a very higle reputation amongst travellers of all nations due entirely to its beautifull position an full view of the lake of Alps and capital management excellent table and moderale charges. — Winter board from october 15 the to may the omnibus meeting every train.

---

**GENÈVE.** **HOTEL VICTORIA, rue du Mont-Blanc**, à côté de l'Église anglaise. — Appartements pour familles. Omnibus à la gare, prix de la place : 30 c.

# SCHAFFOUSE ET LA CHUTE DU RHIN

## SCHAFFOUSE (Station de Neuhausen, Chute du Rhin.)

### HOTEL BELLE-VUE

Près et en face la nouvelle gare et la chute du Rhin.

Cette bonne maison (familly hotel), tenue par son propriétaire, M. DANNEGGER, est dans une situation admirable pour touristes et familles. L'omnibus de l'hôtel va vingt fois par jour en ville, que l'on peut visiter tout en restant à proximité de la cataracte du Rhin, qui n'a pas sa pareille en Europe.

## SCHAFFOUSE (Suisse). — Hôtel de la Couronne. — Tenu par J. HIRT, propriétaire, à 4 minutes de la gare et des bateaux. — Les touristes peuvent facilement visiter la ville, dont le style moyen âge est digne de remarque, et la Chute du Rhin, située à vingt minutes de la ville, le tout dans la même journée. — Table d'hôte et restaurant à la carte à toute heure. — Omnibus à la gare et voitures pour excursions. — Omnibus pour la Chute, et dix trains de chemin de fer par jour pour aller et revenir. — Belle situation. — Service confortable à des prix modérés.

# HOTEL ET PENSION DE BELLEVUE

## à THOUNE (Berne). — Propriétaire, M. KNECHTENHOFER.

Ce grand et bel établissement, situé dans une position magnifique au bord du lac et vis-à-vis des glaciers, consiste en plusieurs maisons, parmi lesquelles un Chalet, la Maison de réunion et la Chapelle anglaise, le tout au milieu d'un grand parc et entouré d'un jardin anglais. — *L'Univers illustré*, dans ses publications d'un *Voyage en Suisse*, 1859, donne la vue de cet établissement exceptionnel. — La Maison de réunion a un salon de lecture où l'on trouve les principaux journaux de l'Europe. — Un service d'omnibus, établi par les soins du propriétaire, dessert la gare, l'hôtel et l'embarcadère des bateaux, qui se trouvent devant l'hôtel. — Le propriétaire de l'hôtel BELLE-VUE, M. Knechtenhofer, vient d'ajouter à son délicieux établissement un vaste Chalet destiné à servir de salle à manger pour une société de cent couverts. De plus deux chalets nouveaux sont construits, l'un sert comme salon de réunion, et l'autre comme salon de billard et de jeux, en tout onze différents bâtiments.

## MARTIGNY

# HOTEL CLERC

Tenu par le propriétaire, Henri CLERC.

Nouvellement construit, cet hôtel possède de grands et petits appartements très-bien meublés. — On trouve dans l'hôtel des guides et mulets pour le Saint-Bernard et Chamounix, et des voitures pour les excursions.

## MARTIGNY

# HOTEL GRAND'MAISON ET POSTE

Tenu par le propriétaire, J. MORAND.

Les touristes trouvent dans l'hôtel des voitures pour les excursions dans la plaine, et des guides et mulets pour le St-Bernard et Chamounix. — Grands et petits appartements confortables. Bon service et bonne table.

## (Valais) LOËCHE-LES-BAINS (Suisse)

### HOTELS DES ALPES ET DE BELLEVUE

Tenus par les propriétaires BEEGUER frères

#### OUVERTS DÈS LE 1er MAI

L'Hôtel des Alpes a l'avantage de posséder les bains dans l'établissement. — *Pour renseignements:* s'adresser aux frères SEEGUER, à Sion.

## VALAIS SUISSE BAINS DE SAXON A 10 MINUTES de MARTIGNY

Eaux minérales iodurées, célèbres par les cures qu'elles ont opérées. — Splendide CASINO-CHALET ouvert toute l'année, renfermant de magnifiques Salons de conversation, de lecture et de jeux. La roulette et le trente-et-quarante s'y jouent comme à Baden-Baden. — Excellent Orchestre, Soirées, Bals, Concerts — Descente en traineau de la célèbre montagne *Pierre-à-Voir*, 7.685 pieds en 15 minutes, aucun danger. — Hôtel de premier ordre.

## SION (Valais)

# HOTEL DE LA POSTE

**CHAMONY.** HOTEL ROYAL DE L'UNION. — Tenu par Ferdinand EISENKRAEMER
Hôtel de premier ordre, en vue et au pied du mont Blanc.

# HOTEL ET BAINS D'AMPHION

## Sur le lac Léman (Haute-Savoie)

### ENTRÉE LIBRE

Source minérale ferrugineuse d'une antique célébrité. L'Académie impériale de médecine vient d'en faire l'analyse. Elle en a fait le plus grand éloge. — Vue magnifique. Site unique sur les bords du lac Léman. Salons de lecture, etc. — Table d'hôte à 10 heures et à 4 heures. Diners particuliers. — La cure des eaux d'Evian se fait à Amphion. Service de bateaux à vapeur ; Omnibus par terre et par eau; Pêche; Bateaux à promenade. Jardin anglais.

N. B. *C'est le seul établissement de la localité réellement au bord du Lac.*

# BELLINZONA (Suisse)

# HOTEL DE L'ANGE ET POSTE

Propriétaire : M. **Jean MADDALENA**, près du bureau des diligences.

MM. les Voyageurs y trouveront de grands et petits Appartements confortables. — Voitures et chevaux de poste pour le passage du Saint-Gothard, du Saint-Bernardin, etc., à des prix fixes et modérés. — Service suisse. — On parle allemand, français et anglais. — Table d'hôte, restaurant et pension.

## UN MOIS EN ESPAGNE

L'Espagne, encore peu visitée par les touristes, est appelée à avoir son contingent de curieux avec ses nouvelles lignes de chemin de fer et l'installation d'hôtels qui rivalisent avec les hôtels de l'Allemagne et de la Suisse.

MADRID (*Nouvelle Castille*) est située sur une colline au centre du royaume. La population de cette capitale est de 290,000 h. Voir le Musée, les théâtres royaux, les cirques, le Prado, le Retiro, les jardins botaniques et la Fuente Castellana, courses de taureaux. Environs pittoresques. — Visiter Almaden et ses mines de mercure les plus riches du monde; — Ciudad-Real, renommée pour ses soies; Guadalajara et son pont remarquable; — l'antique Talavera de la Reyna; — et aussi Tolède, avec sa vaste cathédrale, son Alcazar et son archevêché.

VALLADOLID (*Vieille Castille*), 25,000 h., ville épiscopale; — Burgos, 12,000 h., sur une jolie colline, remplie d'oliviers. Magnifique cathédrale gothique renfermant le tombeau du Cid; — Les ports de Comillas et de Gijon; — Léon et la plus belle cathédrale de l'Espagne; — Santander, port fréquenté 20,000 h., grand commerce; — Ségovie, où l'on voit un aqueduc très-antique et d'une hauteur qui excite l'admiration par sa majesté imposante, l'Alcazar et les musées.

LA COROGNE (*Galice*), ville forte, meilleur mouillage de l'Espagne, place commerçante, 24,000 h.; — Le Ferrol, le plus beau port de l'Europe, école de navigation, eaux thermales, ruines romaines; — Santiago et sa vieille cathédrale; — Les ports de Vigo et Vivero.

BADAJOZ (*Estramadure*), et son port sur la Guadiana; — Les imposantes fortifications d'Olivença.

SÉVILLE (*Andalousie*), grande ville de 110,000 h., sur le Guadalquivir. Voir sa cathédrale, son Alcazar, le palais San Telmo, ses charmantes promenades et ses importantes manufactures; — Les fortifications d'Algésiras; — Cadix, ville maritime, dont les environs sont extrêmement pittoresques, 70,000 h., belle cathédrale, la Santa Bodiva. Visiter San Fernando et son arsenal royal; — Cordoue et sa cathédrale, 53,000 h.; — Ossura, la plus fertile de l'Andalousie; — Port-Saint-Martin; — San Fernando, son observatoire et son école de marine; — San Lucar et Xérès, villes florissantes.

GRENADE, ville considérable sur le Daro, 90,000 h., cathédrale, archevêché, université, le beau monument de l'Alhambra, d'architecture moresque. Hôtels : *Del Dampillo, Victoria*; — Adra et ses fortifications. La belle, riche et florissante ville de Malaga, son château-fort, son palais épiscopal, sa cathédrale et sa fonderie, 94,000 h. Hôtels d'*Alameda, Victoria, Europe*; — Ronda, son précipice et son pont remarquable.

VALENCE, chef-lieu de ce nom, grande et belle ville de 68,000 h., sur le Guadalaviar. Visiter ses monuments, ses places, son académie; — Le port d'Aguilas; — Alcoy et son industrie; — Alicante, renommée par ses vins, un des ports les plus vastes et les plus sûrs de la Méditerranée, 21,000 h.; — Carthagène, très-ancienne ville, arsenal le meilleur de l'Europe, environnée de montagnes, mines, fonderies et verreries considérables, 21,000 h.; — Murcie et son évêché, 26,000 h.

BARCELONE (*Catalogne*), grande et belle ville forte, très-industrielle, bâtie sur les bords de la Méditerranée, possédant chemins de fer, bateaux à vapeur et 200,000 h. Visiter ses nombreux monuments et curiosités. Hôtels du *Commerce*, d'*Orient*, des *Quatre Nations*; — Mataro, Sabadell et ses fabriques; — Tarragone, son port de mer vaste et très-sûr, sa cathédrale et son ancien palais des Césars.

SARAGOSSE (*Aragon*), ville commerçante de 45,000 h. Monuments qui ont un cachet particulier.

PANPLONA (*Navarre*), 15,000 h. Port fréquenté.

SAINT-SÉBASTIEN (*Guipuiscoa*), port et ville fortifiés de 7,800 h; — Bilboa, grand port de mer de 20,900 h., commerce très-étendu; — Victoria, ville importante par son industrie et son commerce de fer, curieuse à visiter. Hôtels bien tenus.

PALMA (*îles Baléares*), ville fortifiée au fond d'une grande baie, grand commerce, beaux monuments, 40,000 h.; — Majorque, île commerçante, renfermant 171,000 h.; — Minorque, renommé pour ses vins, 84,000 h.; — Les ports Mahon et Soller.

Parmi les possessions de l'Espagne, dans les autres parties du monde, on cite Ténériffe en Afrique, les îles Philippines et Mariannes en Océanie; l'île de

Cuba, la Havane en Amérique, et l'île de Puerto-Rico.

Voici, en outre, quelques renseignements sur les hôtels et curiosités des principales villes des 12 capitaineries citées plus loin :

MADRID. Hôtels : Fonda Peninsular, la Nueva Peninsular, Calle de Alcala, la Vizcaïna, Calle Mayor, Fonda, Europa, Calle de Peregrinos, Fondade San Luis, Calle de la Montera. Madrid possède deux beaux ponts : le pont de Tolède et celui de Ségovie.

GUADALAJARA. Hôtel : Posada de la Diligencia. 6,000 h. Ecole centrale du génie militaire.

ALCALA DE HENARES, patrie de Cervantès, 4,000 h. Collège de St-Ildefonse.

TALAVERA DE LA REYNA. 8,000 h. Sur le Tage. Immense pont d'origine inconnue, tombant en ruines.

TOLÈDE. 180,000 h. Cathédrale d'une majestueuse beauté. A 2 kil. se trouve la fabrique d'armes blanches si justement renommée.

VALLADOLID Hôtel Parador de las Diligencias postas generales. Musée curieux. Cathédrale remarquable.

BURGOS. Hôtels : Parador de las Peninsulares. Casa des Postas, Parador de las Generales. On visitera avec intérêt Casa del Cordon, manoir antique.

LÉON. Hôtels : Cosa de pupilos, Posada sur la Rastro, Posada de los Catalanes. 10,000 h.

SANTANDER. Hôtels : El Parador de Moral ; Fonda de Bogo. Fabrique de cigares. Bains de mer très-fréquentés ; belles promenades.

LA COROGNE. Hôtel : Fonda del Comercio.

LE FERROL. Hôtel : Posada de San Felipe. Eglise paroissiale de San Julian.

SANTIAGO. Hôtel de Martin Moreno. Le tombeau de l'apôtre saint Jacques est dans la cathédrale.

BADAJOZ. Hôtels : El caballo Blanco, Fonda de las tres Naciones, los Caballeros. 25,000 h. A 9 kil. de la frontière de Portugal. Promenades.

SÉVILLE. Hôtels : Fonda de Madrid, Fonda de Paris, Fonda de Europa, Fonda de Londres. Théâtres et musées.

ALGESIRAS. 12,000 h. Port de mer assez bien abrité.

CADIX. Hôtels : Fonda de Europa, Fonda de las Cuatro Naciones, Fonda de Cadix. Séjour des plus agréables et accueil empressé.

CORDOUE. Hôtel : Fonda de la Diligencia. Couvents dignes de visite. Belle mosquée.

SAN FERNANDO. 20,000 h.

GRENADE. Hôtels : del Comercio, de Diligencia, de Pupilos, l'Alhambra.

MALAGA. Hôtel : de l'Oriente. Vins justement renommés pour leur saveur. Raisins secs. Nombreuses promenades.

VALENCE. Hôtels : Fonda Francesa. Fonda de Madrid,

Fonda de Paris, Fonda del Cid. Filatures importantes. ALCAY. 18,000 h. Promenades.

ALICANTE. Hôtels : F. del Vapor. G. hôtel *Bossio*.

CARTHAGÈNE. Hôtels : Fonda del Mayor, Fonda de la Jaboneria. Un des ports de mer le plus vaste de l'Espagne. 35,000 h.

MURCIE. 90,000 h. Hôtels : Fonda de San Leandro, Cosas de Pupilos. Posada del Comercio, Posada de San Antonio. Cathédrale remarquable. Belle rue de la Plateria.

BARCELONE. Hôtels : de l'Europe, des Quatre Parties du monde. Environs très-pittoresques.

TARRAGONE. Hôtels : Parador de las Diligencias, Posada del Comercio, la Fontana de Oro. Aqueduc romain.

SARAGOSSE. Hôtels : Fonda de Europa, la Rizcaïna, las Cuatro Naciones, la Ulalia. Promenade de Santa-Engracia. Port de la Muela : panorama.

PANPLONA (en français Pampelune). Hôtels : Fonda del Infante, Parador General. Théâtre. Eglises remarquables. Place et jeux de paume. Taconera et autres promenades.

SAINT-SÉBASTIEN. Hôtels : Laffitte, Parador Real. Ville neuve ; église du Coro, remplie d'élégants ornements.

BILBAO. Hôtel : Parador General. La circulation des voitures y est interdite. On devra visiter les promenades dont la plus pittoresque est celle de l'Arsenal.

PARIS A MADRID. — Service direct par Bayonne et les chemins de fer de Pampelune et de Saragosse *en 54 heures*. — Les Compagnies des chemins de fer de Madrid à Saragosse et de Saragosse à Pampelune ont établi un service direct de Paris à Madrid.

Les voyageurs ne changent pas de voitures entre Bayonne et Madrid. ce service est réglé comme suit :

| | | |
|---|---|---|
| *Paris à Bayonne* (chemin de fer..... | 10 h. | |
| *Bayonne à Pampelune* (diligence-poste). | 11 | |
| *Pampelune à Tudela* (chemin de fer). | 3 | 46 HEURES. |
| *Tudela à Jadraque* (diligence-poste).. | 18 | |
| *Jadraque à Madrid* (chemin de fer)... | 3 | |

MADRID A ALICANTE.

| | | | | | |
|---|---|---|---|---|---|
| *Madrid*.....dép. | 7 h. | 30 | matin, | 8 h. | 30 | soir. |
| *Aranjuez*..arr. | 9 | 4 | — | 0 | 35 | — |
| *Toledo*.....dép. | 5 | 56 | — | 5 | 50 | — |
| *Albacete*...arr. | 4 | 15 | — | 4 | 28 | — |
| *Alicante*...arr. | 9 | 40 | — | 9 | 45 | — |

ALICANTE A MADRID.

| | | | | | |
|---|---|---|---|---|---|
| *Alicante*..dép. | 6 h. | 15 | matin, | 8 h. | 45 | soir. |
| *Albacete*..dép. | 1 | 5 | — | 1 | 38 | — |
| *Toledo*...dép. | 6 | 40 | — | » | » | — |
| *Aranjuez*.arr. | 8 | 26 | — | 6 | 7 | — |
| *Madrid*...arr. | 10 | » | — | 7 | 30 | — |

# HUIT JOURS A LONDRES

## ET DANS SES ENVIRONS

Ceux qui n'ont pas encore visité l'Angleterre, doivent prendre par la Tamise, qui est la véritable entrée de Londres, comme les Champs-Elysées sont celle de Paris. Le voyageur y trouvera une première impression qu'il n'éprouverait plus aussi vivement à d'autres voyages.

L'on va à Londres par Calais et Douvres, par le Havre et Southampton, par Dieppe et Newhaven, en prenant le chemin de fer à la sortie du bateau. Mais avant de vous embarquer, prenez note de ce préservatif contre le mal de mer. Le mal de mer n'est qu'un mal mécanique, qui ne peut se guérir que par un remède mécanique : *similia similibus*. Les intestins formant une masse mobile dans l'abdomen, quand le vaisseau plonge par le tangage, le corps le suit, mais la masse viscérale éprouve un léger retard qui réagit sur le diaphragme, comprime le foie et presse la vésicule biliaire, qui dégorge son contenu dans l'estomac ; de là, tous les accidents de la *vomiturition* à vide, la plus pénible de toutes.

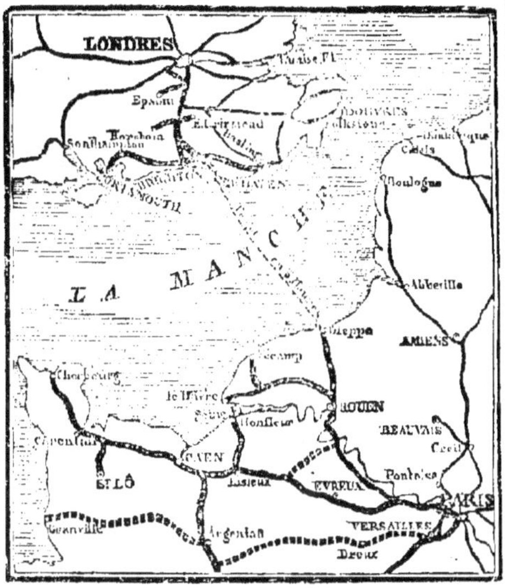

Cela étant admis comme physiquement certain, rien n'est plus aisé que de se préserver du mal de mer ; il suffit d'un ceinturon serré au dessous du thorax (au défaut des côtes), muni d'une seconde branche qui, partant de derrière, passe sous le périnée et vient se rattacher sur l'ombilic, au ceinturon principal, à l'aide d'une boucle qui sert à abaisser et maintenir la masse abdominale sur le bassin, pour ne faire qu'un tout avec la charpente organique. C'est une sorte d'empaquetage intestinal dans les cavités splanchniques. Cela fait, le mal s'apaisse, et l'on n'éprouve plus que le plaisir de se sentir agréablement bercé.

En arrivant à Londres, ayez soin de consulter votre budget projeté pour votre dépense journalière, car il a, selon les quartiers et les hôtelleries où l'on descend, une échelle graduée qui commence à 5 fr. par jour, et va jusqu'à 30, 60 et 80 fr., que l'on dépense dans les vastes hôtels de Regent Street, du Strand et de Piccadill. Dans la Cité, l'on peut être assez bien pour 5, 8 et 10 fr. par jour. Les hôtels français sont établis autour de Leicester square. L'on trouve aussi des *apartements to let furnished*, pour 9 à 10 fr. par semaine, sans compter le service. Dans les *Boarding houses*, l'on peut être nourri et couché modestement, pour 25 fr. par semaine. Les restaurants sont connus sous le nom de *Dining rooms* : on trouve des plats très-copieux à 80, 60, 40 et 30 c. Les *Healing schops*, ou boutiques à manger, sont très-communs ; on trouve une grande quantité de pâtisseries qui servent aux repas qu'on appelle *lunchs*. Les cafés français sont rares, à Londres. Les cafés anglais, dits *Coffee house*, sont sombres et d'un aspect triste, mais les journaux et les consommations sont en abondance et à bon marché. Nos marchands de vin sont remplacés par les *Public houses*. Les clubs sont nombreux et forts riches, leurs résidences sont de véritables monuments. Quelques maisons de jeu attirent les étrangers par l'amorce de bals et de soupers fins, sous la protection d'une loi qui consacre l'inviolabilité du domicile.

Londres n'a pas de quais. Les maisons du rivage baignent dans la Tamise, sur laquelle elles s'ouvrent pour recevoir les cargaisons de toute espèce, dont la Cité est le vaste entrepôt. Londres renferme un grand nombre de marchés, foires et bazars, monuments et antiquités, musées, galeries, bibliothèques, palais, hôtels et résidences, parcs, jardins et ménageries, places, ponts, ports, bassins, docks, et lieux de plaisir, que nous parcourerons en faisant le voyage que nous intitulons : *Une Semaine à Londres*.

LUNDI. — Musée Britannique. — Regent's Park. — Zoological Garden (Jardin des plantes). — Bazar de Ponton (Oxford Street). Les beaux quartiers de Londres. — Concert de Surrey Garden.

MARDI. — La Garde montante. — Les Horse-Guards. — Le Palais de Saint-James. — Palais de Whitehall. — Place de l'exécution de Charles Ier.— La place Trafalgar. — La Galerie nationale de tableaux. — Hôtel Marlborough, Galerie des peintres anglais. — Le char qui a servi aux funérailles du du duc de Wellington. — Parc de Saint-James.— Le palais de Buckingham, résidence de la Reine. Les Ecuries royales, où se trouvent remisées les voitures du sacre et de gala. — Hyde-Park. — Bazar Pantechnicon. — Concert de musique militaire à Kensington-Garden. — Le soir, à l'Opéra Royal Italien, où l'on trouve des places à 8 fr. 75 c.

MERCREDI. — Richmond, Hampton Court. — Le Palais-Royal et la remarquable Galerie de tableaux. — La Vigne qui produit chaque année 3,000 grappes de raisin. — Kew-Garden, jardin botanique royal (bateaux à vapeur). — Musée historique de M. Tussand. — Le soir au Casinot Laurent.

JEUDI. — Greenwich, Hôpital de la Marine. — Parc. — Promenade sur la Tamise. — Compagnie des Indes. — Le Tunnel. — Les Docks de Sainte-Catherine. — London-Docks. — Tour de Londres. — Visite à la Salle des Diamants de la Couronne.—

La salle d'Armes et toutes les salles historiques de la Tour. — La Cité. — La Douane. — La Bourse au Charbon. — La Banque. — Mansion house. — Le Palais du Lord Maire. — Guildhall. — La Cathédrale de Saint-Paul. — Sommerset house. — Le Strand. — Le soir à Crémorne-Gardens.

VENDREDI. — Le Château royal de Windsor, la Chapelle de Saint-Georges, le Parc, les Ecuries, etc. — Virginia-Water, près du camp de Chobham. — Le soir, à un théâtre anglais, ou le Wauxhall.

SAMEDI. — L'église de Westminster. — Les tombeaux. — Le Parlement, la Chambre des Lords. — La Chambre des Communes. — La Salle historique de Westminster, où a été condamné Charles Ier. — Les Tribunaux en séance. — La Brasserie de Barclay et Perkins. — Le monument de l'Exposition dernière, réédifié à Sydenham. — Le Colosséum.

DIMANCHE. — Visite des principaux jardins, parcs, églises. Parcourir les principaux quartiers, car, ce jour, tous les amusements sont fermés.

## LES MUSÉES, PALAIS, MONUMENTS ET LIEUX DE PLAISIRS

SUIVANTS SONT OUVERTS TOUS LES JOURS AU PUBLIC

*Antiquarian Museum*, dans Guildhall. Billets, t. l. j. *Art Union Society*, Suffolk street, Pall Mall. Billets, t.l. j.—*Asiatic Museum*. 5 New Burlington street. *Botanic Gardens*, dans Chelsea. Billets,t.l.j. — *Botanical Gardens*. dans Regent's Park. Billets. t.l.j.— *British Institution*, 52, Pall Mall, t. l. j. 1 sh. — *British Museum*, Great Russell street, Bloomsbury. *Christ's Hospital*. Newgate street. Billets, t. l. j.— *College of Surgeons Museum*, dans Lincoln's Innfields. Billets.—*Colosseum*, dans Regent's Park. T.l.j. de 7 à 10 h. du soir. 1 sh.—*Cosmorama*. 209, Regent street. T. l. j. 1 sh.—*Cremorn Gardens*. dans Chelsea. Promenades, fêtes champêtres. T.l.j. 1 sh. *Custom house* (Douane), dans Lower Thames street. T. l. j.—*Cyclorama* dans Albany street, près Colosseum. T.l.j. 2 à 7 h. 1 sh. — *Diorama*, dans Regent's Park. T.l.j. 10 à 6 h. 2 sh.—*East Indian Museum*. dans Leadenhall street. T.l.j. 11 à 3 h. Billets. Fermé en octobre.—*Entomological Museum*, 17 Bond str. Mardi. Gratuit.—*Gallery of Illustration*, 14 Regent street. T.l. j. 1 sh.—*Geological Museum*. Charing Cross. T. l. j. Billets. — *Grosvenor Gallery*, dans Grosvenor street. T. l. j. Billets.—*Galerie de Mad. Tussaud*, Baker-street, Portman square. T. l. j. 11 à 5 et 7 à 10. 1 sh.; 6 d. en sus pour visiter le Musée Napoléon.—*Hôpital de Greenwich*. T. l. j. La galerie de peinture est ouverte de 9 h. jusqu'à la brune; prix d'entrée, 4 d.—*Guidhall*. T.l.j. On peut visiter les appartements. — *Galerie Vernon*, Marlborough house. L. , m. et s.—*Jonque chinoise*, quai du Temple, Essex street, Strand. T. l. j. 1 sh.—*Mansion house*, dans Poultry. T. l. j. 1 sh. — *La Monnaie*, Tower-hill, t.l j. Billets.—*Le Monument*, Fish str. hill, t. l. j. 6 pences.—*Musée des antiques*, Liverpool street, Bishopsgate, t.l.j. —*Musée des Missionnaires* Bloomsfield street, m. j. s. — *National galery*, Trafalgar square. — *Panorama*, Leicester square, t.l.j. 1 sh. — *Panorama du Nil*, Piccadilly, t.l.j. 1, 2 et 3 sh.—*Pantheon*, Oxford street, t. l. j.—*Parliament*, dans Charing cross. Billets.—*Palais de l'Exposition*, à Kinsington.— *Palais de Cristal*, à Sydenham. — *Polytechnic Institution*, dans Regent street, t. l. j. 1 sh. — *Royal Academy* , Charing cross. T.l.j. de 8 h. du m. à 7 h. du s., mai, juin et

juillet. 1 sh.— *Royal Military Academy*, Chelsea. T. l. j.—*Saint-Paul's Cathedral*. T.l.j. pour tout voir, 4 sh. 4 pences.—*Society of Arts*, dans Adelphi. T.l. j. Billets.—*Society of British artists*, Suffolk street, t. l j. 1 sh.—*Tunnel*, dans Rotherhite. T.l.j. 1 pence.—*Westminster Abbey*. T.l j. 6 p.— *Zoological Gardens*, dans Regent's Park. T. l. j. Lundi, 6 pences, autres jours avec un billet, 1 sh. *Tower of London* (Tour de Londres), Thames street. T. l. j. 6 p. Salle des joyaux seulement 6 pences. *Vauxhall Gardens*, t. l. j. à 7 h. du s. 2 sh. 6 p. *Casino Laurent*. dans Windmell street, hiver, 1 sh. *Cosmorama*, 209, Regent street. Tableaux, 1 sh.

La Banque, les Chambres des Lords et des Communes, Hampton-Court.

Les *Jardins à thés*, aux extrémités de Londres, cafés chantants et guinguettes de la banlieue. Les *Tavernes*, diminutif des jardins à thé. Les *Saloons*, lieux de perdition pour la jeunesse anglaise, mais qu'un observateur doit connaître.

Les théâtres sont :

Le *Théâtre de la Reine*, à l'angle de Haymarke et de Pall Mall; on y joue l'opéra italien. Les dames sont admises au parterre.

*Coven Garden*. Bow street, opéra italien.

*Drury Lane*, Bridge street, Covent Garden, opéra, ballets, pièces à grand spectacle.

*Haymarket royal theatre*, dans Haymarket, opéracomique, tragédie, drames, vaudevilles.

*Princess's theatre*, Oxford street, même répertoire.

*Saint-James's*, King street, Saint-James, même rép.

*Royal Lyceum*, Wellington street, vaudevilles, féeries, grands spectacles, concerts.

*Adelphi*, Strand, vaudevilles, pièces burlesques.

*Royal Olympic*, Wych street, Drury-Lane, vaudevilles, farces, opérettes.

*Mary-le-Done*, Church street, Paddingson, même g.

*City of London*, Norton Folgate, Bishopsgate, m. g.

*Sadler's wells*, Saint-John's street road. New river kead Islington. Pantomimes comiques.

*Queen's theatre*, Tottenham courd road, drames.

*Royal pavillon*, White chapel road, ballets.

*Victoria*, Waterloo road, répertoire universel.

*Batty's new amphitheatre*, Westminster, Bridge road, cirque olympique, bonne troupe.

A l'exception des deux principaux théâtres, tous les autres réduisent leur prix de moitié à partir de 9 h.

A côté des théâtres proprement dits se sont élevées, depuis quelques années, des salles de concert et de divertissement qui ne relèvent point de l'autorité du lord chambellan. Ces dernières font aux salles de spectacle régulières (*licended*) une concurrence alarmante. on y joue de petites pièces, ou tout au moins des scènes qui attirent, toutes les fois, une grande affluence de curieux. Beaucoup d'Anglais préfèrent ces endroits-là, parce qu'ils y jouissent de plus de liberté qu'au théâtre : ils y fument leur cigare et y boivent leur verre de bière.

## Omnibus, Voitures et Bateaux à vapeur

Les voitures de place sont au nombre de 7,000. Les prix de ces voitures ne se calculent pas comme à Paris, à la course, mais au mille, à l'heure ou à forfait. Le mille est de 1 shilling, un demi-mille, 6 pences. Ce prix est inférieur d'un tiers pour les cabriolets et les cabs. Le tarif est le même pour le jour comme pour la nuit. Des voitures de remise se louent à la journée.

Le prix des omnibus, qui sont actuellement au nombre de 3,000, n'est pas de 30 centimes, comme à Paris, il varie suivant la distance. Ces voitures transportent plus de 100,000 voyageurs par jour. Leur point central est Bishopsgate street, dans la Cité, et Grace church street, continuation de la même rue ; Eslington et Newington sont aussi un point central. Le voyageur, habitant Leicester square, rendez-vous des étrangers, trouvera à Charing Cross, près de Trafalgar square, des omnibus marchant dans toutes les directions.

La correspondance est inconnue.

Des bateaux à vapeur sillonnent toute la journée la Tamise. Ils transportent des voyageurs à des prix incroyables. Ces prix varient de un penny à quatre pences, selon la distance. Toutes les dix minutes un vapeur part de *Suspension Bridge* à *London Bridge* pour un penny. Tous les quarts d'heure il en part un autre du même endroit au *Tunnel* pour quatre pences.

### Principaux environs de Londres :

Toutes les localités des environs de Londres, qui ont un aspect des plus riants et des plus pittoresques, sont desservies par les omnibus, les chemins de fer et les bateaux à vapeur. Voici les principales :

*Ascot neal*, à 26 milles, célèbre par ses courses de chevaux.

*Bath* (Somerset), à 105 milles. Bains minéraux. Voitures à Piccadil.

*Battersea*, à 4 milles, bords de la Tamise. Chemin de fer, omnibus et bateaux à vapeur.

*Beulah spa*, *Norwod*. Pays pittoresque comme la Suisse. Eaux chaudes. Voitures à Charing Cross.

*Blackheath*, 6 milles, près Greenwich. Beau point de vue, panorama naturel, grotte ancienne. Bateaux à vapeur, omnibus, chemin de fer.

*Blackwall*, 2 milles 1/2, sur la Tamise, Chantiers de navires. Pays renommé pour ses petits poissons. Même locomotion.

*Charlton*, 8 milles, entre Greenwich et Woolwich.

*Chelsea*, 2 milles, bords de la Tamise.

*Chiswik*, 6 milles. Brasseries gigantesques. Château.

*Clapham*, 3 milles. Point de vue délicieux. Chemin de fer.

*Claremont*, 16 milles. Propriété du roi Léopold. Chemin de fer.

*Deptford*, 4 milles. Chantiers de marine. Toutes locomotions.

*Dulwich*, 4 milles. Galerie de tableaux.

*Edmonton*, 6 milles. Fêtes très-fréquentées.

*Epsom*, 16 milles, célèbre par ses courses de chevaux. Chemin de fer South-Western, station Waterloo Bridge.

*Eton*, 21 milles, près de Windsor. Chemin de fer South-Western.

*Fulham*, 4 milles, sur la Tamise. Merveilleux jardins.

*Gravesend*, 22 milles. Affluence de 7 à 8,000 personnes tous les dimanches. Bals, concerts et feu d'artifice.

*Greenwick*, 5 milles, sur la Tamise. Le lundi de Pâques, cette localité est visitée par plus de 60,000 personnes. Parc, observatoire, hôpital d'une renommée européenne. Ch. de fer, bat. à vap.

*Hammersmith*, 4 milles, sur la Tamise.

*Hampstead*, 3 milles. Penchant d'une colline, coup d'œil admirable. Eaux minérales. Omnibus.

*Hampton Court*, domaine royal, 3 milles, sur les bords de la Tamise. Musée ouvert tous les jours. Bat. à vap., omnibus, ch. de fer.

*Harrowonn the hill*, 10 milles. Riante colline.

*Highgate*, 4 milles 1/2, près la résidence du comte de Mensfield.

*Kew*, 7 milles, sur la Tamise. Château du prince de Galles. Jardins et ruines uniques dans leur genre. Omnibus, chemins de fer, bateaux à vapeur.

*Primrose hill*, où ont lieu les luttes corps à corps.

*Putney*, 5 milles, bords de la Tamise, où mourut Pitt.

*Richmond*, 9 milles, bords de la Tamise. Jadis résidence favorite des souverains de la Grande-Bretagne.

*Sydenham*, 9 milles 1/2. Eaux minérales. Ch. de fer.

*Wilsdon*, 7 milles, beau point de vue.

*Wimbledon*, 7 milles. Où a résidé le prince de Condé.

*Windsor*, 22 milles. Bâti par Guillaume le Conquérant, servit de résidence à Georges IV. La reine Victoria y séjourne. Le château y est visité par les étrangers. Le grand parc est peuplé par des milliers de daims. La grande terrasse dépasse en beauté celle de Saint Germain. Bat. à vap., ch. de fer, omnibus.

*Woolwich*, 9 milles, bords de la Tamise. Arsenal, musée. Caserne d'artillerie et de marine. Résidence des forçats. Il faut un permis de l'amirauté. Visible tous les jours. Omnibus, ch. de fer, bat. à vap.

---

## CHEMINS DE FER ANGLAIS
### South Western Railway (Sud-Ouest)

(WATERLOO STATION)

Londres. — Salisbury. — Southampton. — Poole. — Dorchester à Weymouth.
Southampton à Portsmouth.
Portsmouth. — Gosport à Salisbury.

Ce chemin de fer a des départs toutes les heures pour les stations suivantes : Kew, Richmond et Windsor.

**South Eastern Railway** (Sud-Est)

*(London Bridge Station).*

Londres. — Reigate. — Readaig. — Canterbury. Deal. — Tamsgate. — Margate. — Folkestone à Douvres.

De Londres à Greenwich, départ tous les quarts d'heure.

**London et Brighton Railway.**

*(London Bridge Station).*

Londres. — Reigate. — Brighton. — Newhaven à Hastings.

Brighton. — Chichester à Portsmouth.

**Eastern Counties** (*Bishopsgate Station*).

Londres. — Reading. — Oxford. — Warwick. — Birmingham. — Chippenham. — Bath. — Bristol. — Bridgewater à Exeter.

Exter. — Totmess à Plymouth.

**Eastern Counties** (Comtés de l'Est).

*(Bishopsgate Station).*

Londres. — Cambridge. — Ely. — Norwich. — Lowestoff à Yarmouth.

Cambridge à Bury.

**Midland Railway** (Centre) *Enston Square Station.*

Londres. — Oxford. — Rugby. — Leicester. — Derby. — Chesterfield. — Sheffield. — Doncaster. Hull. — York. — Scarborough. — Durham. — Newcastle. — Berwick à Edimbourg.

**North Western Railway** (Nord-Ouest).

*(Enston Square Station).*

Londres. — Rugby. — Coventry. — Birmingham. — Stafford. — Shrewsbury. — Crewe. — Reeds. — Manchester. — Chester. — Holyead. — Liverpool. — Preston. — Fleetwood. — Lancaster. — Carlisle. — Edinburgh. — Glascow. — Perth à Aberdeen.

**Great Western Railway** (*Paddington Station*).

Londres. — Colchester à Ipswich.

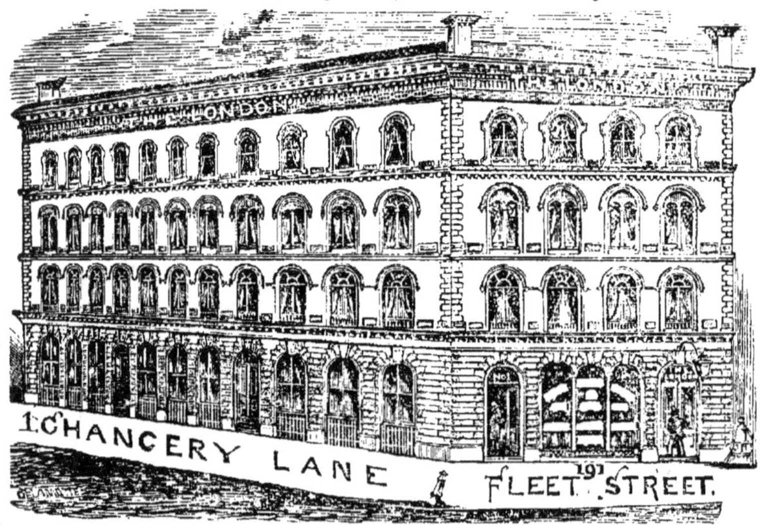

# GRAND RESTAURANT DE LONDRES
## CAFÉ ET DIVAN
**191, Fleet Street (Temple Bar) au coin de Chancery Lane**



Cet Établissement est spécialement recommandé à Messieurs les Voyageurs visitant Londres, par les nombreux avantages offerts par l'élégance de ses spacieux salons, réunissant tout le confortable des principaux clubs aristocratiques de premier ordre.

**LE FAMEUX DINER DE LONDRES, de Sawyer,**

Se composant d'un choix de : 2 potages, 2 poissons, 2 entrées, rôtis, légumes, 2 entremets, salade et fromage, servi de 2 heures à 8 heures dans le grand salon.

**RESTAURANT A LA CARTE A TOUTE HEURE**
SALONS A MANGER POUR DAMES ET POUR SOCIÉTÉS
**SAWYER, Propriétaire, 191, FLEET-STREET**

# QUELQUES MOTS LES PLUS USITÉS

## POUR LES FRANÇAIS A LONDRES

Prononcez A comme E-EA et EE comme I — ER comme EUR — OA comme O — IN comme INNE — U et W comme OU — TH comme Z.

Lundi, *monday*. — Mardi, *tuesday*. — Mercredi, *wednesday*. — Jeudi, *thursday*. — Vendredi, *friday*. — Samedi, *saturday*. — Dimanche, *sunday*. — Hier, *yesterday*. — Avant-hier, *the day before yesterday*. — Aujourd'hui, *to-day*. — Demain, *to morrow*. — Ce matin, *this morning*. — Ce soir, *this evening*. — Cette nuit, *to night*. — Heure, *o'clock*. — Un, *one*. — Deux, *two*. — Trois, *three*. — Quatre, *four*. — Cinq, *five*. — Six, *six*. — Sept, *seven*. — Huit, *eight*. — Neuf, *nine*. — Dix, *ten*. — Chemin de fer, *railway*. — Débarcadère, *terminus*. — Bateau à vapeur, *steam-boat*. — Pont, *bridge*. — Rue, *street*. — Petite rue, *lane*. — Maison, *house*. — Jardin, *garden*. — Eglise, *church*. — Ecole, *scholl*. — Marché, *market*. — Bassins, *docks*. — Casernes, *barracks*. — Allumettes chimiques, *lucifer matches*. — Papier à lettre, *letter paper*. — Plumes, *steel-pens*. — Chapeau, *hat*. — Souliers, *shoes*. — Gilet, *waistcoat*. — Paletot, *great coat*. — Pantalon, *pair of trousers*. — Chemise, *shirt*. — Faux-col, *false shirt collar*. — Bas, *stockings*. — Conduisez-moi à? *drie me to*. — Bonjour, *good morning*. — Bonsoir, *good evening*. — Bonne nuit, *good night*. — Comment vous portez-vous? *how do you do?* — Merci, *thank you*. — Je suis Français, *I am a Frenchman*. — Je ne comprends pas, *I do not understand*. — Combien, *how much*. — Trop cher, *is too dear*. — A demain, *till to morrow*. — Donnez-moi? *give me?* — Avez-vous? *have you?* — Voici mon adresse, *here is my address*. — Le chemin pour aller à? *which is the way to*. — Journaux français, *French papers*. — Timbre-poste, *penn-stamp*. — Suivez-moi, *come with me*. — Du feu, *a light*. — Garçon? *waiter?* — déjeuner, *break fast*. — Diner, *dinner*. — S'il vous plait, *if you pease*. — Donnez-moi, *give me some*. — Avez-vous, *have you*. — Pain, *bread*. — Serviette, *napkin*. — Vin, *wine*. — Verre, *glass*. — Eau, *water*. — Sel, *salt*. — Poivre, *pepper*. — Moutarde, *mustard*. — Huilier, *oil-cruet*. Bière, *beer*. — Eau de seltz, *soda-water*. — Potage, *soup*. — Bouillon, *broth*. — Radis, *radishes*. — Salade, *salad*. — Œuf, *boiled*. — Veau, *veal*. — Mouton, *mutton*. — Pommes de terre, *potatoes*. — Poisson, *fish*. — Crevettes, *prawns*. — Huitres, *oysters*. — Légumes, *vegetables*. — Haricots, *beaus*. — Petits pois, *geen peas*. — Salade, *salad*. — Dessert, *dessert's*. — Fromage, *cheese*. — Poires, *pears*. — Pommes, *apples*. — Raisin, *grapes*. — Noix, *walnuts*. — Cocher, je vous prends à l'heure, *caochman, I wish to take you by the hour*.

## Monnaies anglaises.

| | | | | |
|---|---|---|---|---|
| *Or*.— Guinée | 21 shillings.. | vaut | 26'25 | |
| Demi-guinée | 10 sh. 6 pen. | — | 13 | 12 |
| Livre sterl.-souv.. | 20 shillings . | — | 25 | » |
| Demi-souverain.. | 10 — | — | 12 | 50 |
| *Argent*. — Couronne.... | 5 shillings.. | vaut | 6'25 | |
| Demi-couronne... | 2 sh. 6 pen. | — | 3 | 12 |
| Shilling | 12 pen. | — | 1 | 25 |
| Demi-shilling.......... | 6 pen. | — | » | 62 |
| *Cuivre*. — Penny ou denier.......... | | — | » | 10 |
| Demi-penny................. | | — | » | 05 |

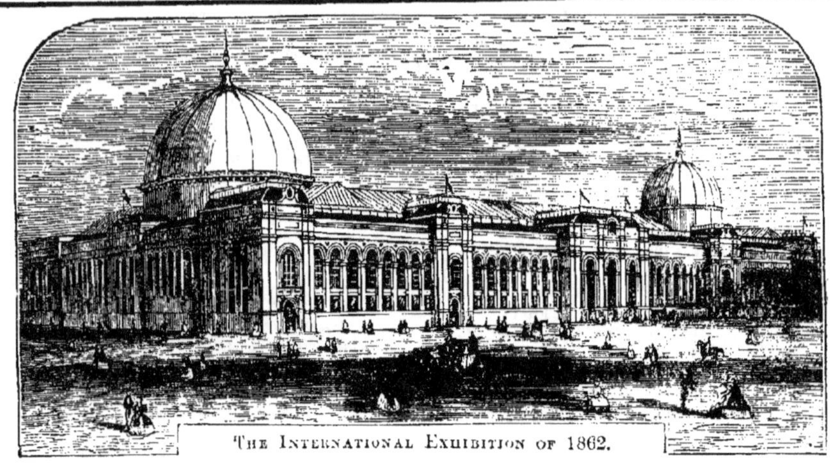



## Compagnie des Chemins de fer anglais du Sud-Est

# (SOUTH EASTERN RAILWAY)

| PARIS | | PARIS |
|---|---|---|
| à | | à |
| LONDRES | | LONDRES |

# PARIS à LONDRES par train express, en 9 h. 3/4

### *via* BOULOGNE et FOLKESTONE, et *vice versâ*.

**Deux départs par jour à heures variables**

Billets simples. Billets aller et retour valables pendant un mois, à prix réduits.
— Enregistrement de Bagages directs de Paris à Londres, et *vice versâ*.
Billets simples pour Boulogne et Folkestone, par Service de nuit, 3e classe, à **25** francs

# PARIS à LONDRES par malle-poste, en 10 h. 3/4

### *via* CALAIS et DOUVRES, et *vice versâ*.

**Billets simples et Billets aller et retour. — Deux départs par jour**

Expédition des Articles de Messagerie en grande vitesse pour Londres et les
villes principales d'Angleterre, d'Écosse et d'Irlande :
**1°** **Pour Colis dont le poids n'excède pas 6 k., par malle-poste, *via* Calais et Douvres ;**
**2°** **Pour Colis jusqu'à 100 k., et au-dessus, par Boulogne et Folkestone.**
Expéditions en grande et petite vitesse, et transit pour les Colonies, etc.
*S'adresser pour Billets directs, Tarifs, et tous renseignements, à l'agence de*
*la Compagnie du South Eastern Railway, 4, boulevard des Italiens, et à*
*Boulogne-sur-Mer, 18, quai des Paquebots.*

Place du Palais-Royal.

Vue du Luxembourg.

PARIS
**6, RUE DE LA PERLE, 6**
(AU MARAIS)
## ARMAND DUCLAUX
**FABRIQUE DE BRONZES D'ART**

PARIS
**6, PERLE STREET, 6**
(MARAIS)
## ARMAND DUCLAUX
**MANUFACTURE OF BRONZES**

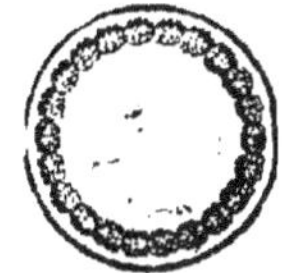

STATUETTES, BOUGEOIRS, PENDULES, FLAMBEAUX, PORTE-BOUQUETS, FANTAISIE, ETC.

Médaille de 1re Classe 1855 — Médaille à Londres 1862

# JULES WIESE
### dit WIESE
## BIJOUTIER, JOAILLIER, ORFÉVRE
EN OBJETS D'ART
### 48, rue de l'Arbre-Sec, 48
Près la rue Rivoli, à Paris

**LE MEILLEUR**
PHOTOGRAPHE
PIERRE PETIT
opère lui-même
31, PLACE CADET, 31
PARIS.

Façade des Tuileries.

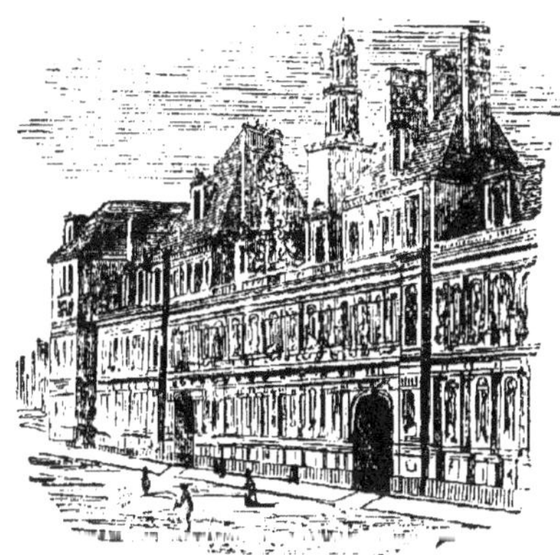

Façade de l'Hôtel-de-Ville.

L'Art musical mis à la portée de tout le monde

ORGUES POUR SALONS
depuis
100 jusqu'à 3,000 fr.

# ORGUES
à 100 fr.

ORGUES POUR CHAPELLES, ÉGLISES
depuis
100 jusqu'à 4,000 fr.

## ALEXANDRE PÈRE ET FILS
**Paris. — 39, rue Meslay, 39 — Paris**

Exp. universelle 1855, Paris, méd. d'honneur, unique pour cette industrie. — Exp. universelle, 1862, Londres, prize médal.

**USINE A VAPEUR A IVRY-SUR-SEINE** (près Paris).

Les Orgues à 100 francs sont à clavier et ont une force suffisante pour servir d'Orgue d'accompagnement dans une église. — Elles sont également d'un emploi journalier pour la musique de Salon. — Toute personne ayant quelques notions de Piano peut toucher de cet instrument *sans étude nouvelle*. — La solidité des *Orgues à 100 francs* est garantie pendant cinq ans.

# ARGENTURE RUOLZ

## A. VEYRAT, orfèvre.

### 31 rue du Château-d'Eau à Paris.

### ORFÉVRERIE DE LUXE EN ARGENT ET OBJETS D'ARTS

Les produits de la fabrique de M. A. VEYRAT, tels que couverts, services de table. etc., etc., se trouvent également chez les principaux bijoutiers de la province ou de l'étranger.

### Ancienne maison fondée en 1815.

---

# CHEMISES

**14, rue Richelieu, 14,**

Près du Palais-Royal.

—

**Maison LONGUEVILLE,**

# CHEMISES

**14, rue Richelieu, 14**

Près du Palais-Royal.

—

**Mme LOROUE, successeur.**

---

## MAISON SPÉCIALE

pour les livres d'heures,
de mariage.
et de 1re communion.

## LIBRAIRIE RELIGIEUSE

Prières et manuscrits
sur peau de velin
Objets de piété et d'art

# DESPIERRES, RELIEUR.

### FOURNISSEUR DE S. M. L'EMPEREUR

Reliures de toutes sortes de la plus riche élégance, comme de la plus noble simplicité.—Fabrique de maroquinerie — Spécialité d'albums et buvards.

### PARIS. — 3, rue de l'Échelle, 3, au premier. — PARIS.

CACHET, ÉLÉGANCE, BEAUTÉ. MÊME POUR LES ARTICLES A BON MARCHÉ.

---

PARIS — PRÈS LE BOULEVARD SAINT-MARTIN ET LE THÉATRE DE L'AMBIGU-COMIQUE — PARIS

### 44, Rue de Lancry, 44

Maison fondée
en 1810.

# ALFRED GUIGNERY

Maison fondée
en 1810.

## FABRIQUE DE TOLES VERNIES ET DE PLAQUES POUR COMPAGNIES D'ASSURANCES

### VENTE EN GROS ET DETAIL DE PLATEAUX VERNIS

Riches, très riches et ordinaires, pour services à thé et à l'usage des Hôtels. — Cette maison se recommande par la bonne confection de ses produits, et par le choix varié de ses décors.

NOTA. — *On exécute, sur modèle, tous chiffres, armoiries, etc., etc.*

---

# PARFUMERIE TONIQUE

**LUSTROLINE RÉGÉNÉRATRICE**
pour la beauté et l'entretien
de la barbe et de la chevelure

—

**PARFUMERIE SPÉCIALE**
aux violettes d'Andrinople

**SAVONS. — POMMADES.**
Extraits pour le mouchoir.

Marque de Fabrique.

AU PHÉNIX

**EAU LESBIENNE**
spécialement affectée à la toilette
intime et délicate des dames.

—

**ROSÉE DU TROPIQUE**

composition
éminemment rafraîchissante, d'un
usage général aux pays chauds.

### P. GAUTIER et Cᵉ, 16, rue Réaumur, 16, à PARIS.

Paris, cette capitale dont l'importance, la population et la splendeur vont toujours croissant depuis plusieurs siècles, est devenu désormais le point de ralliement de toutes les nations et le centre du commerce et de l'industrie universels.

Hier encore son aspect était informe ; aujourd'hui, grâce aux nombreux embellissements dont on l'a comblé, il présente un panorama grandiose, important autant que magnifique ; les maisons où s'exploite son commerce sont de véritables palais. Aussi, de tous les bouts du monde, l'Asiatique comme l'Américain, s'empressent-ils de venir admirer ses magnificences et de concourir, chacun pour leur part, au développement de son commerce et de son industrie.

« Plus un Français a voyagé, dit M. Emile de la Bédollière, dans le *Journal illustré* (1), plus il a vu les autres grandes villes du monde, plus il a lieu d'être fier de la capitale de l'empire français, la plus splendide sans contredit des villes modernes.

» C'est plus particulièrement à nos lecteurs de province que nous voulons nous adresser dans cette notice, plus personnellement même à celui que nous supposons connaître peu ou point Paris, ce qui peut encore arriver, malgré la rapidité des chemins de fer, car il n'est pas donné à chacun d'avoir assez de loisir pour quitter facilement le lieu où l'attachent ses affaires et ses intérêts de chaque jour.

» Nous prenons donc ce lecteur par la main ( voir notre gravure p. 5), et s'il veut nous suivre sans crainte, car il n'a aucun danger à courir, nous le faisons monter avec nous dans le ballon de Nadar. Parti du Champ-de-Mars, le ballon passe, comme à la dernière excursion, au-dessus du jardin des Tuileries, à deux cents mètres de hauteur. Là nous le fixons par la pensée, et nous invitons le lecteur à nous écouter quelques instants.

» Tournant le dos à la place de la Concorde, aux Champs-Elysées et au bois de Boulogne, il a à ses pieds le jardin des Tuileries, la terrasse du bord de l'eau à sa droite, celle des Feuillants à sa gauche. Devant lui se présente tout d'abord le vaste palais des Tuileries que de récents et gigantesques travaux ont relié au Louvre. La façade se termine d'un côté par le pavillon Marsan, de l'autre par le pavillon de Flore, aujourd'hui en reconstruction, mais que notre dessinateur a débarrassé de tout échafaudage, pour ne pas nuire à l'harmonie de l'aspect. Au centre est le pavillon de l'Horloge, au-dessus duquel flotte le

(1) Paraissant toutes les semaines, rue Richelieu, 112 ; Paris, un an, 5 fr. 50 ; départements, 6 fr.

drapeau tricolore, ce qui veut dire que l'Empereur habite actuellement le palais ; car, lorsque Sa Majesté quitte Paris, soit pour prendre le commandement de ses armées, soit pour aller visiter ses sujets des départements, le pavillon reste sans drapeau.

» Tout à fait à gauche se trouve la rue Saint-Honoré, une des grandes artères de Paris, qui passe devant le Palais-Royal, demeure actuelle du prince Napoléon. De nombreuses et brillantes boutiques remplissent les galeries de ce vaste palais, auquel est adossé le Théâtre-Français. Plus loin, commencent les quartiers du Temple, des Lombards, au fond celui du Marais, et tout à fait à l'horizon, Charonne.

» La rue de Rivoli, qui vient de la place de la Concorde, longe les Tuileries et le Louvre, passe devant la tour Saint-Jacques et conduit au quartier Saint-Antoine, derrière lequel Vincennes se perd dans la brume.

» Que maintenant le lecteur regarde à sa droite. Nous remontons avec lui le cours de la Seine en partant du pont Royal, qui débouche en face de la première porte du jardin des Tuileries et nous rencontrons le pont des Saints-Pères. Pour passer sur la rive gauche, traversons ce pont et prenons la rue qui porte le même nom : elle nous conduit au faubourg Saint-Germain, dans lequel sont les vieux hôtels des familles nobles les plus anciennes.

» Remontons encore le fleuve jusqu'au pont des Arts. Ce pont nous mène à l'Institut. C'est dans ce palais que se tiennent les fameuses séances de l'Académie française et des autres académies. Poursuivons jusqu'au pont Neuf, dont le terre-plein central porte la statue de Henri IV et termine l'île de la Cité. Dans cette île se trouvent le palais de justice, le nouveau tribunal de commerce, la Sainte-Chapelle, Notre-Dame de Paris. L'île Saint-Louis commence derrière cette première île, et dans le fond, c'est Bercy.

» Pour compléter notre excursion sur la rive gauche de la Seine, nous reviendrons sur nos pas. Entre le pont des Saints-Pères et l'Institut, nous rencontrons la rue Bonaparte, qui, passant devant l'Ecole des Beaux-Arts, l'Eglise Saint-Germain des Prés, arrive à la place Saint-Sulpice et conduit jusqu'au jardin du Luxembourg. Derrière les arbres de ce beau jardin s'élève le dôme du Val-de-Grâce. Le palais du Luxembourg, dans lequel se tiennent les séances du Sénat, est caché par les tours de l'église Saint-Sulpice. L'Odéon, second Théâtre-Français, fait face à l'une des portes du Luxembourg. Derrière ce théâtre s'étend l'ancien *quartier latin*, tout à fait méconnaissable aujourd'hui, modifié qu'il a été par le boulevard Sébastopol et plusieurs autres grandes voies. Le quartier des Ecoles s'étend autour du Panthéon dont la coupole domine tout Paris, de l'église Saint-Etienne du Mont, de la Sorbonne, non loin desquels sont l'Ecole de droit, le collège de France, l'Ecole de médecine. En allant vers la gauche, nous rencontrons

l'église Saint-Séverin, et derrière elle, dans le lointain, nous pouvons seulement distinguer la place où s'étend le Jardin des plantes, près duquel est située l'École polytechnique. »

Non contente de s'embellir, cette ville aux cent boulevards, ayant trouvé sa ceinture trop étroite, l'a élargie jusqu'à ses fortifications, et une division de vingt arrondissements est devenue nécessaire.

Ces vingt arrondissements portent les dénominations suivantes : 1. Du Louvre ; — 2. De la Bourse ; — 3. Du Temple ; — 4. De l'Hôtel de Ville ; — 5. Du Panthéon ; — 6. Du Luxembourg ; — 7. Du Palais-Bourbon ; — 8. De l'Elysée ; — 9. De l'Opéra ; — 10. De l'Enclos-Saint-Laurent ; — 11. De Popincourt ; — 12. De Reuilly. — 13. Des Gobelins ; — 14. De l'Observatoire ; — 15 De Vaugirard ; — 16. De Passy ; — 17. De Batignolles-Monceaux ; — 18. Des Buttes-Montmartre ; — 19. Des Buttes-Chaumont ; — 20. De Ménilmontant.

L'administration générale de la *Correspondance télégraphique* est située rue de Grenelle-Saint-Germain, 103. Les bureaux divers sont : Hôtel-de-Ville ; caserne du Prince-Eugène ; rue Saint-Lazare, 126 ; Bd Sébastopol (R. G.), 47 ; av. des Ch.-Elysées, 67 ; rue de l'Entrepôt ; rue J.-J. Rousseau, 9 ; gares du Nord et d'Orléans ; Hôtel du Louvre.

La direction des *Postes* est rue J.-J. Rousseau, 9. Les divers bureaux sont : A. Rue Tirechappe, 1 ; Hôtel-de-Ville ; rue St-Antoine, 170 ; rue de la Ste-Chapelle, 15. — B. Bd Beaumarchais, 95 ; Faub. St-Antoine, 174 ; bd Mazas, 19. — C. Rue des Vieilles-Audriettes, 4 et 6 ; rue d'Ang.-du-Temple, 48 ; rue Nve-Bourg-l'Abbé, 4 ; bd St-Martin, 6. —

D. Rue Ste-Cécile, 2 ; rue du Faub.-St-Martin, 166 ; rue Lafayette, 8 ; gare du Nord. — E. Rue de Sèze, 24 ; rue du Fb St-Honoré, 75 ; rue de Chaillot, 3. — F. Rue St-Dominique-St-Germain, 56 ; Petite-Rue du Bac, 5 ; rue St-Dominique, 148 (au Gros-Caillou). — G. Rue de Seine, 13 ; rue Mazarine, 12 et 14. — H. Rue Cardinal-Lemoine, 22 ; à la Salpêtrière, bd de l'Hôpital ; rue Mouffetard, 173 ; rue de la Harpe, 42 ; à la gare d'Orléans. — J. Place de la Bourse, 4 ; rue d'Antin, 9 — K. Rue St-Lazare, 15 ; rue St-Nicolas-d'Antin, 8 ; rue de Londres, 30. — L. Rue de Vaugirard, 19 ; rue de Bourgogne, 2. — M. Rue de l'Echelle, 5.

La Préfecture de la Seine est à l'Hôtel-de-Ville. La Préfecture de police est quai des Orfèvres. La Banque, rue de la Vrillière. Le Comptoir d'Escompte, rue Bergère, 14. Le Timbre, rue de la Banque, ainsi que l'Enregistrement. Les Archives, rue de Paradis, 20 (Marais). Les Contributions directes, rue de Rivoli, 234, aux Finances. Les Douanes, rue Monthabor, 21. L'administration des forêts, rue du Luxembourg, 21. Le Crédit foncier, rue Neuve-des-Capucines, 19. Le Crédit mobilier, place Vendôme, 15. La Caisse des Dépôts et consignations, quai d'Orsay. La Caisse d'Epargnes, rue Coq-Héron, 5. Le Mont-de-Piété, rue de Paradis, 9 (Marais), pour son administration centrale ; elle a 17 succursales. L'Imprimerie, rue Vieille-du-Temple, 87. L'Observatoire et bureau des Longitudes, derrière le Luxembourg.

L'asile du Vésinet, à Croisy, près Saint-Germain, est visible les mardis, mercredis, vendredis et samedis, de 12 à 4 heures. — L'asile de Vincennes, à St-Maurice Charenton, est visible les mêmes jours, aux mêmes heures.

*Vendôme*; l'arc de triomphe du *Carrousel*, l'arc de triomphe de l'*Etoile*; toutes les *églises* de Paris; la *Bourse*; le *Jardin des Plantes*; les *bibliothèques* de la capitale, excepté les dimanches et les jours de fête; le *palais du Luxembourg*; le *palais du Corps Législatif*. On peut visiter toutes les pièces de ces deux palais aux heures où les corps constitués de l'Etat ne tiennent point leurs séances.

Tous les jeudis et les dimanches, de midi à trois heures, on peut, sans permission et moyennant un don volontaire aux guides, visiter tous les hospices et hôpitaux de la capitale

Sur une permission accordée par M. le *préfet de la Seine*, on peut aller voir tous les jours l'*Hôtel-de-Ville*. — Pour visiter les *Tuileries*, il faut la permission de M. le *gouverneur du palais*.— M. le *ministre d'Etat* délivre des permissions pour aller visiter les manufactures de *Sèvres* et la *Sainte-Chapelle*. — Il faut s'adresser à M. le *gouverneur des Invalides*, pour obtenir l'autorisation de visiter cet hôtel et le tombeau de Napoléon I<sup>er</sup>.— Pour voir l'*hôtel des Monnaies*, s'adresser à M. le président de la commission des monnaies et des médailles. — Pour visiter l'*Imprimerie impériale* et toutes ses dépendances, à M. le directeur de l'Imprimerie. — Pour visiter *Vincennes*, s'adresser à M. le commandant de l'artillerie du premier arrondissement. — Avec la présentation du passe-port, on peut visiter la riche et magnifique manufacture des *Gobelins*, l'*hôtel de Cluny*, le *Musée d'Artillerie*, le *Muséum du Jardin des Plantes* On peut visiter le palais de l'*Institut*, le palais des *Beaux-Arts* et le palais du *quai d'Orsay*, en s'adressant au concierge.

Toutes les promenades publiques, les squares et les cimetières méritent d'être vus par l'étranger qui a le temps.

---

the Triumphal Arches of the *Carrousel* and *Barrière de l'Etoile*; all the churches of Paris, the *Bourse*; the *Jardin des Plantes*; the Libraries of the capital, exception Sundays and fête days; the palace of the Luxembourg, and that of the *Corps Législatif*. All the rooms in the two last mentioned palaces may be seen at the hours when the constituted bodies of the state are not sitting; and all the public Promenades, Cemeteries, etc.

All the Hospitals and arm-houses of the capita may be visited every Thursday and Sunday from 12 3 o clock without permission and by giving a trifling fee to the guides.

The *Hôtel de Ville* may be seen every day wht a permission granded by the Prefect of the Seine. In order to visit the Tuileries it is necessary to have permission from the governor of the palace. The minister of state gives permissions to visit the manufactories of Sèvres and the *Sainte-Chapelle*. It is necessary to apply to the governor of the Invalides or authorization to visit the Hotel and the tomb of Napoleon I<sup>er</sup>. To see the mint apply to the President of the commission : of coins and medals. To visit the imperial printing office and its dependencies, application must be made to the Director. To visit *Vincennes* apply to the commandant of the artillery of the I<sup>s</sup> arrondissement. The rich magnificent manufactory of the *Gobelins*, the Hotel de Cluny, the Museum and the Museum of the *Jardin des Plantes* may be seen on pressenting passports. The Pal is de l'Institut, the Palais des Beaux-Arts and the Palais du quai d'Orsay may be seen by applying to the concierge.

---

## MOYEN DE TRANSPORT PAR LES OMNIBUS.

Les étrangers peuvent aller aux Archives de l'Empire en prenant les lignes Fo-TAD. — La Banque de France, ENI.—La Bibliothèque Impériale. H-FXI. — La Caisse des dépôts et consignations, HXYAD. — La Caisse d'épargne, F-VYNI. — La Caisse d'escompte, V-EYJI. — Le Crédit foncier, X-E,F AB,AC. — Le Crédit mobilier. AC,D X. — Le Château-Rouge, JMI. — Le Collége de France, K-JZAG,G. — Le Cirque Napoléon, EDO,AE. — Le Cirque de l'Impératrice. BC-DR-AB. — Le Conseil d'Etat, HXY,AD. — Le Conservatoire, A.-et-M., DLT.AE, AG-EKNY. — La Cour des Comptes, HXY AD. — L'Ecole des Beaux-Arts, V-H,AD. — L'Ecole de Droit, J,A AG. — La Madeleine, E,D,A,B.B,AF,F, AC,B. — N.-D. de Lorette, H,B,J-AC.I. — Le Panthéon, J,AF-AC.K. — S e-Clotilde, ZY,AD,AF. — St-Nicolas-des-Ch., DLT-K.AG. — St-Roch, D,G-X,AC. — Ste-Chapelle, AG,K,J-I,AD,V,O. — Val-de-Grâce, J-AF,AG. — St-Vincent-de-Paul, V. ACBTK.

Les embarcadères des chemins de fer de St-Germain, Versailles et Normandie, BFX-G,AF. — Nord et Belgique, AK,AC. — De Strasbourg et embarcadère de l'Est, AG,BKL. — De Lyon et Méditerranée, S-R. — D'Orléans, Corbeil et Centre, T-GU par le Jardin des Plantes. — De l'Ouest, Versailles et Bretagne, OV. — De Sceaux et Orsay, J.AG,AF. — La Halle au blé. FY-DJUVI. — La Halle aux huîtres (ou parc), D-FJKU. — Les Halles centrales, U,D.J, F-K. — L'Hôtel de Cluny, JKZ,AG. — L'Hôtel des Invalides, ZV-AD — L'Hôtel des Monnaies et Musée V O-AD — L'Hôtel des Postes, YFJNUVI. — L'Hôtel-de Ville, O,Q,R,S,T,U-G,L,AD. — L'Imprimerie impériale, FOT,AD. — Le Jardin du Luxembourg, HO,AG,AF-IZI. — Le Jardin des Plantes et Ménageries, GUT. — Le Jardin des Tuileries, ACHRXY-DG,AF,AC. — Le Jardin d'Acclimatation, C.

Aux Ministères : des Affaires étrangères, 130, rue de l'Université, Y-AF,AD. — De l'Agriculture, Commerce et Travaux publics, rue St-Dominique, 62; Trav. publ., Y-XZ, rue de Varennes, 78; Comm. et Agr., Z,AD,AF. — Ministère d'Etat et Maison de l'Empereur, place du Carrousel, HXY,R,A,C, et Palais-Royal. — Des Finances, rue de Rivoli, ACR-D,AC,X. — De la Guerre, rue St Dominique-St-Germ. hôtel, 90; bureaux, 86, Y,AF,Z,AF. — De l'Instruction publique et des Cultes, rue Grenelle-St-Germain, 110, Z,AD,AF,Y. — De l'Intérieur, rue Grenelle-St-Germain, 101, Z,AD-XY,AF. — De la Justice, place Vendôme, 13, AC,DX-ACR. — De la Marine, rue

---

Royale St-Honoré et à la fin de la rue de Rivoli , AF,AC,ACR-BDEF,AB.

Aux Monts-de-Piété , F-OT,AD , rue Bonaparte , V-H-AD.

Aux Musée et Dépôt d'artillerie, XY-MHZ AF,AD. — Ecole des B.-Arts, V-H,AD. — Louvre, CGQRSV-AD,HXY. — Du Luxembourg , HO-KLZ,AG,AF. — A l'Hôtel des Monnaies, V-O,AD. — De Cluny, JKZ, AG. — D'Histoire naturelle, GU-T. — A l'Observatoire (astronomie), AG,J.

Aux Palais de l'Elysée-Napoléon , BDR,AB-C. — De la Bourse, F,V,I,AB-E,H,J,Y. — Du Corps-Législatif, AF-YA. — De l'Industrie nationale , ABC-DR,AB. — De l'Institut, V-OHAD. — De la Légion d'honneur , HYX,AD,AF. — Du Luxembourg , HO-KLZ,AG,AF. — D Orsay,HXY,AD. — Des Thermes (antiq.), JKZ,AG. — Au parc de Monceaux, F,M D, AB. — A la Préfecture de la Seine, OQR-STU-GLAD. — De police, JKO,AD,I,AG-VGL. — Aux Puits artésien de Grenelle, XZ. — De Passy, AB, — Au Timbre et Enregistrement (administration), V-FNI. — A la Tour St-Jacques, LRS-GJKOQT,AD,AG,U. — Au Tribunal de Commerce , place de la Bourse , FVI, AB-EIIJY.

---

## UNE SEMAINE A PARIS

DIMANCHE. — Visiter le *Louvre* et ses magnifiques musées, dans lesquels on remarque les superbes galeries de peinture, de sculpture et d'antiquités, qui renferment dans leur sein les chefs-d'œuvre des plus grands maîtres. — *Arc de triomphe du Carrousel.* — *Colonne* de la place *Vendôme*, surmontée par une belle statue de l'Empereur. — *L'obélisque de Louqsor,* érigé au milieu de la place de la Concorde, qui est sans contredit la plus belle place du monde. — Faire une promenade dans les *Champs-Elysées*, et arriver jusqu'à l'*arc de triomphe de l'Etoile*, chef-d'œuvre de sculpture et d'architecture élevé sous le règne de Napoléon Ier. Cette œuvre monumentale est d'une sévérité et d'une richesse de style très-remarquables. Arrivé à ce point, le visiteur qui désire se reposer, rencontre, au coin de la rue de Chaillot, au numéro 91 de l'Avenue des Champs Elysées, le RESTAURANT VILLETTE, où l'on trouve réunies une excellente cuisine et une cave des mieux choisies, ainsi que salons, cabinets et voiture dans la maison. Il se trouve alors en face de la porte *Maillot*, qui conduit au bois de *Boulogne*, lequel est près de l'*Hippodrome*, où chaque dimanche des troupes célèbres d'écuyers donnent de charmantes représentations pleines d'intérêt. — *Chapelle de Saint-Ferdinand*, remarquable par le nombre de riches tableaux qu'elle possède. — Le Jardin zoologique d'acclimatation du bois de Boulogne peut être visité tous les jours. Prix d'entrée, pendant la semaine, du Jardin zoologique et du Jardin d'hiver, 1 fr. Les dimanches, Jardin zoologique, 50 c., et supplément pour le Jardin d'hiver.

LUNDI. — Aller voir le palais du *Corps Législatif*, situé à l'extrémité du pont de la *Concorde*. — Le palais du quai d'*Orsay*, superbe édifice construit d'après les données du style toscan et corinthien. — L'hôtel de la *Légion d'honneur*. — L'Ecole des *beaux arts*, qui fournit chaque année à la France une vigoureuse pépinière de jeunes sculpteurs et de jeunes architectes pleins d'avenir. — L'*hôtel des Monnaies*, vaste édifice qui a reçu dans ses magnifiques ateliers d'importantes et de superbes machines pour accélérer et faciliter le travail. — L'église *Saint-Germain-des-Prés*, rue Bonaparte, qui est l'une des plus anciennes de Paris. Ses trois clochers et son autel à la romaine sont remarquables. — De là on peut se diriger vers l'*église Saint-Sulpice*, grand et beau monument dont Anne d'Autriche a

## VISITE OF PARIS

SUNDAY. — Visit the *Louvre* and its magnificent museums, where will be found superb galleries of pictures, sculptures and antiquities , comprising the chefs-d'œuvre of the great masters. — *Triumphal arch of the Carrousel.* — Column in the *place Vendôme* surmonted by a fine statue of the Emperor. The *obelisk of the Louqsor* erected in the middle of the place de la Concorde, which is without dispute the finest *Place* in the world. — Take a walk in the *Champs-Elysées*, and as far as the *Arc de triomphe de l'Etoile*, a master piece of sculpture and architecture, built under the reign of Napoleon Ier. This monumental building is of a very remarkable severity and richness of style. On reaching this point the visitor finds himself opposite the *Porte-Maillot* which leads into the *Bois de Boulogne*; he is also close to the Hippodrome, where the most interesting representations take place every Sunday by first rate equestrian performers. — Chapel of Saint-Ferdinand, remarkable for the number of rich pictures it contains.

MONDAY. — Visit the Palace of the *Corps Législatif* situated at the extremity of the *Pont de la Concorde*; l'alace of the *Quai d'Orsay*, a super edifice constructed in the Tuscan and Corinthian style' the hotel of the Legion d Honneur ; the *Ecole des Beaux-Arts*, which every year furnishes France with a numerous supply of young sculptors and architects; the *Hôtel des Monnaies*, Mintf a spacious building which contain, in its extensive workshops the newest and finest machinery, for facilitating the operations therein carried on ; the Church of *Saint-Germain-des-Prés* in the street of that name which is one or the oldest in Paris Its three towers and its altar in the Roman style , are very remarkable ;

posé la première pierre. Ses deux tours sont belles de sculpture, et son portail est cité comme une merveille en son genre.

**MARDI.** — Commencer sa journée par une visite au palais du *Luxembourg*, construit par Marie de Médecis, régente de France. Il a été élevé sur le modèle du palais Pitti de Florence. Il se distingue surtout par la beauté de ses proportions, sa parfaite symétrie et sa solidité. Ses magnifiques jardins offrent de délicieuses promenades. Le *Palais de justice* et la *Sainte-Chapelle*. Construit à différentes époques, le *Palais de justice*, considéré dans son ensemble, offre des parties empreintes de l'architecture de divers siècles et de différents ordres. — Le *Palais-Royal*, avec son jardin, ses galeries et ses théâtres. — Ne point manquer d'entrer au 151 de la rue Saint-Honoré, car les magasins de papeterie fine de la m^on *Roux* ont un élégant assortiment de choses nouvelles qui assurent à cette maison une clientèle nombreuse de gens de goût. La plume diamantée, entre autres, est inappréciable par sa qualité extra. — Visiter aussi les magasins de la merveilleuse *Eau de la Floride*, rue Richelieu, 112. — La *Bibliothèque impériale*, renfermant le dépôt des richesses scientifiques et littéraires. — L'*hôtel* de la *Bourse*, exécuté par les architectes Brongniart et Labarre, en 1808. On considère la *Bourse* comme un des plus superbes monuments de la capitale. — L'*église Notre-Dame de Lorette*, jolie et mignonne bonbonnière pleine de grâce et de coquetterie. En passant rue Vivienne, visiter au n° 8, les *Magasins de Tapis et Tapisseries* de MM. Marchand et Piron.

**MERCREDI.** — Diriger sa course vers le *Conservatoire des arts et métiers*, fondé en 1794, par la Convention nationale. Quatorze pièces, galeries, vestibules ou salles contiennent les différents objets de ce précieux dépôt de science et d'utilité publique. — L'*Hôtel de Cluny*, situé rue des Mathurins-St-Jacques, est un des monuments les plus complets qui restent du moyen âge. Les ornements extérieurs de cet hôtel se font remarquer par la délicatesse et la légèreté des sculptures. — Le *Panthéon*, aujourd'hui rendu au culte, commencé en 1757, est un de nos magnifiques temples modernes, et le premier en son genre. — L'*église Saint-Étienne du Mont*. L'intérieur a de belles peintures.

**JEUDI.** — On peut aller visiter le *puits de Grenelle*, commencé en 1836 par l'ingénieur Mulot. — L'*hôtel des Invalides* et le *tombeau de Napoléon 1er*. — Le *musée d'Artillerie*, rue Saint-Thomas d'Aquin, est une riche collection d'armes de guerre de tous pays, antiques et modernes. — L'*Hôtel-de-Ville*, vraie merveille de sculpture. — *Notre-Dame* avec ses deux tours majestueuses et si anciennes.

**VENDREDI.** — L'*église Saint-Vincent-de-Paul* mérite l'attention des voyageurs. — La *gare monumentale* du chemin de fer de Strasbourg, s'ouvrant à l'extrémité du boulevard qui porte ce nom, et L'*abattoir de Popincourt*, digne du plus grand intérêt. — Le *Cimetière du Père-Lachaise*, le plus grand et le plus somptueux des trois cimetières conservés par la ville de Paris. — La *place du Trône*,

the Church of *Saint-Sulpice* a large and handsome building, the first stone a which was laid by Anne of Austria; its two towers are finely sculptured and the portal is cited as a wonder of its kind.

**TUESDAY.** — Commence the day by a visit to the palace of the Luxembourg, built by Marie de Medicis, regent of France. It is constructed on the model of the Pitti palace at Florence, and is particularly distinguished by the beauty of its proportions, its perfect symetry and its solidity. Its magnificent gardens afford delightful walks. — The *Palais de Justice* and the *Sainte-Chapelle*. Built a different periods, the *Palais de Justice* considered in its *ensemble* present specimens of the architecture of different ages and of different orders. — The *Palais-Royal* with its garden, its galleries, and its theatres. — The *Imperial Library*, containing the most valuable scientific and literary works. The hotel de la Bourse (Stock Exchange) built by the architects Brogniart and Labarre in 1808. The Bourse is considered as one of the handsomet buildings in the capital. Church of *Notre-Dame de Lorette*, a small but splendidly decorated building, full of grace and elegance.

**WEDNESDAY.** — Proceed to the *Conservatoire des arts et métiers*, founded in 1794 by the National Convention. Fourteen rooms and galleries contain the different objects of this precious depot of science and public utility. *Hôtel de Cluny* in the rue des Mathurins-Laint Jacques, is one of the most complete monuments of the middle ases now remaining. The external embellishments of this building are remarkable for the lightnes and delicacy of their sculpture. Th *Panthéon* lately restoed to divine worship was commenced in 1757; it is one of our most magnificent modern temples, and the finest of its kind. Church of *Saint-Etienne-du-Mont*, containing some very handsome paintings.

**THURSDAY.** — Visit the artesian well of Grenelle, commenced in 1836 by the engiseer Mulot. The *Hôtel des Invalides* and the tomb of Napoléon 1er. — Museum of the artillery, rue Saint-Thomas d'Aquin, where there is a fine collection of the warlike weapons of all countries ancient and modern. The *Hôtel de Ville*, remarkable for its sculpture. The cathedral of *Notre-Dame*, with its two majestic and venerable towers.

**FRIDAY.** — The church of *Saint-Vicent-de-Paul*. eccrits the attention of strangers. The handsome eerminus of the Strasbourg railway, opening on the extremity of the new bulwark which has jus been formed. The Slaughter-houses of Popincourt worthy of general attention. The cemetery of *Père Lachaise* the largest and the handsomest of the three burying grounds of the city of Paris. The *Barrière du*

monument qui se compose de deux colonnes érigées en 1688. — La *colonne de Juillet*, sur la place de la *Bastille*, inaugurée en 1840. Du haut de ce svelte et superbe monument on jouit d'une magnifique et lointaine perspective.

SAMEDI. — Courez au *Jardin des Plantes*, et si vous êtes artiste, flâneur, homme de science ou rêveur, vous aurez largement de quoi remplir toute votre journée. — Le *Muséum* et ses richesses. — La *galerie* des singes, et la visite de tous les animaux. — La superbe manufacture des *Gobelins*, où se confectionnent ces merveilleux tissus dont le fini et la richesse sont au-dessus de tout éloge. — Le palais des *Tuileries*.— Le jardin d'acclimatation du *Bois de Boulogne*, et le *Pré Catelan*.

*Trône*, monument composed of two handsome columns erected in 1688. The colomn of July on the *Place de la Bastille*, inaugurated in 1840. From the top of this superb pillar, a magnificent view over Paris and the environs is obtained.

SATURDAY.—Proceed to the *Jardin des Plantes*, and whether artist, lounge, or man of science you will find enough to occupy your attention for the whole day with the museum and its rich collections; the monkey's gallery and the enclosure of all the other animals. The superb manufactory of the Gobelins, the splendid tapestry of which needs no commendation, and lastly the Plaace of the Tuileries.

— Si vous êtes embarrassé pour trouver des appartements meublés ou non meublés, adressez-vous à M. H. LARGIER, agent de l'Ambassade de Russie, *rue de la Paix*, 17, lequel tient aussi un dépôt des Vins de Champagne de la maison J. Roussillon et Cⁱᵉ d'Epernay.

## PARCOURS DES OMNIBUS

A. — D'*Auteuil* au *Palais-Royal* (jaune). passant par le Trocadéro, le pont de l'Alma et la place de la Concorde.

AB. — De *Passy* à la *Bourse* (verte), passant par l'avenue de Saint-Cloud, la Madeleine, boulevard des Italiens.

AC. — De *la Petite-Villette* au *Cours-la-Reine* (verte), par le chemin de fer du Nord.

AD. — Du *Château-d'Eau* au *pont de l'Alma*, (verte) passant par la place du Châtelet, le Pont-Neuf, les Invalides.

AE. — De *Vincennes* aux *Arts et Métiers* (verte), passant par le Trône, la Bastille, le cirque Napoléon, la porte Saint-Martin.

AF. — De la *place du Panthéon* au *parc Monceaux* (verte), passant par le Panthéon, Saint-Sulpice, la Madeleine.

AG. — De *Montrouge* au *chemin de l'Est* (brun foncé), passant par la fontaine Saint-Michel, le Châtelet.

B. — De *Caillot* à *Saint-Laurent* (jaune), passant par les Champs-Elysées, le chemin de fer du Havre, Notre-Dame de Lorette.

C. De *Courbevoie* au *Louvre* (jaune), passant par l'Arc de triomphe et la place de la Concorde.

D. — Des *Ternes* au *boulevard des Filles-du-Calvaire* (jaune) passant par la Madeleine, les Halles centrales, les Arts et Métiers.

E. — De la *Bastille* à la *Madeleine* (jaune), parcourant tous les boulevard.

F. — De la *Bastille* à *Monceaux* (brun foncé), passant par la place des Victoires, la Bourse, le chemin de fer du Havre.

G. — Des *Batignolles* au *Jardin des Plantes* (brun-clair), passant par le Palais-Royal, le Louvre, le Châtelet.

H. — De *Clichy* à l'*Odéon* (jaune), passant par Notre Dame de Lorette, le Palais-Royal, le Carrousel et Saint Sulpice.

I. — De *Montmartre* à la *place Maubert* (verte), passant par le Casino, la Bourse, le Pont-Neuf, la fontaine Saint Michel.

J. — De la *barrière Pigale* à la *rue de la Glacière* (jaune), passant par les Halles, le Châtelet, le Luxembourg.

K. — De *la Chapelle* au *Collège de France* (jaune), passant par le chemin de fer du Nord, le Châtelet, la rue des Ecoles.

L. — De *la Villette* à *Saint Sulpice* (jaune), passant par la porte Saint-Martin, Notre-Dame.

M. — De *Belleville* aux *Ternes* (jaune), parcourant tous les boulevards extérieurs.

N. — De *Belleville* à la *place des Victoires* (verte), passant par le Château-d'Eau et la place des Victoires.

O. — De *Ménilmontant* à la *chaussée du Maine* (verte), passant par la place du Châtelet, l'Odéon, Saint-Sulpice, le chemin de fer Ouest, rive gauche.

P. — De *Charonne* à la *barrière Fontainebleau* (jaune), passant par la Roquette.

Q. — Du *Trône* au *Palais-Royal* (jaune), passant par la Bastille, Saint-Paul, le Louvre.

R. — De *Charenton* au *faubourg Saint-Honoré* (verte), passant par la Bastille, le Châtelet, le Louvre.

S. — De *Bercy* au *Louvre* (jaune), passant par le boulevard Mazas et la place du Châtelet.

T. — De la *Gare d'Ivry* à la *place Cadet* (jaune), passant par le chemin de fer d'Orléans, le jardin des Plantes, Notre Dame, la porte Saint-Denis.

U. — De la *Maison-Blanche* à la *Pointe Saint-Eustache* (jaune) passant par le Jardin des Plantes, l'Archevêché, le Châtelet, les Halles.

V. — De la *barrière du Maine* au *chemin du*

*Nord* (brun-clair), passant par l'Institut, le Louvre, place des Victoires, la Banque, la Bourse, le Conservatoire.

**x.** — De *Vaugirard* à la *place du Havre* (jaune), passant par le Carrousel, le Palais-Royal, le chemin de fer de l'Ouest.

**y.** — De *Grenelle* à la *porte Saint-Martin* (brun-clair), passant par le champ de Mars, le Carrousel, le Palais-Royal, la Poste, la porte Saint-Martin.

**z.** — De *Grenelle* à la *Bastille* (brun-clair), passant par les Invalides, Saint-Sulpice, l'E-cole-de-médecine.

# THÉATRES, CONCERTS, BALS, ETC.

Nouveaux théâtres en construction sur les boulevards du Temple, des Amandiers et Prince-Eugène.

Sept heures sonnent; Paris commence à s'inonder de lumières; les boulevards s'animent; les voitures circulent, c'est l'heure des théâtres, c'est l'heure pour vous de nouveaux plaisirs. Seulement, choisissez bien, et n'allez pas perdre votre soirée; car, dans la capitale, surtout pour celui qui n'a qu'un court séjour à y faire, le temps est trop précieux.

Sans oublier l'OPÉRA, les FRANÇAIS, les ITALIENS, ces théâtres classiques, nous vous recommandons tout particulièrement :

L'OPÉRA-COMIQUE, place Boëldieu, où rien ne manque pour attirer et captiver, salle splendide, orchestre excellent, chanteurs parfaits, actrices charmantes et de talent.

Le THÉATRE-LYRIQUE, situé maintenant place du Châtelet, et qui est devenu, grâce à la manière dont il est dirigé, une concurrence sérieuse pour l'Opéra-Comique.

L'ODÉON mérite d'attirer l'attention par l'extérieur, l'intérieur de la salle et le vestibule, qui sont d'une majestueuse magnificence. Ce théâtre est un peu éloigné du centre, mais le talent avec lequel on y joue fait oublier bien vite ce petit inconvénient.

Le GYMNASE boulevard Bonne-Nouvelle, très en vogue, par ses acteurs en renom, et aimés du public.

Le VAUDEVILLE, place de la Bourse, dont la direction est excellente, ainsi que les pièces qu'on y joue, surtout lorsqu'elles sont interprétées par Félix, Parade, M<sup>me</sup> Fargueil, etc.

Les VARIÉTÉS, boulevard Montmartre. Voulez-vous rire? aimez-vous la farce divertissante, les bons mots. les plaisanteries? prenez le chemin des Variétés. Vous ne résisterez certainement pas au jeu des acteurs et de Leclère. Vous trouverez, de plus, un essaim gracieux de charmantes femmes.

Le PALAIS-ROYAL. Aimez-vous les scènes désopilantes, irrésistibles, cocasses, les calembourgs outrés, le gros sel? Allez donc au Palais-Royal.

Les BOUFFES PARISIENS, nouvellement restauré, passage Choiseul. Opérettes comiques, bonne musique.

Le nouveau THÉATRE DU CHATELET (ancien Cirque) est dirigé d'une manière bien remarquable par M. Hostein. Le bon goût et le confort de la salle, les splendeurs de ses décors et les pièces merveilleuses qu'on y joue ne manquent point tous les soirs d'y attirer un nombreux public.

La PORTE-SAINT-MARTIN, boulevard de ce nom, où l'on joue souvent des pièces à succès et de longue haleine.

L'AMBIGU, boulevard Saint-Martin, transformé par son heureux directeur. M. de Chilly, qui sait varier les plaisirs de son public.

Le nouveau THÉATRE DE LA GAITÉ, square des Arts-et-Métiers, qui s'est mis à donner des féeries avec une supériorité incontestable.



8

Les **Folies-Dramatiques**, nouvellement installé près du Château d'Eau, charmant petit théâtre où l'on va se guérir du spleen.

Les **Délassements-comiques**, actuellement 33, rue Saint-Martin, salle Raphaël, où l'on joue avec succès des pièces de femmes.

Le **Théâtre Déjazet**, boulevard du Temple, très en vogue, surtout lorsque l'on joue la toujours jeune et habile directrice.

Les **Cirques Napoléon** et de l'**Impératrice**, qui ont toujours une excellente troupe, l'un aux Champs-Élysées, l'autre boulevard des Filles-du-Calvaire.

Le **Théâtre Beaumarchais**, où l'on joue de bons drames.

Le **Théâtre du Luxembourg**, qui semble être devenu un théâtre de genre, sous son habile directeur.

**Théâtre des Champs-Élysées.** Opérettes, comédies, vaudevilles. Charmante bonbonnière en face le Cirque.

**Théâtre des jeunes Élèves**, rue de la Tour-d'Auvergne.

**Théâtre Saint-Marcel**, rue Saint-Marcel, Drames, vaudevilles.

**Théâtres** : Montmartre, Batignolles, Belleville, Montparnasse, Romainville, ex-banlieues de Paris.

**Soirées fantastiques d'Hamilton**, boulevard des Italiens. Prestidigitation, physique.

**Salle Robin.** Série de physique et de magie, accueillies avec enthousiasme par un public nombreux et choisi. M. **Robin** tient largement sa promesse de varier souvent son spectacle.

**Marionnettes-Lyriques**, boulevard de Strasbourg, 17. Pièces féeries, etc.

**Hippodrome**, au bout de l'avenue de Saint-Cloud.

**Athénée musical**, boulevard Saint-Germain.

**Élysée Montmartre**, boulevard Rochechouart, 41.

**Diorama Historique**, av. des Champs-Élysées.

**Jardin zoologique d'acclimatation**, au bois de Boulogne. Vous les jours.

**Salle Barthélemy**, rue du Château-d'Eau, 20. Bals les mardis, jeudis, samedis et dimanches.

**Salle Valentino**, rue Saint-Honoré, 359. Les dimanches, mardis, jeudis et samedis.

**Café des Aveugles**, Palais-Royal, Scènes comiques.

**Closerie des Lilas**, carref. de l'Observatoire, 1.

**Chateau des Fleurs**, Champs-Élysées, rue des Vignes, 11.

**Chateau-Rouge**, chaussée Clignancourt, à Montmartre. Soirées dansantes les mardi, jeudi, samedi et dimanche.

**Jardin Mabille**.

**Concert Musard**, Champs-Élysées. Très-bon orchestre dirigé cette année par Arban.

**Casino-Cadet**, rue Cadet. Bals et concerts, de jour à autre.

**Casino d'Asnières.** Bals, fêtes, concerts, etc.

**Salon Markouski**, passage des Panoramas, galerie Montmartre, 27.

**Le Chalet des Iles**, au bois de Boulogne, fêtes, régates, concerts. — Théâtre.

**Le Pré Catelan.** Concerts par Musard.

**Manicardi.** Prestiges. Rue de la Ferme-des-Mathurins, 47.

**L'Alcazar.** Café chantant, faub. Poissonnière.

**Le Casino du Palais-Royal.** Café chantant.

**Le Palais d'été.** Café chantant, rue des Martyrs 19.

**Les Cafés chantants** des Champs-Élysées, tels que l'*Alcazar*, les *Ambassadeurs*, le *Pavillon de l'Horloge*.

**Le Paradis artificiel**, le seul au monde. Promenade, panorama heureux. Prix d'entrée : 50 cent. — Avenue de la Porte-Maillot, 61.

———

Le prix des places de ces théâtres varie beaucoup et sont desservis par les lignes d'omnibus suivantes :

Pour le Grand-Opéra, EH.AB-VJYI.AC. — Les Français, HDX-ACRQHY. — Les Italiens, FX-GH. — L'Opéra-Comique, EH.AB-GFVJ. — L'Odéon, H.AF-LOZ. — Le Gymnase, EY-VKTN. — La Porte-Saint-Martin, ELNTY-K.AE,AG. — Le Vaudeville, FVI,AB-EHJY. — Le Palais-Royal (voir place du Palais-Royal). — Les Variétés, ÉV-HJYI, AB.

———

Prochainement, à côté du nouvel Opéra, va s'élever dans la rue Scribe, un théâtre d'opéra-comique, d'opérette et de comédie.

Les mélomanes en auront pour tous les goûts, il suffira de traverser la rue.

———

Parmi les plaisirs parisiens, l'on peut mettre en première ligne : les Courses de Lamarche, de Vincennes, du Bois de Boulogne, de Chantilly, etc., etc. Ainsi que les Régates et Fêtes nautiques qui ont lieu à Asnières, Charenton, Saint-Ouen, etc., etc.

Les manéges pour équitation et location de chevaux, sont ceux de l'avenue des Champs-Élysées, 82, Peltier, rue d'Enghein, 45, Leblanc, Réné, d'Auvergne, rue de la Pépinière, 20, etc., etc.

## NOUVEAU TARIF DES VOITURES DANS PARIS.

| DANS L'INTÉRIEUR DE PARIS | | | | | VOITURES demandées à heures fixes. | | AU DELA des fortifications | | DE L'INDEMNITÉ POUR LE TRANSPORT DE | | |
|---|---|---|---|---|---|---|---|---|---|---|---|
| DE 6 HEURES DU MATIN EN ÉTÉ (du 31 mars au 1er octobre) ET DE 7 HEURES DU MATIN, EN HIVER (du 1er octobre au 31 mars) A MINUIT 30 MINUTES | | | De minuit 30 m. à 6 h. du matin *en été* et à 7 h. du matin *en hiver* | | | | De 6 h. du matin a minuit, en été, de 6 h. du matin a 10 h., en hiver | | | | |
| | | | | | de 1 h. à 5 h. du mat. | de 5 h. à 6 h. en été et à 7 h. en hiver | Quand les voyageurs rentrent avec la voiture à Paris | Quand les voyageurs quittent la voiture hors des fortifications | 1 colis | 2 colis | 3 colis et au-dess. |
| | la course n'excéd. pas 15 m. | la course excéd. 15 m. | l'heure | la course | l'heure | l'heure | l'heure | l'heure | indemnité de retᵗ | | | |
| Voitures à 2 places | 1 » | 1 40 | 1 90 | 2 » | | | | | | | | |
| Voitures à 4 et 5 pl. | 1 10 | 1 50 | 2 » | 2 25 | 2 50 | 5 » | 3 50 | 2 50 | » | » 25 | » 50 | » 75 |
| Voitures de remise | 1 50 | 2 » | 2 25 | 2 50 | 3 » | 5 » | 4 » | 3 » | 1 » | | | |

NOTA. — 1° Pour la course n'excédant pas 15 minutes, le tarif commence à courir de la location de la voiture : 2° pour les voitures demandées à heure fixe pendant la nuit, le temps commence à courir de l'arrivée de la voiture au domicile du voyageur.

## CALCULS TOUT FAITS

| TEMPS EMPLOYÉ | VOITURES A 2 PLACES | | VOITURES A 4 PLACES | | VOITURES DE REMISE | |
|---|---|---|---|---|---|---|
| heur. min. | fr. | c. | fr. | c. | fr. | c. |
| 1 » | 1 | 90 | 2 | » | 2 | 25 |
| 1 5 | 2 | 5 | 2 | 15 | 2 | 45 |
| 1 10 | 2 | 20 | 2 | 30 | 2 | 65 |
| 1 15 | 2 | 40 | 2 | 50 | 2 | 85 |
| 1 20 | 2 | 55 | 2 | 70 | 3 | » |
| 1 25 | 2 | 70 | 2 | 90 | 3 | 20 |
| 1 30 | 2 | 85 | 3 | » | 3 | 40 |
| 1 35 | 3 | 10 | 3 | 15 | 3 | 60 |
| 1 40 | 3 | 15 | 3 | 30 | 3 | 75 |
| 1 45 | 3 | 35 | 3 | 50 | 3 | 95 |
| 1 50 | 3 | 50 | 3 | 65 | 4 | 15 |
| 1 55 | 3 | 95 | 3 | 85 | 4 | 30 |
| 2 » | 3 | 80 | 4 | » | 4 | 55 |
| 2 5 | 3 | 65 | 4 | 15 | 4 | 70 |
| 2 10 | 4 | 10 | 4 | 35 | 4 | 90 |
| 2 15 | 4 | 25 | 4 | 50 | 5 | 10 |
| 2 20 | 4 | 40 | 4 | 65 | 5 | 25 |
| 2 25 | 4 | 55 | 4 | 80 | 5 | 45 |
| 2 30 | 4 | 75 | 5 | » | 5 | 65 |
| 2 35 | 4 | 85 | 5 | 15 | 5 | 85 |
| 2 40 | 5 | » | 5 | 30 | 6 | 5 |
| 2 45 | 5 | 25 | 5 | 45 | 6 | 20 |
| 2 50 | 5 | 40 | 5 | 60 | 6 | 40 |
| 2 55 | 5 | 55 | 5 | 75 | 6 | 60 |
| 3 » | 5 | 70 | 6 | » | 6 | 75 |

MÉDECINS. — Nous avons si souvent entendu les étrangers à Paris demander le nom et l'adresse d'un médecin, que nous croyons satisfaire à un besoin réel en indiquant spontanément quelques membres du corps médical:

MM. Andral, rue Bonaparte, 5.— Cruveilhier, rue des Pyramides, 3. — Desmares, oculiste, rue Nve-Saint-Augustins, 33. — Nélaton, chirurgien, quai Voltaire, 1. — Pitet, homœopathe, rue de Grammont, 14. — Rayer, rue de Londres, 14. — Ricord, rue de Tournon, 6.—Robbe de Rhégart, homœopathe, rue d'Amsterdam, 49. — Sichel, oculiste, rue de la Chaussée-d'Antin, 50. — Smith, anglais, rue Castiglione, 8. — Trousseau, rue Basse-du-Rempart, 22. — Velpeau, chirurgien, rue de Verneuil, 21. — Vivien, maladies de peau et voies urin., rue de l'Echiquier, 4. — Wicham, herniaire, rue de la Banque, 16. —Thillard, rue de la Tour-d'Auvergne, 17.

PENSIONS PARTICULIERES. —39, rue du Chemin-de-Versailles. — 107, avenue des Champs-Elysées. — 5, rue du Centre. — 3, rue des Vignes. — 3, rue Balzac. — 9, rue Chateaubriand. — 7, rue du Colysée. — 7, rue Lavoisier. — 6, rue Castiglione. — 5, boulevard des Capucines. — 1, rue de la Corderie--Saint-Honoré. — 9, rue de Grammont. — 33, avenue d'Antin. — 7, avenue de Saint-Cloud. — 7, rue de la Croix-du-Roule.

Les pipes CHARTRAIN, boulevard de Sébastopol, 97, sont très-renommées et fort connues des fumeurs.

Le Magasin de Chaussures cousues, pour hommes, de la maison **BERTHOLOT**, fils aîné de **RENNES**, dont M JULES **BERTHOLOT**, rue Richelieu, 7, tient le dépôt, seront transférés au 15 juillet, Boulevard Sébastopol, 96 (rive droite).

Le Crédit foncier de France. — Le Crédit foncier de France a pour objet de faire aux propriétaires d'immeubles des prêts à longs termes, qui se remboursent par annuités. Ces prêts ne peuvent dépasser la moitié de la valeur des immeubles qui leur servent de garantie, et doivent être faits sur première hypothèque. Ils sont réalisés en obligations foncières ou lettre de gage, que l'emprunteur reçoit au pair et qu'il négocie ensuite, soit lui-même, soit par l'entremise de l'administration. La durée des prêts du Crédit foncier est actuellement de dix ans au moins et de cinquante ans au plus. L'emprunteur a le droit de se libérer par anticipation, en tout ou en partie; soit en numéraire, soit en obligations de même nature que celles qui lui ont été délivrées en réalisation du prêt, et que la société reçoit au pair, quel que soit leur cours.

La Banque de Capitalisation rappelle qu'elle reçoit en participation dans ses opérations financières toute somme quelle qu'en soit l'importance. — Les bénéfices sont répartis tous les mois; les fonds peuvent être retirés aux mêmes époques. — Intérêts élevés et constante disponibilité du capital, tels sont les avantages que procure l'union des capitaux centralisés par cette Banque. — Le compte rendu de l'année écoulée et la circulaire explicative des opérations sont adressés *franco* sur demande.

Adresser les fonds par la poste, ou les verser dans les succursales de la Banque de France, au crédit de MM. Sandrier et Cᵉ, rue du Conservatoire, 11, à Paris.

The Gresham, compagnie anglaise, 15, rue Drouot, Paris. Moyennant une prime annuelle de 247 fr., une personne de trente ans assure à ses héritiers un capital de 10,000 francs, augmentés de la participation de 80 p. 0|0 dans les bénéfices — Le chiffre des bénéfices au dernier inventaire était de 2,031,818 fr.

La Caisse Paternelle, *Compagnie anonyme d'assurance générale sur la vie humaine, en mutualité, à primes fixes et contre les accidents sur les chemins de fer*, autorisée par ordonnance du 9 septembre 1841 et décrets des 19 mars 1850, et 12 mars 1856, dont le siége est à Paris, rue Ménars, 4, constitue des *rentes viagères* basées sur des tarifs avantageux; elle accorde à ses *rentiers viagers* une participation de 50 p. 0|0 dans les bénéfices.

Rentes viagères en rentes sur l'État; *titres* restant entre les mains des rentiers. — Taux les plus avantageux. — *Capitaux* après décès; constitution de l'héritage. — *Dotation* des enfants. — Envoi *franco* des tarifs et renseignements. — Compagnie anglaise Defender.

Le Factage Parisien (Limited). — Poste aux paquets. 80 Stations dans Paris pour les réceptions des expéditeurs.— Bureau central, 29, rue Culture-Sainte-Catherine, Paris.

Les Nouvelles Recherches sur le traitement et la guérison de la surdité (8ᵉ édition), par le docteur Méne, 6, rue Oudinot, sont en vente. 4 fr. 50 (franco), à la librairie Allouard, 3, rue Pavée-Saint-Andrée-des-Arts.

Méthode de tenue des livres. — Enseignant à réunir dans les écritures la brièveté et la clarté, par Bodin, comptable depuis 1845. Pour recevoir cet ouvrage franco, envoyer 4 fr. en timbres-poste à l'auteur, 163, rue Saint-Antoine, à Paris.

En vente, chez Taillard-Jaunet, éditeur à Guincourt, par Tourteron (Ardennes) : — Les Soirées amusantes, recueil nouveau d'historiettes curieuses, piquantes anecdotes, plaisanteries, bons mots, plaidoyers comiques, âneries, calembours, joyeux devis, équivoques, énigmes, charades, tours divertissants, etc. Un joli vol. gr. in-18 de 512 pages, 8ᵉ éd, avec couverture imprimée; prix broché et franc de port, 3 fr.

Les Fontaines anti-vaseuses de Boudry, brevetées, rue Saint-Nicolas-d'Antin, 50, sont bien supérieures à tout ce qui s'est fait jusqu'à ce jour.

PARIS Porcelaines et poterie d'art pour décor, faïence italienne, mosaïques. Parson et Cᵉ, rue Paradis-Poissonnière, 53, à Paris.

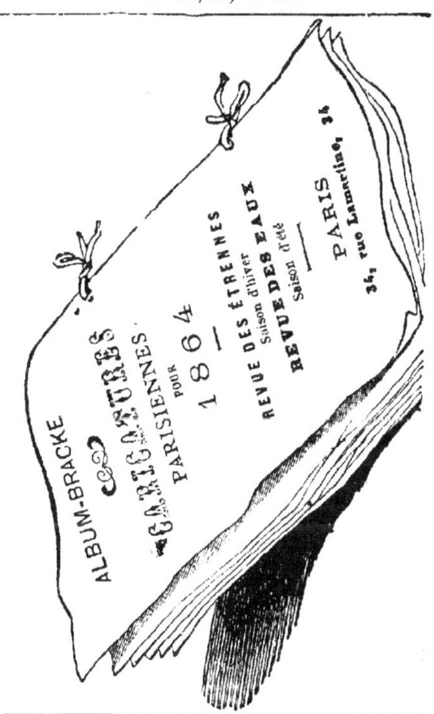


## EXTERNAT
# DE JEUNES GENS

TENU PAR J. PORCHEN

**39, rue Château-Landon — Paris**

Etudes spéciales pour les Ecoles du Gouvernement

**PARIS. — 37, boulevard des Capucines, 37, — PARIS**

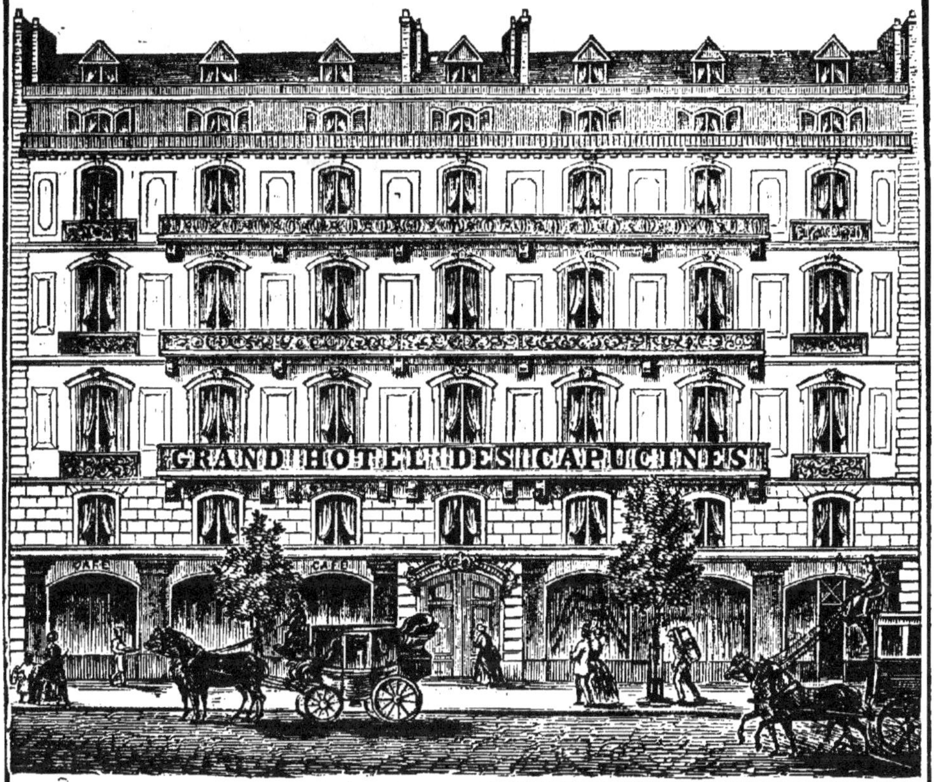


**PARIS**

# HOTEL DE LA PAIX

32, RUE DE LA PAIX, 32

Seul hôtel de ce nom dans le quartier

Mme MULLER

Propriétaire également de l'hôtel d'Orange, à SPA (Belgique)

---

# HOTEL BEAUSÉJOUR

**PARIS. — 29, rue Breda, 29. — PARIS**

(FAUBOURG MONTMARTRE)

Cette maison, tenue par M. CAUVET, au centre des grands boulevards, est richement meublée, et a des chambres, cabinets et appartements, depuis 20 jusqu'à 50 fr. par mois. — Déjeuners à 2 fr.; dîners à 2 fr. 50.

---

# HOTEL DU LOUVRE

LE PLUS VASTE DE L'EUROPE

Entre les rues de Rivoli, de Marengo, Saint-Honoré et place du Palais-Royal.

---

**PARIS**

# GRAND HOTEL DE L'UNIVERS

**5, rue de Chalons, 5**

vis-à-vis l'horloge du Chemin de fer de Lyon

TENU PAR LA VEUVE D'UN OFFICIER SUPÉRIEUR

Appartements, Chambres et Cabinets confortablement meublés à prix modérés

RESTAURANT A LA CARTE

---

**PARIS** (Quartier du Luxembourg)

# HOTEL DES ÉTRANGERS

**Boulevard de Sébastopol** (Entrée rue Racine, 2)

CAFÉ-RESTAURANT

*En face de l'Hôtel, au coin de la rue des Écoles*

Ces deux établissements, les plus confortables de la rive gauche, sont tenus par M. SOUFLET, connu depuis trente ans dans le quartier du Luxembourg. — Appartements et Chambres meublés au jour et au mois.

---

**Changement de Domicile** pour cause d'agrandissement.

26, *R. du Temple*. Restaurant JOSEPH. *R. du Temple*, 26.

# LES VOYAGES A PIED

Si vous êtes jeune et bien portant, dit M. Théophile Gauthier fils, dans le *Moniteur*, et que vous disposiez d'un peu de loisir, nous vous conseillons le voyage à pied.

Prenez un compagnon qui soit un ami éprouvé, de votre âge et de votre force ; revêtez la blouse et le pantalon de toile blanche ; coiffez-vous d'uu feutre gris, chaussez-vous de souliers larges et un peu lourds, qui feront à vos pieds l'office du poids au bout d'un pendule ; endossez le sac du troupier garni de quelque linge, d'un costume mondain et surmonté d'un manteau pour le cas d'orage et d'averse subite ; munissez-vous d'un passe-port afin de satisfaire, au besoin, aux questions des curieux baudrier jaune, et, le bâton à la main, partez d'un pas allongé et régulier.

C'est alors une sensation délicieuse de plénitude, d'indépendance, de légèreté dont on ne peut se faire une idée si on ne l'a pas éprouvée. La route est solitaire ; le soleil qui vous a éveillé, éveille aussi les prairies et leur retire les voiles blancs du brouillard matinal dont couvrent leur sommeil les petites rivières qui coulent à fleur de terre. Peu à peu, tout s'anime : les bergers ont ouvert à leurs moutons la barrière des parcs, les gens arrivent avec leurs charrues, leurs herses, leurs chariots, selon la saison, et viennent mêler au paysage l'élément humain.

Un ruisseau clair croise la route ; vous descendez sur le bord et vous procédez à votre toilette. Vous vous remettez en marche frais, dispos ; votre œil aux aguets ne laisse rien échapper ; les modulations perpétuelles de la lumière, les accidents de terrain, les groupes de travailleurs semés dans la plaine, la moindre ferme perchée sur une colline, un bouquet d'arbres dont le feuillage clair, glacé de blanc, indique le voisinage d'une source, tout cela vous frappe et fournit de charmants sujets à la causerie qui abrégera la route.

Cependaut le soleil est déjà haut sur l'horizon et ses rayons comment à chauffer ; c'est le moment de la halte, et vous approchez du village où vous devez déjeuner. L'auberge dont l'enseigne se balance hospitalièrement sur le bord du chemin vous fournira le repas désiré. S'il existe une forêt ou quelque bois dans le voisinage, gagnez-le aussitôt votre déjeuner terminé et reposez-vous là, laissant passer les heures de chaleur et reprenant des forces pour la seconde partie de l'étape.

Celle-là vous montre la nature sous un autre aspect, tout aussi riche que celui du matin. Enfin, le soleil, après avoir jeté, en guise d'adieu, ses rayons les plus dorés à la terre, disparaît pour aller dispenser la chaleur et le jour à l'autre hémisphère ; les brumes s'élèvent des lieux bas, il est temps d'arriver au gîte, car il faut ménager vos forces, et toujours en tenir en réserve, pour le cas où des événements imprévus vous forceraient le lendemain à doubler votre étape ou à faire quelque détour.

Quant au choix de l'itinéraire, c'est une affaire de circonstance et une affaire de tempérament.

Les uns courront aux beautés les plus voisines du lieu qu'ils habitent. D'autres seront déterminés par ces sympathies que l'on éprouve souvent pour tel ou tel pays. A ceux qui aiment la nature pour elle-même, le Bocage vendéen offre sa verdure sans fin ; les tempéraments plus agrestes, auxquels la sévérité ne déplaît pas, graviront les montagnes du Puy-de-Dôme, sur leur belles routes taillées dans le roc noirâtre ; suivront les sinuosités que décrit la Meuse dans les ardennes, ou escaladeront les pics où se perchent les burgs ruinés des Vosges.

Ceux aux yeux desquels la nature n'a de charme qu'autant qu'elle est relevée par l'art et l'intelligence de l'homme, parcourront les bords du Cher et de la Loire : la Touraine avec ses châteaux, Amboise, Blois, Chenonceaux, Chambord, Loches, délicat musée où la Renaissance a étalé ses plus jolis bijoux architecturaux.

Dans tous les cas, évitez les routes trop connues ; les pays dont les habitants sont gâtés par le passage de troupeaux de touristes, dont les beautés, divulguées par les descriptions et les gravures, ne laissent plus rien à faire à votre curiosité et à votre imagination.

Et surtout, ne sortez pas de notre belle France. Grâce à son admirable position géographique, elle a tous les climats, toutes les cultures, les forêts, les montages, les fleuves et les mers qu'il serait ingrat d'aller chercher ailleurs.

# LES ENVIRONS DE PARIS

(Par ordre alphabétique)

## AVEC LEURS VOITURES, LEURS DISTANCES ET LEURS JOURS DE FÊTE (*)

*Ablon.* 15 kil. de Paris. 300 h. Ch. de fer d'Orléans.

*Arcueil.* 7 kil. de Paris. 3,000 h. Gare de Sceaux ; voit., rue Christine, 4 ; gondoles, rue et pass. Dauphine, 16. Fête dim. après St-Denis.

*Antony et Berny.* 14 kil. 1,360 h. Ch. de fer d'Orsay.

*Arpajon.* Ch. de fer de Sceaux ; voit. r. Dauphine.

*Argenteuil.* 14 kil. de Paris. 5,000 h. Ch. de fer, pl. du Havre. Fête à la St-Jean.

*Asnières.* 7 kil. 1,800 h. Ch. de fer de St-Germain ; omnibus de Monceaux. Fête 17 septembre.

*Aubervilliers ou N.-D.-des-Vertus,* 8 kil., 3,200 h.; omnibus et voit. à la Villette et gare du Nord.

*Aulnay.* 32 kil. 2,000 h. Ch. de fer de Corbeil.

*Auteuil.* 7 kil. 6,200 h.; voit. rue du Bouloi, 9 ; ch. de fer, pl. du Havre. Fête 5 août.

*Bagneux.* 8 kil. 1,200 h.; voit. rue Christine et pl. St-Michel.

*Bagnolet.* 9 kil. 1,500 h.; voit. b. de Strasbourg, 57. Fête 1er dim. de septembre.

*Batignolles.* 5 kil. 44,000 h.; omnibus ; ch. de fer d'Auteuil.

*Beaumont.* 17 kil.; bords de l'Oise, g. du Nord.

*Beauséjour,* près Passy; omnibus.

*Belleville.* 5 kil. 57,000 h.; omnibus pl. des Victoires. Fête à la St-Jean.

*Bellevue.* 10 kil. 600 h.; gare de Versailles, rive gauche. Fête 15 août.

*Bercy.* 4 kil. 12,800 h.; omnibus. Fête 8 août.

*Bicêtre.* 6 kil. 4 500 h.; voit. quai Napoléon.

*Bois de Boulogne,* Sablonville et Ternes, Champs-Péret et Levalois; omnib., ch. de fer d'Auteuil.

*Bondy.* 15 kil. 1,200 h.; ch. de fer de l'Est. Fête à Pâques.

*Bougival.* 14 kil. 2,000 h. Les omnibus du ch. de fer de St-Germain font le service de Bougival à la station de Rueil; voit. de l'Union des Postes, pass. du Bois-de-Boulogne, 12.

*Boulogne.* 9 kil. 11,500 h.; ch. de fer améric. pl. de la Concorde; voit. de Paris à St-Cloud, rue du Bouloi, 9. Fête 1er dim. de juillet.

*Bourget* (le). 11 kil. 650 h.; voit. à Gr.-Villette.

*Bourg-la-Reine.* 9 kil. 1,676 h.; ch. de fer de Sceaux. Fête 1er dim. après le 24 juin.

*Cachan.* 8 kil. 500 h.; ch. de fer. de Sceaux.

*Champigny-sur-Marne.* 14 kil. 2,000 h.; omnibus, b. de Strasbourg, 57.

*Chantilly.* 36 kil. 2,600 h ; gare du Nord.

*Charenton.* 7 kil. 4,158 h.; omnibus. Fête le 2e dim. de juillet.

*Charonne.* 3 kil. 7,000 h.; omnib. Fête 10 août.

*Châtillon.* 8 kil. 1,800 h. Les Montrougiennes, r. Gren.-St-Honoré, 45; r. Christine, 12, et r. Dauph., 33.

*Chatou.* 13 kil. 1,200 h. De Paris à St-Germ.

*Chapelle-St-Denis.* 5 kil. 33,500 h.; omnibus.

*Châtenay.* 12 kil. 700 h.; voit. rue Mazarine.

*Chaville.* 14 kil. 15,000 h.; voit. et ch. de fer de Versailles. Fête 15 août.

*Choisy-le Roy.* 11 kil. 8,000 h ; gare d'Orléans; voit. rue Deux-Ecus, 33. Fête dim. après St-Louis.

*Clamart.* 9 kil. 2,200 h.; ch. de fer de Versailles (rive gauche).

*Clichy.* 7 kil. 12,270 h.; voit. rue Montmartre ; omnibus. Fête dim. après le 8 juin.

*Colombes.* 9 kil. 1,900 h.; voit. rue de Rivoli; ch. de fer de St-Germ. Fête 4 juillet.

*Compiègne.* 70 kil.; château et parc, résid. imple.

*Corbeil.* 31 kil. 5,535 h.; g. d'Orl. Fête 20 mai.

*Courbevoie.* 9 kil. 8,000 h.; ch. de fer de Versailles (rive droite); omnibus. Fête 1er dim. d'août.

*Créteil.* 11 kil. 1,700 h.; voit. r. du Marché St-Jean et à la Bastille. Fête 1er juillet.

*Ecouen.* 19 kil. 1,150 h.; faub. St-Denis, 47.

*Enghien.* 15 kil. 600 h.; gare du Nord.

*Epinay-sur-Seine.* 11 kil., 1,250 h.; g. du Nord.

*Essonnes.* 31 kil. 3,500 h ; gare d'Orléans.

*Fleury* (sous Meudon). Voit. et ch. de fer de Versailles (rive gauche). Fête dernier dim. de juillet.

*Fontenay-aux-Roses.* 9 kil. 1,700 h.; ch. de fer de Sceaux. Fête dim. après le 16 juillet.

*Fontenay-sous-Bois.* 10 kil. 2,650 h.; omnibus. Fête 1er dim. d'août.

*Gare* (d'Ivry). Voit. pl. Dauphine ; omnibus. Fête 1er dim. d'août.

*Gentilly.* 4 kil. Omnibus. Fête 2e dim. de mai.

*Grenelle.* 6 kil. 15,000 h.; omnibus.

*Isle-Adam.* 39 kil. 1,600 h.; ch. de fer du Nord.

*Issy.* 8 kil. 5,400 h.; voit. les Parisiennes; omnibus. Fête 1er dim. d'août.

*Ivry-sur-Seine.* 8 kil. 14.500 h ; voit. de Choisy-le-Roi, rue Coq-Héron. Fête 1er dim. de mai.

*Joinville-le-Pont.* 10 kil. 1,500 h.; omnibus rue du Bouloi, 22.

*Laqueue-en-Brie.* 18 kil. 1,300 h ; omnibus.

*Loges* (Les). 14 kil. de Versailles, comm. de St-Germain-en-Laye; ch. de fer. Fête 1er dim. de sept.

*Longjumeau.* 20 kil. 2,200 h.; voit. pass. Dauphine, 16, et ch. de fer de Sceaux. Fête 24 juin.

*Maisons-Alfort.* 7 kil. 3,250 h.; ch. de fer ; gare de Lyon.

*Maisons-Laffitte.* 22 kil. 1.300 h.; g. de Rouen.

*Marly-le-Roi.* 15 kil. 1,200 h.; voit. de l'Union des Postes, pass. du Bois-de-Boulogne. Fête le dim. près le 25 août.

*Ménilmontant.* Omnibus. Fête 1er dim. d'août.

*Meudon.* 9 kil. 3,274 h.; gare de Versailles (rive gauche). Fête 2e dim. après le 4 juillet.

*Montmorency.* 17 kil. 2,255 h.; gare du Nord ; voit. de l'Union des Postes, pass. du Bois-de-Boulogne. Fête 23 juillet.

*Montmartre.* 4 kil. 36,500 h.; omnib. F. 4 juil.



(* Toutes les fêtes des environs de Paris, qui tombent les jours de la semaine, sont remises au dimanche suivant.

*Montreuil.* 16 kil. 4,300 h.; voit. rue St-Paul,
Fête après la St-Pierre.

*Montrouge.* 6 kil. 20,000 ; omnibus ; voit. rue de
Gren.-St-Honoré, 45, et r. Christine. Fête 28 juillet.

*Nanterre.* 12 kil. 3,000 h.; gare de St-Germ.;
voit. de l'Union des Postes, pass. du Bois-de-Boulogne. Fête dernier dim. de mai; Rosière, 6 juin.

*Neuilly.* 8 kil. 24,000 h.; ch. de fer de ceinture
et omnibus. Fête dim. après St-Jean.

*Nogent-sur-Marne.* 8 kil. 2,500 h.; ch. de fer de
Vincennes. Fête à la Pentecôte.

*Noisy-le-Sec.* 15 k. 2,200 h.; ch. de f. Vincennes.

*Orsay.* 25 kil. 1,100 hab.; ch. de fer de Sceaux.

*Palaiseau.* 12 kil. 1,850 h.; voit. pass. Dauphine,
16; gare de Sceaux.

*Pantin.* 12 kil. 4,000 h.; voit. b de Strasbourg,
57. Fête 2e dim. d'août.

*Passy.* 6 kil. 18,134 h.; ch. de fer de ceinture et
américain; omnibus. Fête 1er dim. de mai.

*Petite-Villette.* Voit. pl. St-Sulpice. Fête 1er août.

*Pierrefitte.* 14 kil. 827 h.; gare du Nord.

*Pont-St-Maur.* Ch. de fer de Vincennes Fête.
dim. après St-Laurent.

*Port-à-l'Anglais.* 9 kil. 100 h.; voitures.

*Port-de-Créteil.* 11 kil. 1,850 h.; de Paris à
Choisy-le-Roi, omnibus.

*Pré-Catelan.* Au bois de Boulonge.

*Prés-St-Gervais.* 5 kil. 1,850 h.; ch. de fer de
Vincennes. Fête 1er dim. d'août.

*Puteaux.* 11 kil. 5,500 h.; ch. de fer de Versailles
(rive dr.); voit. b. de Strasbourg. F. dim. ap. St-Louis.

*Raincy.* 13 kil.; ch. de fer de l'Est.

*Robinson.* 12 kil. 150 h.; gare de Sceaux.

*Romainville.* 13 kil. 3,500 h.; omnibus. Fête
1er dim. d'août.

*Rueil.* 17 kil. 7,300 h.; gare de St-Germain;
voit. de l'Union des Postes, b. St-Denis, 22 ; pass.
du Bois-de-Boulogne. Fête à la St-Jean.

*Saint-Cloud.* 11 kil. 3,500 h.; gare de Versailles
(rive dr.); voit. rue du Bouloi. Fête 7 septembre.

*St-Cyr.* 22 kil. 1,000 h.; g. de Versailles (rive dr.)

*St-Denis.* 9 kil. 18,000 h.; gare du Nord ; voit.
de l'Union des Postes, pass. du Bois-de-Bouiogne, 12 ;
omnibus de la barrière d'Enfer.

*St-Germain.* 22 kil. 13,700 h.; gare de l'Ouest;
voit. de l'Union des Postes, b. St-Denis, 22 ; pass.
du Bois-de-Boulogne, 12. Fête 28 mai.

*St-Mandé.* 6 kil. 5,300 h.; voit.; ch. de fer de
Vinc ennes. Fête dim. après St-Pierre.

*St-Maur.* 11 kil. 2,500 h.; ch. de fer Vincennes.

*St-Ouen.* 8 kil. 2,400 h.; gare de Versailles (rive
dr.) Fête 25 août.

*Sannois.* 14 kil. de Versailles ; ch. de fer.

*Sarcelles.* 16 kil. de Paris et 31 kil. de Pontoise ;
voit. rue du Faubourg-St-Denis.

*Sceaux.* 12 kil. 2,150 h.; gare de Paris à Sceaux.
Fête à la St-Jean.

*Sèvres.* 12 kil. 5,100 h.; gare de Versailles (rive
gauche); voit. rue du Bouloi, 24. F. dim. ap. St-Jean.

*Spains.* 14 kil. 1,045 h. ; trois puits artésiens ;
voit. rue du Faubourg-St-Denis.

*Suresnes.* 10 kil. 4,400 h.; gare de Versailles
(rive dr.); voit. les Accélérées, b. de Strasbourg, 57.
Fête dim. après la St-Louis ; couronnement de la
Rosière, 15 août.

*Ternes (Les),* Neuilly. 5 kil. 6,000 h.; omnibus.

*Vanves.* 7 kil. 4,500 h.; ch. de fer (rive g.); omnibus les Parisiennes. Fête 3e dim. d'octobre.

*Vaugirard.* 4 kil. 26,200 h.; omnibus. Fêtes 20
et 27 septembre.

*Versailles.* 21 kil. 35,500 h.; gare de Versailles;
voit. rue du Bouloi, 24. Fêtes 12 mai, 25 août, 2 oct.

*Vésinet.* 19 kil.; gare de St-Germain.

*Ville-d'Avray.* 14 kil. 998 h.; gare de Versailles
(rive dr.) Fête 15 juin.

*Villejuif.* 8 kil. 1,514 h.; voit. rue Mazarine, 36.

*Villemonble,* près Bondy. 12 k. 670 h.; g. Strasb.

*Villette (La).* 6 kil. 30,300 h.; les Dames-Réunies
de la pl. St-Sulpice. Fête dim. après Ste-Madeleine.

*Villiers-le-Bel.* 19 kil. 1,850 h.; voitures rue du
Faubourg St-Denis, 47.

*Vincennes.* 7 kil. 5,500 h ; ch. de fer de ce nom,
place de la Bastille. Fête dim. après le 15 août

*Viroflay.* 12 kil. de Versailles et 17 kil. de Paris;
gare de Versailles.

*Vitry-sur-Seine.* 8 kil. 2,508 h.; ch. de f. Orléans.

*Yères.* 15 kil. de Corbeil et 22 kil. de Paris; ch.
de fer d'Orléans.

---



---

Paris. — Imprimerie Vallée, 15, rue Breda.

# AU PAUVRE JACQUES

## GRANDS MAGASINS DE
# NOUVEAUTÉS

## PARIS. — RUE DU TEMPLE, 200. — PARIS.

### 53, COIN DU BOULEVARD DU TEMPLE, 53

Cette importante maison, une des plus vastes, des mieux situées et des plus anciennes de Paris, est au centre d'un quartier que tous les étrangers sont appelés à visiter par ses remarquables embellissements.

Son honorabilité et ses quarante années d'existence sont de sûrs garants de la loyauté avec laquelle elle a l'habitude de traiter les affaires.

D'immenses capitaux, des relations directes avec les premières fabriques de France et de l'étranger, lui permettent d'offrir aux acheteurs un bon marché et des assortiments que nulle autre maison ne peut dépasser.

| | | |
|---|---|---|
| CORBEILLES DE MARIAGE | CHALES | LINGE DE TABLE |
| ÉTOFFES POUR AMEUBLEMENTS | TISSUS FANTAISIE | CALICOTS ET BLANC FIN |
| MERCERIE | HAUTE NOUVEAUTÉ | LINGERIE ET DENTELLES |
| BONNETERIE ET GANTS | MÉRINOS ET FLANELLES | CHEMISES SUR MESURE |
| SOIERIES | DRAPERIE, GILETS FLANELLE | TROUSSEAUX ET LAYETTES |
| BATISTES ET MOUCHOIRS | INDIENNES ET COTONNADES | SPÉCIALITÉ DE DEUIL |

Les Marchandises sont échangées sans aucune difficulté et, au besoin, remboursées.

# GRAVURES

Nous croyons être utile à ceux de nos lecteurs qui ont à faire graver des cachets, armoiries, timbres, etc., sur métaux, bijoux et pierres fines, en leur recommandant la maison **GERBIER**, graveur héraldique, 20, rue des Vieux-Augustins, à Paris. M. Gerbier exécute les commandes sur correspondances, soit directement, soit par l'intermédiaire de MM. les bijoutiers, libraires et papetiers.

**H. SAINTARD**    **6, rue Montmartre, 6**    PARIS, près la Pointe Saint-Eustache, PARIS    **CHAPELIER**

## ARMES NOUVELLES.
**FLOBERT, INVENTEUR** B^e s. g. d. g.
N° 10, BOULEVART DE SEBASTOPOL, Rive gauche
Fusils à Piston et à Bascule perfectionnés,
Carabines de précision et Revolvers,
Pistolet de Salon et Carabines de son Invention.
F^res de Cartouches à balles et à plomb,
Envois en Province et à l'Etranger,
Vente en gros et en détail.

## LASSAGNE
Bijoutier Fabricant
RUE D'ANJOU, 11 (MARAIS)
SPÉCIALITÉ D'OBJETS NIELLÉS ET DAMASQUINÉS

# COLLODION LAVERDET
INSTANTANÉ, IODURÉ, INALTÉRABLE

Conservation indéfinie dans tous les climats, se développant comme tous les Collodions connus. Admis à l'Exposition Universelle de Londres de 1862, pour son *instantanéité* et son *inaltérabilité*. — *Réussite certaine* en suivant les explications (du volume de 16 pages) jointes à l'envoi. 2° *édition, revue et augmentée.*
PRIX : **Trois Francs** LE FLACON.
N° 1. Le plus sensible, coloré en jaune vif. — N° 2. Incolore. *Expédition* pour la France, contre *remboursement*, et pour l'Etranger, après *encaissement*. — *Portraits, Cartes de visite, Photographie en tout genre.*
A PARIS, chez GUSTAVE LAVERDET, rue Meslay, 54, près de la Porte St-Martin.
**Se trouve** aussi chez tous les marchands de produits chimiques, d'objets spéciaux pour la photographie, pharmaciens, commissionnaires en marchandises, etc., de la France et de l'Etranger.

---

Administration spéciale des Funérailles
ET
# DES TRANSPORTS FUNÈBRES
**70, rue des Saints-Pères, 70, Paris**
En face la mairie du VII° arrondissement, ancien X°.
SUCCURSALE, RUE DE GRENELLE-ST-GERMAIN, 105
en face la nouvelle mairie

MAISON FONDÉE
en 1820

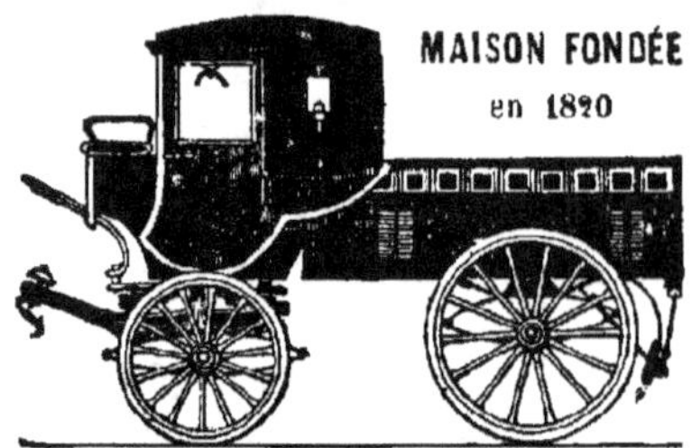

**RÉMOND, Directeur**
Ordonnance générale des convois et des cérémonies religieuses dans Paris et la Banlieue. — Voitures spéciales pour les transports des corps en France et à l'étranger — Les familles sont édifiées sur les dépenses générales qu'elles ont à faire et dispensées de toutes démarches. — Ecrire.

# LE CONSERVATEUR DE LA PEAU
du Docteur **BERTHET**

Ne renferme aucune substance minérale, ni aucun principe végétal toxique ; il blanchit et assouplit la peau, guérit les gerçures du sein, des lèvres, les croûtes intérieures du nez, les crevasses, etc. Il est excellent contre les rousseurs, les pellicules du cuir chevelu, les rougeurs, les petites dartres, tels que : impétigo, herpès, exzema, pytiriasis, etc. Prix : 3 fr. le pot. Entrepôt général à **Bordeaux**, chez **M. Moure**, pharmacien. Dépôt à **Paris**, chez **M. Léchelle**, pharmacien, rue Lamartine, 35 ; M. SAMPSO, pharmacien, 40, rue Rambuteau, et chez M. LEBEAULT, pharmacien, rue Palestro, 29.

---

## PAULLINIA CLÉRET
CONTRE LES MIGRAINES, NÉVRALGIES, ETC.

5 f. La Boîte.

PHARMACIE DES PANORAMAS
Paris, **151**, Passage des Panoramas, **151**, Paris

---

**BANDAGE** ET **CEINTURE** A PRESSION DE **BAS** EN **HAUT**    BIERS et C^ie, S^rs de GONTARD, rue des Vieux-Augustins, 16.
Ce nouveau système, breveté s. g. d. g., maintient les intestins ainsi qu'on peut le faire avec la main.

# MALADIES DE POITRINE

## AMÉLIORATION du SANG

Objet d'un Mémoire à l'Institut de France, le seul *pectoral* HÉMOSTATIQUE, qui, pris à l'intérieur, n'occasionne aucun dérangement des voies digestives; ordonnée par les plus grands médecins de tous pays contre les **maladies de Poitrine, du Cœur**, **d'Estomac** et **du Sang**, *pertes, hémorragies, hémorroïdes, diarrhées et flux,* faiblesse et **dépérissement** de l'organisme. Flacon, **5** fr.; demi, **2** fr. **50** c.

## SOIE DOLORIFUGE LÉCHELLE

Cette Soie électrique, honorée d'un rapport favorable à l'Académie de médecine de Paris, est conseillée contre les **rhumatismes, lombagos, sciatiques, gouttes, névralgies** et autres DOULEURS et faiblesses articulaires. — Rouleau, **3** fr.

*On la porte en gilets, caleçons et ceintures*
Bien se méfier des contrefaçons

# PHARMACIE LÉCHELLE

## A PARIS

## RUE LAMARTINE, 35

### DEPOTS A LONDRES

G. Jozeau, pharmacien français, Haymarket, 40; E. Perreau, 11, Moorgate street E. C. (apply by letter), et dans les **PHARMACIES QUI TIENNENT LES PRODUITS FRANÇAIS** dans tous pays.

*Exiger, comme garantie, la marque de fabrique ci-contre :*

---

# Institut Médical

## ÉLECTROPATHIQUE

### Fondé par J. T. GUÉRIN

Membre de l'Académie nationale.

## TRAITEMENT SPÉCIAL DES MALADIES D'OREILLES

### SURDITÉ, BOURDONNEMENTS, ETC

## ET DES MALADIES D'YEUX

### TAIES, AMAUROSES

Guérison rapide et garantie des **CATARACTES** par la dissolution.

### DOCTEUR VIVIEN DIRECTEUR

### 69, Boulevard de Strasbourg, 69

## PARIS

*Consultations tous les jours de 10 á 4 h.*

EXCEPTÉ LE DIMANCHE

**Traitement par correspondance.**

---

Pour nettoyer, blanchir et conserver LES DENTS.
**Parfum délicieux.**

## PÂTE DENTAIRE
# ODONTHALINE-PHILIPPE

Ce nouveau dentifrice, VRAI CARMIN DE LA BOUCHE, s'emploie concurremment avec l'Eau de Philippe et remplace avec avantage les opiats et poudres dentifrices.

DÉPÔTS: Pharmacie **Philippe**, 125, rue Saint-Martin; Caumont, 168, r. Rivoli; Jones, 43, boul. des Capucines Et chez les principaux Coiffeurs et Parfumeurs VENTE EN GROS : rue d'Enghien, 24, à PARIS

---

MÉDAILLES D'ARGENT EXPOSITIONS 1849 ET 1851

# VARICES.

### BAS SANS COUTURES ÉLASTIQUES EN TOUS SENS

## MAISON FLAMET Jne

### FONDATEUR DE CETTE INDUSTRIE EN 1836.

# CEINTURES

### ÉLASTIQUES EN CAOUTCHOUC POUR DAMES ENCEINTES

## FLAMET Fils. Successeur.

### 143, RUE St MARTIN, PARIS

PARIS. — IMPRIMERIE ÉDOUARD BLOT, RUE SAINT-LOUIS, 46.

# RAYMOND

59, faubourg Saint-Martin, 59

et

## 30, boulevard de Strasbourg, 30

PARIS

## FABRIQUE DE CAVES A LIQUEURS, PORTE-HUILIERS ET TABLETTERIES

POUR

**SERVICE DE TABLE**

COMMISSION
EXPORTATION

Cristaux dorés et gravés

Cristaux taillés, etc.

# AMEUBLEMENT COMPLET

—

**BALNY**
jeune.

—

**Maison**
fondée en 1815.

—

**BALNY**
jeune.

—

**Maison**
fondée en 1815.

—

## Paris. — 40, rue du Faubourg-Saint-Antoine, 40. — Paris.